工程教育丛书　Series in Engineering Education

CHONGXIN RENSHI GONGCHENG JIAOYU——GUOJI CDIO PEIYANG MOSHI YU FANGFA

重新认识工程教育

——国际CDIO培养模式与方法

Rethinking Engineering Education:

The CDIO Approach

Edward F. Crawley, Johan Malmqvist, Sören Östlund, Doris R. Brodeur

顾佩华　沈民奋　陆小华　译

高等教育出版社·北京

内容简介

CDIO 代表构思(conceive)、设计(design)、实施(implement)、运行(operate),是由美国麻省理工学院、瑞典皇家工学院、瑞典查尔摩斯工业大学和瑞典林雪平大学共同创立的工程教育改革模式。CDIO 改革是基于 CDIO 理念而建立的国际工程教育改革合作计划,包括 CDIO 理念和与之相适应的学习目标(教学大纲)、实现与评估标准以及一系列的规划、设计、实施,评估理论和实践资源。截至 2008 年底,CDIO 国际合作组织已有包括麻省理工学院在内的 36 个成员。

CDIO 改革的愿景是为学生提供一种在实际系统和产品的构思—设计—实施—运行的背景环境下强调工程基础的工程教育,使学生能够

- 掌握深厚的技术基础知识;
- 领导新产品和新系统的开发与运行;
- 理解工程技术的研究与发展对社会的重要性和战略影响。

本书是由 CDIO 改革的最初几位创始人根据他们的研究成果和实践经验而总结撰写的,是对 CDIO 改革理念和实践的首次全面介绍和总结。本书的第一章简要介绍了 CDIO 工程教育改革的原理、背景、教学大纲和标准,以及 CDIO 改革的发展;第二章详细介绍了工程教育改革的要求、CDIO 改革的愿景、教育学基础,以及如何实现 CDIO 改革的愿景;第三章介绍了作为 CDIO 改革重要文件的 CDIO 教学大纲的形成、发展及其特点;第四章阐述了能够取得知识教育和能力培养双重效果的一体化课程计划的设计;第五章介绍了工程实践场所的设计与要求;第六章总结了教与学的方法、手段和资源;第七章讨论了如何通过对学生的有效考核来促进教与学;第八章讨论了实施 CDIO 改革对组织、文化改变的要求和建议;第九章论述了如何对改革的效果进行评估;第十章对国际工程教育的历史发展进行了全面的回顾;第十一章展望了 CDIO 改革的发展前景以及这一理念在研究生教育和工程技术以外专业的应用实践。

译者序

在20世纪50年代初,中国的工程教育借鉴了苏联的办学经验,建成了适于计划经济的工科人才培养体系,为国民经济建设高效地培养了大批人才。自改革开放以来,特别是计划经济向市场经济转变的过程中,传统的教育模式显得有些不适应。随之而来,教育行政主管部门、大学和教师都开展了一系列工程教育改革,旨在培养出符合社会和工业需要的工程技术人才。

北美的工程教育在同一时期也出现了一系列的变化,即由以工程教育实践为主导,到工程实践与工程科学较好地平衡,再到以工程科学为主导。自20世纪80年代以来,科学与技术高速发展,经济和社会需求也不断变化,国家行政部门、行业协会和学校都意识到工程教育必须进行改革,以适应社会的发展,从而出现了一系列的工程教育改革举措和项目。

CDIO(conceive—构思,design—设计,implement—实施,operate—运行)是由MIT和瑞典几所大学在Wallenburg基金会的资助下,经过几年的研究、探索和实践,于2004年创立的。这个教育模式是以产品、过程和系统的构思、设计、实施、运行全生命周期为背景的教育理念为载体,以CDIO教学大纲和标准为基础,让学生以主动的、实践的、课程之间具有有机联系的方式学习和获取工程能力,包括个人的科学和技术知识、终身学习能力、交流和团队工作能力,以及在社会及企业环境下建造产品和系统的能力。此模式符合工程人才的培养规律。

本书对CDIO教育模式的形成过程和实践的关键内容进行了详细的描述,主要内容包括CDIO的改革背景、大纲、标准、课程体系设计,学生能力培养,实践场所建立和实践条件要求,教与学的方法,学生学习能力的考核,教育改革对组织和文化的改变的要求和建议,以及如何对改革的结果进行评估等,是MIT等几所欧美大学实施CDIO教育改革的总结。本书对于在中国实施CDIO教育模式再创新和创造21世纪先进工程教育模式具有很好的参考价值。

本人于2005年10月回中国工作,在汕头大学工学院的五个专业实施CDIO工程教育改革已有三年多。虽然本书英文版2007年才正式出版,但书中的一些主要内容如大纲、标准等是从CDIO的文献及培训材料中获取的,这些内容在我们实施CDIO教育模式再创新的实践中起到了很好的参考作用。由于水平所限,译文中错误之处在所难免,请读者批评指正。

另外,要特别感谢教育部高等教育司和理工处的领导对开展和推动基于CDIO教育模式改革与实践的支持,感谢广东省教育厅和高教处的领导和李嘉诚基金会的支持;同时感谢 CDIO 国际工程教育协作组织的领导和本书作者,特别是 CDIO 发起人,MIT 的 Edward Crawley 教授,对我们在中国实施 CDIO 教育改革给予的热忱支持与帮助。

顾佩华

2009 年 1 月 14 日于汕头大学

前　　言
——培养2020年和未来的工程师

我的职业生涯的大部分时间是在20世纪——一个物理学、电子学、高速通信和交通的世纪中度过的。现在,我们这一代特别是我们的学生已非常幸运地跨入了21世纪——可以期待这将是一个生物学和信息学的世纪。

这一世纪交替的过渡时刻,正是一个合适的时机来重新思考工程教育。回顾自己35年多的工程教育经历,我意识到很多事情都有了引人注目的变化,但也有些东西似乎根本就没有发生变化。那些在过去35年来一直伴随着我们的挑战,包括使大学第一学年的学习更有意思,告诉人们工程师实际在做些什么,将人类富含的多样性带入工程师队伍。学生必须学会如何将物理、生命和信息科学融入纳米、细观、微观以及宏观的尺度,遵守职业道德和承担社会责任,具有创造性和创新性,以及具有良好的写作和沟通能力。应使学生准备好以全球化公民的角色进行生活和工作,理解工程师如何对社会做出贡献。他们必须对商业过程有一个基本的了解,擅长产品的开发和高质量制造,知道如何构思、设计、实施、运行具有一定复杂性的工程系统。他们必须在可持续发展的框架内进行上述工作,并为以全球化公民的身份生活和工作做好准备。这是一个很高的要求……,甚至有可能是一个不能实现的要求。

真的是这样吗?我在MIT的楼道里和在其他大学遇到的那些学生,都可以做这些和更多的事情。因此,必须将我们的视野提高,但是怎么才能实现这样的教育和学习?什么应该保持原状?什么应该改变?

当我们思考面临的挑战时,重要的是要记住有些事情是不变的。比如,学生是由激情、好奇心、参与和梦想而驱动的。尽管我们不可能准确地知道应该教给他们什么,但我们能够把注意力集中在他们学习的环境和背景,他们的动力、想法、灵感,为他们提供充分展示自己的空间。

另一个不变的是要求学生打下一个坚实的科学、工程原理和分析能力的基础。按照我的观点,深刻理解基本原理仍然是我们为学生提供的最重要的东西,我们现在对工程基本原理的认识绝大部分源自通常所说的"工程科学革命"。这一革命的种子很大程度上是由MIT的员工所播下的,这些员工在第二次世界大战期间通过开发雷达系统获得的经验创造出与众不同的工程教学和实践的方法。这一时代的巨大遗产,加之来自许多主要学校的贡献,构成了工程教育的新世界,这个新的工程教育更多的是建立在坚实的科学基础上,而不是传统的宏观现象学、图表、手册和编码。新的工程科学需要崭新的教科书和实验室来衬托。但是,对工程教育这一新视角的创造者来说,并无意要取代那些工程中令人兴奋的东西,那些给学生设计和构建的机会,或者是团队合作及职业道德的需要,而意在丰富学生的阅历。沿这个路子走下去,有些东西会丢失,我们需要重新思考工程教育,并找到一种新的平衡。

也许我太恪守旧式,我仍然坚信,巧妙的构想、精彩的课程教学依旧是极好的教学和学习经验,仍然有一定的位置。但我依然承认大量存在的事实正如我超乎寻常的朋友,1929 年诺贝尔物理奖获得者默里·盖尔曼(Murray Gell-Mann)常喜欢讲的,"我们需要从讲台上的圣贤向在学生旁边指导的方向转变"。工作坊教学、团队项目、开放式(无预设答案)问题的解决、基于经验的学习、参与研究,都应该是完整工程教育的组成部分。

CDIO 工程教育方法的哲学就是抓住了这些现代工程教育所需要的精要特点——为工程师的工作感到振奋、深入学习基础理论、技能以及工程师贡献社会所需的知识。教学方法就应该抓住学生的学习热情和兴趣。

我鼓励您阅读这种一体化方法,考虑这种方法如何能对贵校的工程教育实践有所影响。

麻省理工学院终身荣誉校长
Charles M. Vest 教授

目　　录

第一章　导论 …… 1
1.1　基本原理 …… 1
1.2　背景 …… 1
1.3　CDIO 工程教育改革 …… 2
1.4　教学大纲与标准 …… 3
1.5　实施与发展过程 …… 3
1.6　关于此书 …… 4

第二章　综述 …… 5
2.1　引言 …… 5
2.2　本章目标 …… 6
2.3　改革的动力 …… 6
2.3.1　现代工程师的任务 …… 6
2.3.2　构思—设计—实施—运行 …… 7
2.3.3　工程教育改革的必要性 …… 8
2.3.4　工程教育改革的要求 …… 10
2.4　CDIO 工程教育改革 …… 17
2.4.1　目标集 …… 17
2.4.2　愿景 …… 19
2.4.3　教育方法的基础 …… 27
2.4.4　满足教育改革的要求 …… 28
2.5　愿景的实现 …… 28
2.5.1　CDIO 教学大纲 …… 30
2.5.2　CDIO 标准 …… 30
2.5.3　组织与文化的改变 …… 32
2.5.4　提高教师的能力 …… 34
2.5.5　开源下的 CDIO 方法和资源 …… 34

2.5.6 并行发展的合作价值 …… 35
2.5.7 与国家标准和其他改革项目的一致性 …… 35
2.5.8 吸引和留住具有工程师资质的学生 …… 35
2.5.9 满足改革要求 …… 38
2.6 小结 …… 38
讨论题 …… 39
参考文献 …… 39

第三章 CDIO 教学大纲——工程教育的学习效果 …… 41
3.1 引言 …… 41
3.2 本章目标 …… 42
3.3 工程知识和能力 …… 42
3.3.1 工程所需的知识和能力 …… 42
3.3.2 合理和详细的教学大纲的重要性 …… 43
3.4 CDIO 教学大纲 …… 44
3.4.1 CDIO 教学大纲的开发和整合 …… 45
3.4.2 CDIO 教学大纲的内容和结构 …… 46
3.4.3 CDIO 教学大纲的验证 …… 50
3.4.4 现代工程主旋律——创新和可持续性 …… 55
3.4.5 CDIO 教学大纲的通用性 …… 57
3.5 学习效果和学生应具备的程度 …… 57
3.5.1 四所 CDIO 发起大学的学习效果研究 …… 58
3.5.2 对掌握的熟练程度的调查 …… 59
3.5.3 麻省理工学院的调查结果 …… 60
3.5.4 三所瑞典大学的调查结果 …… 61
3.5.5 四所大学调查结果的比较 …… 62
3.5.6 贝尔法斯特女王大学的学习效果研究 …… 63
3.5.7 将应掌握的程度转化为学习效果 …… 66
3.6 小结 …… 68
讨论题 …… 68
参考文献 …… 69

第四章 一体化课程计划的设计 …… 71
4.1 引言 …… 71
4.2 本章目标 …… 72

4.3 一体化课程计划的依据 …… 73
4.3.1 实际的需要 …… 73
4.3.2 教育方法的理由 …… 73
4.3.3 课程计划设计的特性 …… 74
4.3.4 教师印象中的基本能力 …… 74
4.4 课程计划设计基础 …… 75
4.4.1 课程计划设计过程模型 …… 76
4.4.2 课程计划内容和学习效果 …… 77
4.4.3 已有条件 …… 77
4.4.4 现有课程计划标准化分析 …… 79
4.5 一体化课程计划设计 …… 80
4.5.1 课程计划的结构 …… 80
4.5.2 课程计划内容和学习效果的顺序 …… 85
4.5.3 课程计划与学习效果的对应 …… 87
4.6 工程导论 …… 89
4.7 小结 …… 92
讨论题 …… 93
参考文献 …… 93

第五章 设计—实现经验和工程实践场所与条件 …… 95
5.1 引言 …… 95
5.2 本章目标 …… 96
5.3 设计—实现的经验 …… 96
5.3.1 设计—实现经验的意义 …… 96
5.3.2 设计—实现经验的角色和价值 …… 97
5.3.3 基本设计—实现的经验 …… 98
5.3.4 高级设计—实现的经验 …… 99
5.3.5 设计—实现经验的特性 …… 99
5.3.6 贯穿于课程计划的设计—实现经验 …… 100
5.3.7 设计—实现经验的挑战 …… 107
5.3.8 利益相关者的反映和总结 …… 108
5.4 工程实践场所 …… 108
5.4.1 工程实践场所的角色和益处 …… 109
5.4.2 实践场所的设计 …… 109
5.4.3 CDIO 实践场所的实例 …… 111

5.4.4 CDIO 实践场所中的教与学模式 …… 113
5.4.5 工程实践场所对管理和使用的挑战 …… 116
5.5 小结 …… 117
讨论题 …… 118
参考文献 …… 119

第六章 教与学 …… 121
6.1 引言 …… 121
6.2 本章目标 …… 122
6.3 学生对教与学的认识 …… 122
6.4 一体化学习 …… 124
6.4.1 一体化学习的益处 …… 125
6.4.2 多课程经验的一体化学习 …… 125
6.5 提高一体化学习的方法和资源 …… 126
6.5.1 预期学习效果的具体要求 …… 127
6.5.2 预期学习效果的分类 …… 127
6.5.3 预期学习效果的实例 …… 128
6.5.4 预期学习效果的建设性调整 …… 129
6.5.5 教师对一体化学习的支持 …… 129
6.6 主动学习和经验学习 …… 130
6.6.1 主动学习的方法 …… 131
6.6.2 经验学习方法 …… 133
6.6.3 采用多种主动学习和经验学习的方法 …… 135
6.6.4 使工程教育对学生更具吸引力 …… 136
6.7 收益与挑战 …… 138
6.8 小结 …… 138
讨论题 …… 139
参考文献 …… 139

第七章 学生学习的评估 …… 141
7.1 引言 …… 141
7.2 本章目标 …… 142
7.3 学习评估的过程 …… 142
7.4 使评估方法和学习效果相一致 …… 144
7.5 学生学习效果的评估方法 …… 146

7.5.1 笔试和口试 …… 146
7.5.2 表现评分 …… 147
7.5.3 产品审查 …… 148
7.5.4 学习日记和卷案 …… 149
7.5.5 其他自我测评的方法 …… 149
7.6 评估结果对教与学的改进 …… 151
7.7 主要收益和挑战 …… 152
7.8 小结 …… 153
讨论题 …… 153
参考文献 …… 153

第八章 适应并实施 CDIO 教学模式 …… 155
8.1 引言 …… 155
8.2 本章目标 …… 155
8.3 以 CDIO 专业计划建设作为文化与组织改革的案例 …… 156
8.3.1 促进文化改革成功的关键因素 …… 157
8.3.2 第一阶段改革——有一个正确的开端 …… 158
8.3.3 第二阶段的改革——建立改革的核心工作的动力 …… 163
8.3.4 第三阶段的改革——制度性的改革 …… 165
8.3.5 大学的改革作为组织改革的案例 …… 166
8.4 教师的提高和对教师的支持 …… 170
8.4.1 提高教师的能力水平 …… 170
8.4.2 提高教师的教学和评估能力 …… 172
8.5 用于支持专业计划改革的资源 …… 175
8.5.1 用工程设计的模式开发 CDIO 方法 …… 175
8.5.2 开源方法和资源 …… 178
8.5.3 并行发展合作的价值 …… 180
8.6 小结 …… 181
讨论题 …… 181
参考文献 …… 181

第九章 专业评估 …… 183
9.1 引言 …… 183
9.2 本章目标 …… 184
9.3 基于标准的专业评估 …… 184

9.4 CDIO 标准和相关的主要问题 …… 186

9.4.1 CDIO 标准的原理与组成 …… 186

9.4.2 与标准相一致的主要问题 …… 187

9.5 专业评估的方法 …… 190

9.5.1 审阅文件 …… 190

9.5.2 与个人和专题小组面谈 …… 190

9.5.3 问卷调查 …… 190

9.5.4 教师工作体会备忘录 …… 191

9.5.5 校外专家的专业审查 …… 191

9.5.6 不同学习时期的分析 …… 192

9.6 按 CDIO 标准评价一个专业 …… 192

9.7 专业的持续改进过程 …… 196

9.8 CDIO 专业计划的总体影响 …… 198

9.8.1 输入、过程和短期效果的初步成果 …… 198

9.8.2 长期效果和整体影响的研究 …… 199

9.9 小结 …… 200

讨论题 …… 201

参考文献 …… 201

第十章 工程教育的历史回顾 …… 203

10.1 引言 …… 203

10.2 本章目标 …… 205

10.3 工程教育的起源 …… 205

10.3.1 法国的工程教育 …… 205

10.3.2 北欧的工程教育 …… 206

10.3.3 英国的工程教育 …… 206

10.3.4 美国的工程教育 …… 207

10.4 工程和工业发展 …… 208

10.5 科学作为工程的基础 …… 209

10.5.1 美国的发展 …… 209

10.5.2 欧洲的发展 …… 210

10.5.3 战后的发展 …… 210

10.6 实践能力和经验的减少 …… 211

10.6.1 技术学校的转化 …… 211

10.6.2 工业界的反应 …… 212

10.6.3 回归实践 …… 212
10.7 学科大量增加和学科边界模糊化 …… 213
10.7.1 学科大量增加的解决办法 …… 213
10.7.2 技术与自然边界的模糊化 …… 213
10.7.3 新技术的影响 …… 214
10.8 当代的挑战 …… 215
10.8.1 新的工程职业形象 …… 216
10.8.2 培养工程师新的教育模式 …… 216
10.8.3 用 CDIO 方法应对当代教育的挑战 …… 218
10.9 小结 …… 218
讨论题 …… 219
参考文献 …… 219

第十一章 展望 …… 223
11.1 引言 …… 223
11.2 本章目标 …… 223
11.3 改革工程教育的动力 …… 223
11.3.1 科学突破与技术发展 …… 224
11.3.2 国际化、学生的流动性和适应能力 …… 224
11.3.3 工科新生的能力和态度 …… 227
11.3.4 性别考虑和拓宽生源的问题 …… 228
11.3.5 政府和多边协议项目 …… 228
11.4 CDIO 方法的未来发展 …… 229
11.4.1 应用到其他工程学科 …… 229
11.4.2 在研究生培养中实施 …… 232
11.4.3 工程教育以外的应用 …… 233
11.5 小结 …… 234
讨论题 …… 234
参考文献 …… 235

附录 A CDIO 教学大纲 …… 237

附录 B CDIO 标准 …… 249

第一章
导　论

1.1 基本原理

工程教育的目的是为学生成为一名成功的工程师提供所需要的学习——专门技术、社会意识和创新精神。在基于日益复杂的技术和可持续产品、过程和系统的环境中,这种知识、能力和态度的结合是加强高效、创业和卓越所必需的,我们亟需提高本科工程教育的质量和内涵。

在过去的20年中,学术界、工业界和政府部门的领导提升了对理想工程师特质的认识,开始强调改革的必要性。通过这一努力,人们认识到这样一种隐含的关键需求——要培养学生能够在现代团队的环境下,构思—设计—实施—运行具有复杂和高附加值的工程产品、过程和系统。这是要强调产品、过程或系统的全生命周期,由此产生这种工程教育新方法称之为CDIO(构思、设计、实施、运行)。

下面的篇幅将表明:产品、过程和系统的构思—设计—实施—运行是如何适应工程教育背景环境的。CDIO教学模式在考虑利益相关者意见的基础上,明确专业计划中学生的学习需求,并构建了一系列满足这些需求的一体化学习经验。我们具体归纳为一个综合性和具有广泛适用性的方法,即在稳健评估和改变过程的支持下,改进课程计划、教与学和实践场所与条件。采用上述方法,其目的就是要明显提升本科工程教育的质量和内涵。

1.2 背景

在20世纪80年代和90年代,在工业界和政府部门工作的工程师就已经和学校的教学领导一起讨论如何改善工程教育的状况。在这一过程中,他们考虑了近年来工科毕业生的水平,并确定了一系列理想工程师的特征。其共识是对当前工程教育偏重于包括数学、科学和技术专业方面的理论教学,而对强调技能如设计、团队合作和沟通等方面的实践基础没有加以足够的重视提出了批评。

这些批评表明了现代工程教育中的两个关键目标之间出现了紧张关系:既要将

学生培养成为某一技术领域的专家——提高熟练掌握职业所需的专业知识水平;同时又要把学生培养成为“通识家”,即要求掌握某一领域的个人、人际交往能力以及产品、过程和系统的建造能力。

世界许多地方的工程专业都出现了这种紧张关系,这是20世纪下半叶工程教育发展的产物。经过那段时间的发展,工科专业从基于实践教育的课程模式转变为基于工程科学的模式,这一改变的目的是要培养学生具有严格的科学功底,使他们能够迎接将来未知的技术挑战。这种改变出人意料,其结果是工程教育的文化发生了偏移,使得在当时工程教育领域一直得到认同的对关键技能和态度的认知价值降低,由此出现了理论和实践之间的紧张关系。

现在我们面临的挑战是,通过引入变革消除这种紧张关系,以满足我们的外部利益相关者的需要。对课程计划和教育方法进行改革,实质上是要转变教育的文化。

1.3 CDIO工程教育改革

CDIO工程教育改革通过培养学生成为全面的工程师去应对挑战,使学生知道如何在现代团队环境下构思—设计—实施—运行复杂、高附加值的工程产品、过程和系统。这一工程教育改革模式包括以下三个总目标:

- 掌握深厚的技术基础知识。
- 领导开发和运行新产品、过程和系统。
- 了解科研与技术开发对于社会的重要性和战略影响。

这种教育强调基础,而且是建立在构思、设计、实施和运行产品、过程及系统的背景环境下的。我们尽量使课程计划能有效教育学生,并能够提升学生的兴趣,吸引学生到工程领域,使他们在课程学习和职业中能有所作为。

这种构思、设计、实施和运行的背景环境是合适的,因为这种环境就是工程师所扮演的职业角色,而且是培养预备职业工程师的能力和态度的自然场所。在这样的背景环境下,我们开发了一体化方法,用于确定学生学习的需要和建立学习经验的程序,以满足这些需要。

CDIO教学模式的主要特色在于它创造了能够深化学习技术基础和实际能力的二元学习经验。我们采用现代教学方法、创新教学方法和新的学习环境为学生提供真实世界的学习经验,这些具体的学习经验创建了一个与技术基础相关的学习抽象概念的认知框架,并为学生提供了有助于理解和记忆这些抽象思维的实际应用机会,由此提供掌握深厚基础知识的途径。这些具体的经验还激发了学生在个人和人际交往能力以及产品、过程和系统的建造能力方面的学习。

1.4 教学大纲与标准

我们应用一个严谨的工程过程来设计 CDIO 教学模式,以保证实现其目标。我们建立了一体化方法以确定学生的专业学习需要和建立一系列学习经验,以满足这些需要,这两方面都包含在 CDIO 教学大纲和 CDIO 标准的最佳实践的框架中。

CDIO 教学大纲中列出了具体的学习目标,该教学大纲是一个合理的、相互关联和一致的对工程师能力方面的要求。教学大纲是通过需求评估,在有关文件中提炼出来的,并经过了同行的审查。在参考利益相关者意见的基础上,确定了对毕业生专业精通程度的要求,这些学习目标构成了课程设计和评估的基础。

CDIO 教学模式建立了一个课程计划,这一课程计划是由相互支持的技术领域和个人、人际交往能力以及产品、过程和系统的建造能力等高度交叉的能力所组成,这些课程计划能使学生在现代工程实践场所中获得丰富的设计—实现经验。其特点为主动式和经验式学习,并通过稳健的质量评估过程不断予以改进。这些特点正是体现在 CDIO 的 12 条标准中,这些标准定义了 CDIO 课程教育的独特特征,作为教育课程改革和评价的指导,并创立了可在全世界范围内应用的基准和目标,提供了可持续改进的框架。

1.5 实施与发展过程

开发和实施 CDIO 教学模式始于四所大学,包括瑞典哥德堡的查尔摩斯工业大学和斯德哥尔摩的皇家理工学院,林雪平的林雪平大学和美国马萨诸塞州剑桥的麻省理工学院,初期时合作教学已扩展到包括世界各地 20 多所大学。

这种教学模式并非一蹴而就,而是通过在我们的合作学校和世界许多其他寻求改进工程教育的学校中的研究和极好的实践基础上建立的,很多人都对此做出了重要的贡献。CDIO 教育改革寻求的是建立和系统化这种国际工作实体,开发出一套能够指导和加速工程教育改革、并可广泛分享使用的方法和开源资源。我们很清楚,大多数教学规划并没有充足的资金和人力资源,采用可分享的开源资源并通过相互协调的努力,有助于迅速转变到一种稳定状态,从而很大程度上重新分配现有的人力、时间和工作场所资源。

CDIO 教学模式并没有规定什么,但必须应用于每一课程计划,包括考虑其目标、大学、国家与学科内容的背景环境。这与许多其他的教育改革运动互相协调,但与国家目标式的认证和评估标准不同。我们提供了一系列相应于工程教育综合改革的潜在解决方案。世界上许多课程教学都在开展这一方面的工作,并做出了重要的贡献,其中很多工作是独立进行的,并与 CDIO 的 12 条标准相一致。我们已经认识到这些东西,并衷心地邀请你们和大家分享你们的成果,对我们的合作工作做出贡献。

1.6 关于此书

我们编写本书的目的是为了介绍 CDIO 教育改革所建立的方法和资源。本书是一本信息充足的实践指导书,使读者能够了解高层面的原理、哲学理念和主要方法以及这些原理、理念和方法是如何在历史和社会背景环境下演变的。本书还提供其他出版物、研讨会和网站上的详细资料和资源。

第二章继续对 CDIO 教育改革进行深入的综合介绍,使读者了解改变的需求、CDIO 教育改革的目标、愿景和教育学基础以及实施的主要环节。第三章对明确工程师的预期能力和学生的学习效果过程进行了解释。第四章至第六章描述了 CDIO 教学模式的课程计划、工程实践场所和教与学方面的具体内容。第七章至第九章讨论专业评价、学生考核以及实施与改变的过程。本书最后是关于工程教育的历史性认识,为读者提供背景材料,以便读者了解改变的环境背景和展望未来。

第二章
综　　述

2.1 引言

工程教育的目的是将学生培养成为“整装待发”的工程师，也就是在其从事职业前具备较好的工程能力和深厚的技术基础知识。为了达到这个目标，工程教育者的任务就是要不断地改进本科工程教育的质量和内涵。在过去的 25 年中，许多工业界、政府机构和大学教学的人士常常通过阐述相应工科毕业生特点的理想目标来强调工程教育改革的必要性。考察这些人的看法和意见，可以发现一种潜在的需要：教育学生理解如何在一个现代团队环境下去构思—设计—实施—运行复杂的、具有高附加值的工程产品、过程和系统。

CDIO 教学模式改革了工程教育，以满足这些潜在需求。对于学生而言，这一方法的价值建立在三个前提上，这些前提反映了 CDIO 的目标、愿景和教育学基础：

- 这一潜在的需求通过建立起强调工程基础的教育目标，同时以构思、设计、实施和运行产品、过程和系统的工程教育背景环境而得到最好的实现。
- 学生的学习效果应由所有与学生学习有关的利益相关者来确定，并通过一系列一体化学习体验来实现。有些内容是体验式的，即让学生感受到工程师在其职业工作中所处的环境。
- 合适的一体化学习活动的构建将产生双重影响：既帮助学生学到重要的个人、人际交往能力以及产品、过程和系统的建造能力，又增强学生对工程基础知识的掌握。

CDIO 教学模式采用了综合性和广泛适用的过程来改进教学大纲、教与学、实践场所，并通过稳健的评估和变革过程予以支持。

本章以综述性内容概括了 CDIO 改革的关键命题和特色。从讨论改进工程教育的动机开始，讨论了我们学生的需求、教育的历史环境和一个有效的课程改革要求。第二节对 CDIO 改革进行了比较详细的描述，包括目标愿景和教育学基础。第二节的结构将作为本书后面多个章节的框架，这些章节将更详细地描述各种话题，包括确定学习效果、改进课程大纲和实验条件、教与学、学生与专业的评估和评价。本章最后部分将介绍发展的途径,包括现有资源和合作的途径,强调要认识到教育改革是大学的组织和文化改变的一个过程。

2.2 本章目标

本章使你能够:

- 认识工程教育改革的现代动力
- 解释潜在目标、愿景和教育学基础
- 描述一个 CDIO 专业计划的主要特征
- 解释实施 CDIO 改革的方法

2.3 改革的动力

工程师通过建造东西而服务社会,引用西奥多·冯·卡门的话“科学家发现已有的世界,工程师创造从未有过的世界”[1]。土木工程师学会 1828 年的会章对工程有这样的阐述:“让自然界的巨大的动力资源为人类所用并给人类带来便利的艺术”[2],创造新产品和使用自然资源仍然是今天工程师的任务。

2.3.1 现代工程师的任务

现代工程师参与产品、过程和系统全生命周期各个阶段的工作。这些产品、过程和系统涉及从非常简单到特别复杂的范围,但却有一个共同的特征,就是满足社会成员的需要。好的工程师细心观察和倾听社会成员的意见以确定他们的需要,工程师也参与构思这种装置或系统。

现代工程师设计具有技术含量的产品、过程和系统,有时要用当前最先进的技术,推动新的前沿并开创新的能力,即开创性的工作和突破性的创新。然而,大多数工程设计是通过应用和改进现有技术来满足社会的变化需求。世界大多数地方广泛应用现有的技术来提升这个社会,好的工程师会在设计中应用适当的技术。

工程师导向并在某些情况下实施产品、过程和系统从设计到实现的过程。所有工程师都应进行设计,使得他们所设计的系统容易实现并具有可持续性。有些工程师如软件研发工程师,实际参与设计和实施编程两个环节。在其他工业领域,工程师专职于实施上,如制造工程师。

当代工程师总是以团队形式工作实现对产品、过程和系统的构思、设计、实施和运行的。团队经常会分散在不同的地区并且是国际化的,工程师之间在工作场所和在世界不同地点交换思想、想法、信息、图纸、元件和装置。他们掌握系统设计和实施过程中所需要的知识,将来可以对系统进行改进和升级。好的工程师在团队内开展工作,并能有效地沟通,同时总是具有个人的创新性和责任感。

为了给社会成员带来便利,工程系统和装置必须能够被操控。简单的装置如电炉、汽车或手提电脑主要是由个人使用。较为复杂的系统如工业炉、飞机和通信网络则由专业人员来操控。好的工程师把考虑和计划产品、过程和系统的操控作为设计过程中不可分割的一部分,有时工程师自己也参与系统的操作。

2.3.2 构思—设计—实施—运行

当代工程师领导或参与产品、过程和系统全生命周期的各个阶段,也就是构思、设计、实施和运行。构思阶段包括确定客户需求,考虑技术,企业战略和有关规定,开发理念,技术和商业计划。第二阶段即设计阶段,集中在创建设计,包括计划、图纸和描述产品、过程和系统实施的方法和算法。实施阶段是指完成从设计到产品的转变过程,包括硬件制造、软件编程、测试和验证。在最后的运行阶段,用实现了的产品、过程和系统为用户提供预期的价值,包括对系统的维护、改造、回收和报废。

选用这四个词以及四个阶段的内容和结果是因为它们可以应用于各个工程学科和专业。属于构思—设计—实施—运行四个主要阶段任务的详细内容可以参照图2.1。应该注意,此图并没有严格地按照顺序列出内容,例如产品的螺旋式开发模型。在产品开发工作中需要对这些任务进行大量的迭代,无论工作的顺序是怎样的,成功

构思		设计		实施		运行	
使命	概念设计	初步设计	详细设计	元件制造	系统整合与测试	全生命支持	演化
商业战略 技术战略 客户需求 目标 竞争 项目计划 商业计划	需求 功能 概念 技术 构建 平台计划 市场定位 法规 供应商 承诺	需求定位 模型开发 系统分析 系统解构 界面要求	元件设计 需求确认 失效和预案分析 确认设计	硬件制造 软件编程 资源 元件测试 元件改进	系统整合 系统测试 改进 取得认证 投产 交货	销售和铺货 运行 物流 客户服务 维护与维修 回收 升级	系统改进 产品家族扩张 报废

图2.1 把构思—设计—实施—运行作为产品、过程和系统的生命周期模型

的产品开发过程中都会进行这些工作。因此,这是工程师在建造满足社会要求的产品、过程和系统的核心过程。

这四个阶段非常明确地反映在单件的电/机/信息产品和顺序生产的系统上,如汽车、飞机、轮船、软件和计算机以及通信装置的研发过程。制造工程师实际来规划、设计、实现和运行这些单件产品和系统的制造过程。其他工程师进行构思、设计、开发和部署这些装置的网络和系统,包括运输网络和通信系统。在软件工程中,工程师构思、设计、编写和运行软件编码。在化工和相近的过程工业中,工程师构思、设计、建造和运行一个工厂或设施。对于土木工程,工程师使用类似的步骤进行计划、设计、建造和运行一个项目。

显而易见,同样的这一构思—设计—实施—运行模式涵盖了工程师绝大部分的主要职业活动,为了简化和标准化本书的术语词汇,常常将产品、过程和系统用于工程师的设计和实施中,根据应用领域,可以是产品、过程、系统、装置、网络、计算机代码、工厂装备或项目。同样,构思、设计、实施和运行也常用于实现这些产品、过程和系统中。作为一种简单的表述,这个全生命周期过程有时简称为系统建造。

2.3.3 工程教育改革的必要性

高等教育的任务是教育学生成为有能力的当代工程师,能够参与并最终领导构思、设计、实施和运行系统、产品、过程或项目。要做到这一点,学生必须是技术专家,具有社会责任感并善于创新。这样的教育对于在日益依赖复杂且必须是可持续的技术系统的环境下达到高生产率、创业能力和卓越性能是至关重要的。大家广泛认识到,必须为学生准备面对这样的未来而做更好的工作,而且必须通过系统的工程教育改革来予以实现。通过系统的工程教育改革来更好地教育学生是 CDIO 改革的最终目的。

任何试图改进工程教育的方法都必须考虑以下两个中心问题:

- 当工科学生毕业时,他们学到的全部知识、能力和态度应该有哪些?掌握的水平如何?
- 我们如何能更好地保证学生学习到这些知识和能力?

这实际上就是工程教育者通常所面对的“是什么”和“如何做”的问题。先集中考虑第一个问题,工程教育中这两个立场之间好像存在不可调和的紧张关系。一方面,需要为学生传授必需而又不断增加的技术知识;另一方面,大家普遍认识到工程师必须具有个人、人际交往能力以及产品、过程和系统的建造的知识和能力,才能够在生产真正产品和系统的工程团队中工作。

这种紧张关系表现在工程教育者和最终雇用工程毕业生的广大工程界之间出现了明显不同的观点。传统上,基于大学的工程师在强调技术知识的重要性方面找到了平衡点。然而,工业界代表从20世纪70年代后期和80年代初期开始,并在90年代不断增加对这种平衡的关注和忧虑,表示要提高强调个人、人际交往能力以及产品、过程和系统的建造能力。1978年英国的Finiston报告[3]就反映了这一早期的现象。1984年,A/D转换器的发明者、美国国家技术奖章得主和美国工程院工程教育戈登奖的出资人伯纳德·戈登(Bernard M. Gordon)明确指出"全世界对普通教育的情况不满意"[4]。框图2.1就是他在欧洲工程教育学会年会上的讲话摘录。

框图2.1　工程师应该是什么样的?

很明显,世界上各种社会,尤其是西方社会,对当今的普通教育的情况并不满意。这种不满意反映在对一些毕业生的批评上,他们甚至不能进行有效率的阅读、有效写作或掌握中等复杂程度的算术。最典型的问题"为什么约翰尼不会阅读?"就集中反映了社会的关注。

另一个类似的问题是:"为什么工程师先生/博士不能做好工程?"现在也更多地问到这个问题,这集中反映了工程领导和深受不合理设计之苦的公众的无奈。对工程教育的批评常常会对工程教育的"产品"发表以下的评论:

- 从雇用的工程资源中所得到的经济回报率变得越来越低,越来越差
- 对基础技术知识的正规训练和粗略了解的广度都很有限
- 没有进行合适的正规训练和引导以达到实用程度的工程能力
- 不能适当理解精确测试和测量的重要性
- 竞争动力和毅力不够
- 交流能力不够
- 工作习惯上缺少纪律和控制力
- 不敢承担个人风险

所以,在寻找应用新的教育技术方法的同时,应当重新审视我们对真正工程的认识,将我们的焦点聚集在实质性的内容上,即希望工程师在他们的职业生涯中做些什么。

定义

我建议将真正的工程师,即职业工程师定义为:取得并不断提高技术、交流、人际交往的知识、能力和态度的人,他们有效地通过理论化、构思、发展并建造可靠的、具有实际和经济价值的结构和机器而对社会做出贡献。

知识越广,其成功的能力就越高;一个工程师的献身精神越强,他的成就就越大,就能作为一个合格的榜样、教师和领导等。

知识

对于一个真正的工程师来说,知识不仅仅是获取的信息,更不仅是获取的工程信息。认知过程同获取过程是不一样的。今天的工程师可能利用信息技术及时获得全世界的信息,

续

框图 2.1　工程师应该是什么样的?

而真正的工程师具备对信息相互关系的理解力,他们学到了如何利用并有效处理相关信息,从而合成新的信息或解决问题。

将工程师作为领导的角色,可以发现,工程师所需要的知识领域不限于科学或技术,学习历史、经济、心理、文学和艺术可以增加对社会演变的理解,这种理解能够提高工程师贡献的价值。并且,在这个拜新通信科技所赐而日益变小的世界里,我们不应该忘记学习外国语言—— 一个在大西洋西侧经常被遗忘的东西。

能力

一个真正的工程师的重要能力,实际上就是能够有步骤地在设计过程中解决问题,在此过程中,他将科学和学科知识与个人的创造能力和在学习和经验中所获得的判断力相结合。此外,因为工程成就总是在集体的环境下取得的,无论是作为一个领导者还是作为一个跟随者,沟通交流能力都变得极为重要。

这些能力都只能通过实际工作而获得:或者是模拟性的,或者和刚入门的医生一样,在专家的督导下开展实际工作。然而,案例学习不能真正替代实践,例如如何对一个设计进行查错测试的过程。案例学习技术可能是有益的,但它不足以让学习者达到真正工程师的资格。

态度

不管这个设计问题的本身是什么,一个工程师的态度会直接影响他的设计成果的质量。一个真正的工程师是一个资源团队的领导者,包括各种工程活动水平的财务、人力和材料等。成功的团队领导意味着一定程度的自我批评,自我欣赏和谦卑的特质都要发挥平衡的影响。需要好奇心和勇气才能达到创造与创新。成功的领导需要具备一系列特质,他们发出指令时强势果断,同时也要接受指令、接受市场竞争的挑战并执着地坚持到胜利。领导不仅对上要展示忠诚,也需要对下展示忠诚,需要在个人胜任能力、容忍度和督导能力各方面赢得项目团队的尊敬。

Analogic 公司 B. M. Gordon

2.3.4　工程教育改革的要求

作为对利益相关者需求的回应,通过研究对学生教育需求的这些建议,我们开始了 CDIO 的项目。当把工业界提出的各种要求的列表综合起来分析时,我们看到,这些要求来自于社会最初需要工程师的原因。

到了 20 世纪 90 年代,对工程提出批评的趋势在蔓延,美国波音飞机公司通过列出工程师应具有的特质[5]作出了影响工程教育的努力,框图 2.2 列出了这些特质。

更广泛地讲，发达国家的反应主要表现在工业界主导的一些关于工程教育的讨论会和项目，以及工业界对工程认证和各种工程组织的影响，也包括工业界和基金的教育项目。工业界影响政府为改变工程教育提供资源和激励。这并不是一个随机或没有进行协调的努力，而是工业界面对他们的大学人才资源出现危险所做出的综合反应。企业家的各种评论中有一个共同点，他们都强调工程科学基础和工程知识的重要性，然后列出一系列所需要的能力，比较典型的包括设计、沟通、团队合作、伦理和其他个人能力和特质。

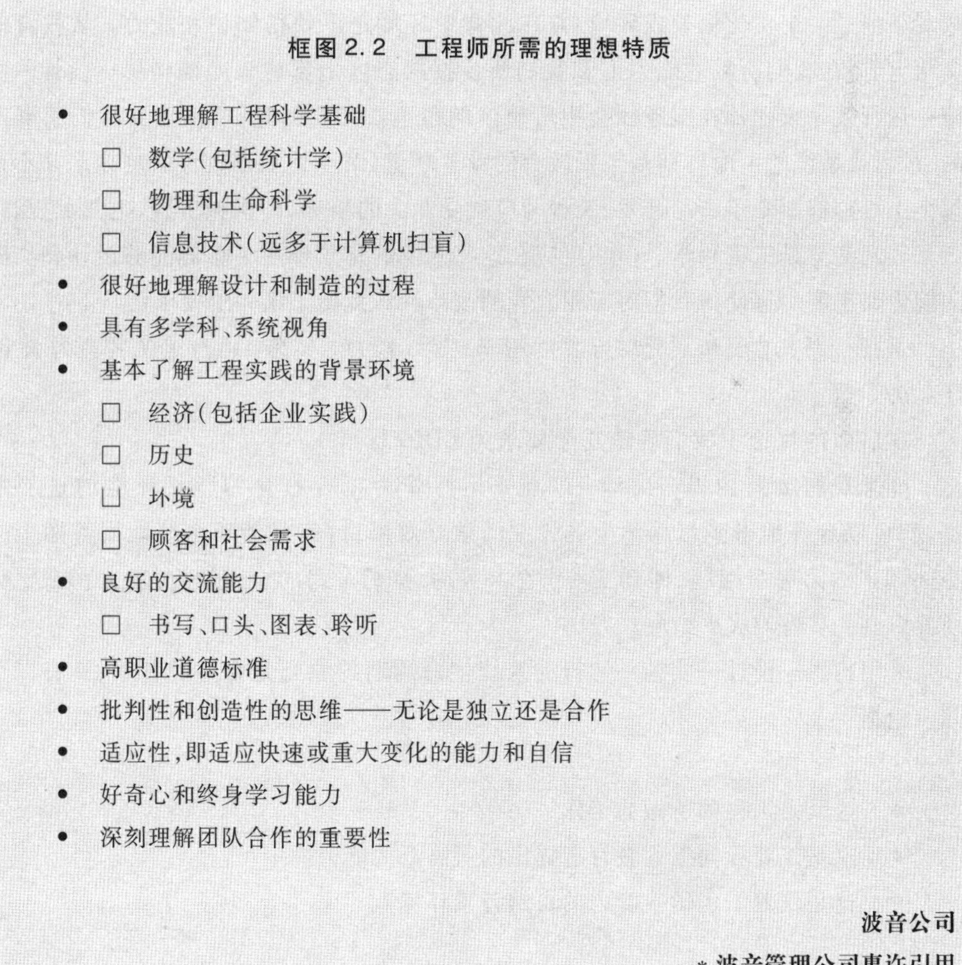

框图 2.2　工程师所需的理想特质

- 很好地理解工程科学基础
  - □ 数学(包括统计学)
  - □ 物理和生命科学
  - □ 信息技术(远多于计算机扫盲)
- 很好地理解设计和制造的过程
- 具有多学科、系统视角
- 基本了解工程实践的背景环境
  - □ 经济(包括企业实践)
  - □ 历史
  - □ 环境
  - □ 顾客和社会需求
- 良好的交流能力
  - □ 书写、口头、图表、聆听
- 高职业道德标准
- 批判性和创造性的思维——无论是独立还是合作
- 适应性，即适应快速或重大变化的能力和自信
- 好奇心和终身学习能力
- 深刻理解团队合作的重要性

波音公司

*** 波音管理公司惠许引用**

因此，我们工作的起点就是重新明确对工程教育的要求，相信每一个毕业的工程师应能够：

在一个现代的、基于团队的环境下构思—设计—实施—运行复杂、高附加值的工程产品、过程和系统。

更简单地说,我们必须培养能够做工程的工程师。工程的责任就是在一个*组织里*,为了设计和实现一个*产品*、*过程或系统*所需要完成的一系列任务。强调产品或系统的生命周期(构思—设计—实施—运行)为这一改革进行了命名。我们将*附加值*定义为在生产过程中的一个阶段中,或通过形象和市场化所创造的附加价值,它指的是生产过程因素对提高一个产品、过程或系统的价值贡献。

2.3.4.1 构思—设计—实施—运行作为工程教育的背景与环境

我们要声明,构思—设计—实施—运行应成为工程教育的*背景环境*。教育的*背景环境*是一个文化框架或环境,并在此背景环境之下获得知识和能力。从教育的文化上看、在我们所教的能力上和我们所传授的态度上都应该明确构思—设计—实施—运行就是工程师在服务社会中所扮演的角色。重要的是,要注意到我们明确产品、过程或系统的生命周期是工程教育的*背景环境*,而不是工程教育的*内容*。并不是每个工程师都要专于产品开发,工程师应接受专业的培养,即机械工程、电气工程、化工工程或甚至是工程科学。但学生应在这些专业的背景环境下培养能够设计和实施的能力和态度。这使得我们对工程教育的改革计划提出了第一个要求:

采用产品、过程和系统的开发运用—构思、设计、实施、运行是工程教育背景环境的原则。

在后面的讨论中我们确认这个要求为 CDIO 标准 1。

如果我们接受构思—设计—实施—运行作为工程教育的背景环境的这一前提,就可以合理地得到培养学生的详细的学习效果目标,就能够系统地回答两个中心问题中的第一个问题,即*当工科学生毕业时,他们学到的全部知识、能力和态度应该有哪些?掌握的水平如何?*

采用构思—设计—实施—运行的系统生命周期的原则是合适的背景,具有以下几点论据:

- 这就是工程师所做的工作
- 这是工业界向工程教育者提出的所需要的能力
- 这是培养工程学生能力的自然背景环境

以上讨论的第一个观点,也就是现代工程师的工作是参与部分或全部的构思—设计—实施—运行的阶段。第二点是很显然的,它是近几十年来工业界广泛一致和有组织的要求。第三点有些微妙,原则上当学生学习工程理论时,有可能教给学生这些能力和态度,但是这样做可能不太有效。在培养学生这些能力方面,是否还有比将教育置于产品和系统开发和实现的背景环境下,即让学生在这样的背景环境下应用这些能力更为自然的方法?

这看起来是非常显而易见的,因为工程产品、过程和系统的生命周期不是目前常用的工程教育的背景环境。很简单,在大多数的工学院中,工程实践人员并不多,而主要是工程科学研究人员。这些工程研究人员通过研究发展工程科学知识并获得相应的奖励,而通常其研究工作是分解性的、对成果的奖励也是针对个人的。相比之下,在一个比较理想的、接近实际的工程背景环境下,重点应放在以整体性的方法来开发工程产品或系统,其过程和结果是奖励团队的工作。同时,这个背景环境必须强调严格地处理工程基础。因此,必须认识到,将教育由当前的状况转变到比较理想的背景环境是一个文化的改变。我们必须通过提高教师的能力来改进工程师的能力和态度。

有人会争议,很难想象这样的转变能在大学的环境中进行。事实上,当前在许多国家,工程教育中的矛盾和争议都是这种转变的结果。20 世纪 50 年代以来,有些国家的大学工程教师是优秀的工程实践者。工程教育主要是基于工程实践和为实践做好准备。在 20 世纪 50 年代,我们看到了工程科学革命的开始和雇用年轻的工程科学家。20 世纪 60 年代可以称为黄金时期,那时的学生是由年长的工程实践者和年轻的工程科学家组成。然而,到了 20 世纪 70 年代,随着年长工程实践者的退休,他们的工作由工程科学家取而代之。总体来说,工程教育的文化和背景环境趋向工程科学。

2.3.4.2 加强技能培养、保证基础知识教育

出现在 20 世纪下半叶的背景环境和文化的改变,其结果是把工科学生的教育放在更加严格和科学的基础上,所培养的工科学生具备解决未知技术挑战的能力。本书所提出的所有内容并不是试图去抹杀这种改变的重要性,或去抹杀工程科学研究在 20 世纪下半叶所做出的巨大贡献。然而,这种改变所产生的意想不到的结果是工程教育文化的转变,这一转变使那个时代作为工程教育标志的很多能力和态度的价值消失了。大多数发达国家的工业界从 20 世纪 70 年代后期和 80 年代开始意识到工科学生的知识、能力和态度的改变,这并不是一种巧合。在 20 世纪 80 年代,工业界反映出它们的观察和关注,但并没有什么结果。到了 20 世纪 90 年代,工业界表达了更为一致的意见,这一点在前面的章节中已经讨论过。

工程教师队伍组成的这种变化也可以从具有代表性的个人、人际交往能力以及产品、过程和系统的建造能力与技术基础知识之间的平衡方式中看出端倪。图 2.2 解释了这一变化过程。在 1950 年以前,实践背景环境很普遍。到了 20 世纪 60 年代,实践和工程科学更加协调。到了 20 世纪 80 年代,工程科学占主导地位并强调技术基础。这种趋势表示为一个得失曲线,假如教育是一种信息传播活动,那么带宽和时间的限制只允许传递一定量的内容,这个模型就不可避免会提出一些问题,例如必须去除哪些内容而为新的东西提供地方。我们要声明,存在可以替代的教育模式,可以消除这种教育内容所存在的明显紧张关系。我们由此找到了成功的工程教育改革的第二个要求:

工程教育在加强学习个人、人际交往能力以及产品、过程和系统的建造能力的同时强调技术基础知识。

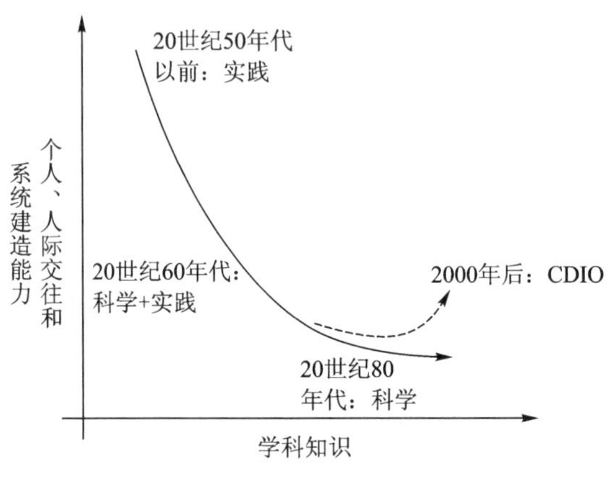

图 2.2　工程教育的变革

2.3.4.3　主要利益相关者的参与

工程教育有四个重要的利益相关者集团：学生、工业界、大学教师和社会。我们认为工业界是主要的利益相关者。工业界是毕业生的最终客户，但教育的直接客户是学生。学生要通过真正客户的传统经济考核。也就是说，学生在他们的教育选择中既是客户又是投资者。在学生考虑课程学习的个人和经济效益时，他们表现出投资者的行为，他们会采用更有兴趣、较低努力或更为享受的选择。但是他们常常不够成熟，或缺乏足够的关于教育投资方面的意见和认识。工业界，包括在工业界的校友，了解长期效益所需要的投资，所以是学生投资效益的代言人。

大学教师是知识、能力和态度的开发者和提供者，他们有自己关于学生作为投资人和客户的认识。除工业界外，社会通过立法和认证对工程教育提出要求，包括学位的要求和强调社会的目标，如可持续发展。在有些国家，政府为学生交学费。因此，工程教育的四个利益相关集团对工程教育目标具有各自的重要认识。这些因素引出了成功的工程教育改革的第三个要求：

学生的学习效果应该反映学生、工业界、大学教师和社会这四个利益相关者集团的意见和观点。

2.3.4.4　吸引和留住好学生

为什么工业界和工程教育者关心学生的客户和投资者的行为？许多发达国家和发展中国家缺少科学和技术学生，在大学里，这些领域并不吸引学生，也留不住这些专业的学生，或者学生毕业后在其他领域工作。所有其他的因素也都一样，

希望通过工程教育改革来吸引学生。因此,成功的工程教育改革的第四个要求是:

修订教学大纲和教育方法,不影响教育质量和内容,使工程教育更能吸引、留住并为工业界培养出高质量的学生。

2.3.4.5 专业层面的改革工作

许多工程教育者对于工程教育改革的需要都做出了积极的响应,不少工业界、政府和认证组织也提供了帮助。我们可以依据这些努力的性质和规模将它们分为(1)在一门课程层面的小规模;(2)一个专业学位的规模;(3)多个学校或专业方面的合作;(4)教育研究项目。

在任何一个专业中,都有一些积极投身于教育事业的教师。大学和经费资助机构常常资助这些教师去开发基于实践和专业内容的新教育方法。这些教师常常得到系里和校级的教学奖,深受学生尊重。这些教师是新想法和概念的来源和系统改革工作的前期参与者。然而,教师个体不容易影响整个专业。工程教育改革必须至少在系或整个专业层面上进行,这样才能确定和保证对教师的表现和学生责任的要求。一个专业教育不能看作是一组元素的集合,而要看成是一个系统,其中每一个元素都有各自和对专业整体的学习效果的作用。因此,成功的工程教育改革的第五个要求是:

任何成功的工程教育改革必须包括绝大多数或全部的学生学习经验。因此、改革必须在专业或系一级层面进行。

2.3.4.6 工程教育改革合作

在世界各国有不少大学合作组织在进行工程教育改革(见表2.1),如IDEA联队就是伦敦、代尔夫特(Delft)、亚琛(Aahen)和苏黎世等四个主要研究性大学的国际合作组。大学合作组进行适当的组织会有很多优点,最为突出的优点是能够加速努力的进程。假如有一个合理的系统化教育改革时间表:第一年,找出可以改进的机会(地方),并且开发出改进的方法;第二年,就可以采用这个方法进行试点;第三年,将方法修订后再进行一次试点;到了第四年,这个方法就基本上可以确定了。现在考虑这个改革的任务:(1)课程计划——哪些需要教、在哪里教;(2)教学法部分——这个课程计划如何贯彻;(3)评估部分——预期的目标应当如何考评和如何改进;(4)工作场地和物资配备——学习环境。大学合作组的优点就是可以并行发展和分担任务。作为一个团队,所有合作大学找到共同的改进机会,同时实施几种不同的方法,然后在同样的考核指标下进行比较。这样就能极大地加速改革的进程,并且能共享资源和经验,减少过渡成本,增加成功的几率。这些优点可以总结为工程教育改革成功的第六个要求:

工程教育改革要由一组专业或系参与,能够并行发展并共享资源。

表 2.1 工程教育改革大学合作组举例

组名/地点	所属学校	焦点和项目
The IDEA League http://www.idealeague.org	伦敦帝国理工学院、代尔夫特工业大学、亚琛工业大学、苏黎世工业大学	交流科学和技术教育的理念和专长
Center for Advancement of Engineering Education (CAEE) http://www.engr.washington.edu.caee	科罗拉多矿业大学、霍华德大学、斯坦福大学、明尼苏达大学、华盛顿大学	工程学习、教学、教育的学术性合作，共同组织出版物、报告和工作坊
Center for Integration of Research, Teaching and Learning (CIRTL) http://cirtl.wceruw.org	威斯康星大学、密歇根大学、宾夕法利亚州立大学	为国家发展科学、技术、工程和数学(STEM)教师。在"教学作为研究"理念下的"通过教学取得毕业"项目
National Center for Engineering and Technology Education (NCETE) http://www.ncete.org	佐治亚大学、伊利诺伊大学、明尼苏达大学、犹他州立大学	国家自然科学基金资助的 17 项学习与教学中心之一。一个工程和技术教育的社区，目标是将工程能力融入幼儿园到 12 年级的学习中
VaNTH Center for Bioengineering Educational Technologies http://www.vanth.org	范德比尔特大学，西北大学，德克萨斯大学，哈佛大学，麻省理工学院	交流生物工程、学习科学、学习技术和考核方式的研究

2.3.4.7 建立在最佳实践基础上的教育方法

类似地，世界上有很多工程教育改革是以理论为基础的，他们根据学习理论探寻发现最佳实践并发展新的方法。例如，美国工程院协调一系列工程教育学术发展中心(CASEE)[6]。工程教师对能够帮助他们加速改革的教育理论和实践所知甚少，这些以研究为基础的计划成功地将工程和教育领域有兴趣的专家组成更强的团队。有些团队专注于某一专业，如生物医学，另一些则广泛一些。这就引出了成功的工程教育改革的第七个要求：

工程教育改革是在对广泛应用的教育模式的理解和信息完整的基础上所采用的最佳实践。

2.3.4.8 无需大量新资源的投入

所有的专业都是在有限资源的环境下运行的，从理工学院到研究型大学的所有类别的院校都是如此。当进行一项教育改革时，有必要分清哪些是改革过渡时期所需的新资源，哪些是维持稳定运行的已有资源。改革过渡时期不可避免地需要一些新的资源，必须由教职工，或最好是由学校来提供这些新的资源。改革是需要成本的，然而，在稳定之后我们不能指望更多的资源，所以，必须想办法重新整合已有的资源——教师的时间、学生的时间、场地等。这就带来成功的工程教育改革的第八项，也是最后一项要求：

工程教育改革在稳定运行中是基于对现有资源的重新整合。

CDIO 改革的设计和开发都满足这八项要求。

2.4 CDIO 工程教育改革

CDIO 改革是当代工程教育改革的一种方法，它致力于满足前述的工程教育改革的八项要求。它是建立在三个关键概念上的，即一组目标、一个工程教育的愿景和一个保证这个愿景能够实现的教育方法基础。以下分别对这三个关键概念进行说明。

2.4.1 目标集

CDIO 改革有三个总体目标，即教育学生，使他们能够：

1. 更深地掌握技术基础知识
2. 领导新产品、过程和系统的建造与运行
3. 理解研究和技术发展对社会的重要性和战略影响

为了上述理由，我们相信，如果以构思、设计、实施、运行作为工程教育的背景环境，这些目标就能够得到最好的满足。下面先对这些目标进行比较详细的讨论。

2.4.1.1 目标 1

工程教育永远都应该强调技术基础，大学是打下这些基础的地方。我们的方法没有任何想要减少基础的重要性、或减少对学生学习这个基础要求的意思。实际上，对更深的工作知识和概念理解的强调加强了对技术基础的学习。

概念的理解是在各种不同的特例或环境下对知识的应用的能力[7]，它不等于记住事实或定义，也不是对一个包含此概念的原理进行简单应用，如热力学第一定理。概念的理解代表具有永久留存的价值、并且具有促使学生参与的潜在想法。传统的教学采用一种传授的方法，期望学生在被动的听讲过程中取得知识。在实施 CDIO 的专业中，我们的目标是让学生自己构建他们的知识，面对他们自身的错误理解。从

长期实行的传授方法到概念转换教学是困难的。Marton 和 Säljö[8]把传授的方法叫做*学习的表面方法*，与之相对应的是*学习的深层方法*。表 2.2 是 Gibbs[9]、Rhem[10]和 Biggs[11]所描述的 Marton 和 Säljö 的基本思想。将*更深的掌握技术基础知识*作为教育学生的目标就是要将这种方法与普遍采用的传授方法进行比较，第六章还会进一步阐明这种思想。

表 2.2　学习的表层方法与深层方法的对比

鼓励表层学习的方法	鼓励深层学习的方法
课程计划中过多的材料	学生接受所需的深层学习
相对多的课程时间	动机环境
缺少追求深层学习的机会	扎实的知识结构基础
缺少学习领域或方法的选择	学习者的活动和选择
恐吓性和引发焦虑的考核	基于应用于新地方的考核
竞争性的环境	和其他人的交流与合作

2.4.1.2　目标 2

第二个目标是教育学生能够*领导新产品、过程和系统的创造与运行*。该目标满足为学生工程职业生涯做好准备的这一需要。建造并运行新产品、过程和系统的需要将教育的目标指向了个人、人际交往能力以及产品、过程和系统的建造能力。个人的能力和态度包括思维方式，如工程推理和解决问题的能力、科学探求、系统思维和批判性及创造性思维。个人的态度和特质包括正直、负责、好奇心、勇于承担风险和变通性。人际交往能力包括交流沟通和团队工作，产品、过程和系统建造能力和知识是在社会和企业环境下构思、设计、实施、运行产品和系统的基础。由这个目标引出的更为详细的学习效果将在本节后面讨论，这也是第三章的主要内容。

2.4.1.3　目标 3

第三个目标是教育学生，使他们能够*理解研究和技术发展对社会的重要性和战略影响*。我们的社会极大地依赖科学家和工程师在解决问题方面所做出的贡献，他们解决了包括从健康到环境，乃至保持国家竞争力等一系列问题。然而，研究和技术发展必须与社会责任相匹配，并向可持续的技术方向发展。毕业工程师必须对科学和技术的社会角色有内在的理解，并负起相应的责任。这个目标也考虑到有些毕业生将不会以工程师为职业，他们将成为工业、政府和高等院校的研究者。尽管存在不同的职业兴趣，所有的学生都会从产品、过程和系统开发这样一个背景环境中获益。

首先，他们从达到第一个目标中获益，深层地掌握了技术基础；其次，工程研究者必须理解他们的努力对产品或系统的实际影响。成功的研究者将会因为他们不仅对学术界的影响，而且对社会的影响而逐渐显现出来。因此，让希望从事研究工作的学生理解技术是如何渗入产品和过程，并能够判断和改进他们工作的战略价值，是非常重要的。

前两个目标代表工程教育在历史和当代出现的紧张关系，即技术基础知识和能力之间的紧张关系。多数工程教育者都同意，这两个目标都很重要，但相对于一个方面，应该在另一方面上花费多少时间，这的确仍存在争议。如果教育模式只是一个传授过程，在给定的期间内具有固定的最大有效传授速率，那么技术基础和能力之间的紧张关系会更突出。CDIO 方法有另一个教育观点可以帮助我们缓解这种紧张关系。需要声明，它有可能既加强基础的学习，又同时改进个人、人际交往能力以及产品、过程和系统的建造能力。

第三个目标代表工程教育出现的另一个重要的紧张关系，即研究和发展之间的紧张关系。采用一体化的课程计划就可能同时兼顾这两个方面，并给学生选择空间，以便确定将来到底向哪个方向发展。

2.4.2 愿景

为了缓解这种紧张关系，工程教育需要一种新的愿景，这种教育需要基于学术学习和工程教育的最佳实践，它需要一体化的并且是完整的实施，即要求包含整个专业教育。

CDIO 改革描绘出一种教育模式，即强调基础，建立在构思—设计—实施—运行产品、过程和系统的基础上。这个愿景所折射出来的特征为：

- 教育是基于清晰论证的、经过利益相关者审查的专业目标和学生的学习效果。
- 学习效果是通过一系列有组织的、一体化的学习经验达到的，有些学习经验是实践性的，即学生将体验真正的工程师在他们的事业生涯中所得到的经验。
- 精心设计的一体化学习经验将产生双重影响，同时提高教学能力和学生深层次的基础学习。

在下面的讨论中，我们将先设定目标，然后简短地介绍 CDIO 愿景的主要方面：

- 以各学科相互支撑的课程体系来设计课程计划，通过一个明确的方案将个人、人际交往能力以及产品、过程和系统的建造能力的培养整合在同一个课程计划中。

- 将教室里面或现代实践场所的设计—实现和动手学习的经验作为以工程为基础的经验学习的基础。
- 在设计—实现之外的主动学习和经验学习可以和学科课程相结合。
- 完整的考核评估过程。

我们必须在整体上加强教师的能力，重新整合现有的资源，并且期望在不额外添加很多新资源的情况下找到实现这个愿景的办法。

2.4.2.1 学习效果

将愿景转化为教育模式的第一件事情就是找出并完整地规定当代工程师所需要的能力。这个任务是由工程教师、学生、工业界代表、大学审查委员会、校友和资深学者组成的利益相关者专题组所完成的。专题组会面临工程教育所必须回答的两个中心问题中的第一个，*"当工科学生毕业时，他们学到的全部知识、能力和态度应该有哪些？"*，工业界对此给出了深刻的回答，作为例子，框图 2.3 记录了摩托罗拉公司全球电信部前副总裁和首席技术官 Ray Leopold 在这个过程中所提出的看法。专题组得到的结果再加上工业界、政府和学者对本科毕业生的期望被整理成学习效果，并成为 CDIO 教学大纲。关于这个大纲的描述、发展和验证将在第三章中讨论。

框图 2.3　工业界对 CDIO 工程师的需求

本人估计，采用 CDIO 专业计划的毕业生，其最大可能的贡献是他们在应用其工程能力时能够更成熟地领悟产品是如何满足真正的社会需要的。这就需要项目能够成功，广泛地说，成功不仅基于工程，而且基于非工程的贡献。

工程师不仅要找到工程的解决方案，而且该方案还要是经济的且具有很高的成功潜力。工程师必须定义价值主张并为其找到答案。一个工程毕业生不仅要能够提出完美的新想法，还必须将这些想法转化为实际。

作为这个过程的一部分，工程毕业生必须对他们能为组织所带来的价值有更好的理解。他们必须具有更好的个人能力，并能够和其他工程师和其他专业的同事合作。一个工程师的成熟程度不仅从他的知识宽度和深度中反映出来，而且从他个人和职业能力的发展经验中体现出来。

在工业界内，我们通常试图去确定一个人到底有什么知识，能做什么贡献，能给我们带来什么样的视角，以及在何种程度上能融入这个组织的文化。我们通常不会雇用尽管具有很强的技术能力但不具备与人交往的能力、不能适应团队环境的人，或者那种眼光只局限于很窄的技术领域的人。我们希望雇用那些具有深厚技术专长的人，但其专长必须在一定的背景环境下，并且这个人必须能够与他人合作。

在面试时，经常会问及行为方面的问题，如“从你的教育经验中，请具体告诉我，什么时候你必须：

- 处理一个对团队目标不专一的人
- 重新定义一个价值主张
- 调整你的工作计划以满足时间表

采用 CDIO 专业计划的毕业生应该能对这些问题有更为丰富的回答，他们不仅应该对问题本身有满意的回答，而且他们的回答将对这个问题有更全面的理解。

摩托罗拉公司 R. Leopold

表 2.3 细化到第二级的 CDIO 教学大纲

1 技术知识和推理	3.1 团队工作
1.1 相关科学知识	3.2 交流
1.2 核心工程基础知识	3.3 使用外语交流
1.3 高级工程基础知识	4 在企业和社会环境下构思、设计、实施、运行系统
2 个人能力、职业能力和态度	
2.1 工程推理和解决问题的能力	4.1 外部和社会背景环境
2.2 实验和发现知识	4.2 企业与商业环境
2.3 系统思维	4.3 系统的构思与工程化
2.4 个人能力和态度	4.4 设计
2.5 职业能力和态度	4.5 实施
3 人际交往能力：团队工作和交流	4.6 运行

如表 2.3 所示，CDIO 教学大纲将学习效果目标分为四个层面：

1. 技术知识和推理
2. 个人能力、职业能力和态度
3. 人际交往能力，包括团队工作和交流
4. 在企业和社会环境下构思、设计、实施、运行系统

这四个层面与本章之前所述之要求直接对应，即要培养学生能够：

在一个现代、团队的工程环境（第三层面）中理解如何构思、设计、实施、运行（第四层面）复杂、高附加值的产品、过程和系统（第一层面），成为成熟、有责任感的人（第二层面）。

最后一句的“成为成熟、有责任感的人”表明，在大学的环境中学生不仅要在智力上获得成长，而且要在心理和社会意识上得到成长。大纲 2、3、4 层所要求的知识、能力和态度通常也被称为“个人、人际交往能力以及产品、过程和系统的建造能力”。第

一层面的*技术知识和推理*能力取决于专业的具体要求，教学大纲仅仅笼统地说明了工程学科的主要概念。第2、3、4层面则适用于任何一个工程专业。

每个层面的内容又进一步扩展细化到第二、第三乃至第四级。教学大纲第二级细化的要求是经过学科专家和重要利益相关者验证的。为了保证要求的完整性，教学大纲的组织与工程教育的要求和工程师应具有的特质要求具有明确的对应关系。因此，这个教学大纲是一个合理的、与利益相关者对工程毕业生的期待相一致的能力要求。它具有完整性，并经过同行审查，因而可以作为专业设计和评估的基础。表2.3列出了细化到第二级的教学大纲。完整的CDIO教学大纲见附录A。

为了将CDIO教学大纲的要求转换成可以衡量的成果，建议每个专业通过对利益相关者进行调查而确定对每一项要求的掌握程度，第三章介绍了对有代表性的专业所进行的调查过程和结果。通过初步调查我们得到了对两个中心问题中第一个问题的基于利益相关者的完整回答："*当工科学生毕业时，他们学到的全部知识、能力和态度应该有哪些？掌握的水平如何？*"。CDIO的愿景回答了第二个中心问题，"*我们如何能更好地保证学生学习到这些知识和能力?*"。广泛地讲，这要求四个主要方面的改革：专业课程计划的结构和某些课程的内容；教与学的环境；教学方法；考核和评估学习效果的方法，包括对学生和对专业的评估。在这四个方面所进行的改革是基于我们所进行的教育研究和对最佳实践的广泛调查。这些努力又由合作者的工作得到了进一步的深化。作为补充的观点，框图2.4展示了斯坦福大学Sheri Sheppard和她在卡内基教育促进基金的同事所描述的相关领域所需的进展。

框图2.4　培养工程师（基于美国卡内基工程教育研究）

正规工程教育要对学生学习到成功的工程职业生涯和对国家的工程需要所需之能力负责。从学生的观点来看，进入工程院校是学徒的三个部分的开始——认知或智力学徒、实际技能学徒以及职业身份和价值观学徒。对进入其他专业的学生，如法律和医疗也是如此。

课程计划

构成正式工程教育的三个主要内容是课程计划、教育方法理念和专业教育的实施。课程计划应该反映工程工作的能力、知识、实践和价值观。因此，它应该包含核心知识、解决问题的关键策略以及如何应用知识解决新的、创意的和/或重大的问题。

工程工作的核心知识包括：理论工具（基于数学的、概念性的）、基础设计概念（运行原理及常用配置）、标准和指标、量化要求、实际考虑、过程实现工具、背景环境知识。正式教育应当关注最广泛的、最具长远价值的知识，支撑连续的职业学习和实践，包括理论知识、运行原理、过程实现工具和背景环境[2-3]。

解决问题的关键战略包括设计和分析，根据当前的状态，确定性能和制约条件，然后展开目的—实现途径的关系[3-4]。最后，课程计划应该包括指导下的实践经验，从最简单的对知识的书面应用到解决一个病态定义的问题的责任战略。

教育方法理念

需要认真选择实现课程计划的教学方法，只有对学生的学习效果进行分析，并考虑如何考核学生是否取得这些效果之后才能确定教学方法[5]。任何一个教学方法的成功实施，需要教师具有“与教学方法相关的学科内容知识”，这远远超出学科内容本身[6]。教学方法应该支持向专家方向的知识迁移[7]。在学习和认知领域的最新研究成果表明，尤其在概念学习上，在多个领域的专业能力的发展和解决问题的能力是审视和改进现有工程教学模式的新途径。

专业教育

专业教育的实施是正式工程教育的第三个组成部分，主要是教师采用各种教学方法将课程计划向学生进行贯彻。为了帮助学生向预期的工程专长进步，教学的实施不能只是简单的课程集群。相反，应该是精心设计并实施的一套相互交叉和相互支持的教育经验，将目标放在发展学生从事工程任务的能力。在考虑一个具体的专业时，所有的教师都应该作为一个共同的群体积极对以下问题展开讨论和辩论：

- 应包含哪些方面的知识？为什么要强调这些方面的知识？由谁决定？应用什么样的教、学和考核方法来保证学生真正学到这些知识？
- 工程上解决问题的方法应当如何来教授？应当用什么方法来教授分析问题的方法？用什么方法来教授解决合成问题、综合性问题的方法？这些方法要怎样与核心知识的提高相联系？
- 什么样的教育经验会挑战学生综合专业知识和解决问题的能力？或者说，什么样的教学方法能够引导学生参与工程实践？
- 学生用综合背景环境信息和知识来解决问题时会遇到什么样的挑战？怎样教育他们的职业化行为？如何改进现有的实践？
- 实践和教育的关系是怎样的？这个关系应该是怎样的？谁应该参与确定这个关系？历史是怎样影响这种关系的？
- 这张表（课程计划中所列出的课程）是否是一个合理的四年学习计划？谁应该参与确定什么是合理的？什么是最优的？知识的学习和解决问题的能力之间应该怎样平衡？
- 现有的教育是否完成了培养未来职业者的任务？怎么知道我们完成了这个任务？

参考文献

[1] Shppard, S., Sullican, W., and Colby, A.: “Preparation for the Professions Program:

续

框图 2.4 培养工程师(基于美国卡内基工程教育研究)

Engineering Education in the United States," in *Educating the Engineer of* 2020: *Adapting Engineering Education to the New Century*, 2005. Available at http://www. nap. edu/books/0309096499/html/.

[2] Vencenti, W. G. ,*What Engineers Know and How It*: *Analytical Studies from Aeronautical History*, The Johns Hopkins University Press, Baltimore, Maryland, 1990.

[3] Shppard. S. , Colby, A. , Macatangay, K. , and Sullivan, W. : "What is Engineering Practice?", in press for the *International Journal of Engineering Engineering.*

[4] Rubinstein, M. F. , *Patterns of Problem Solving*, Prentice-Hall, Englewood Cliffs, New Jersey, 1975.

[5] Bransford, J. , Vye, N. , Bateman, H. , "Chapter 6—Creating High-Quality Learning Environments: Guidelines from Research on How People Learn", in *The Knowledge Economy and Postsecondary Education*: *Report of a Workshop.* Available at http://books. nap. deu. catalog/10239. html.

[6] Shulman, L. S. , "Knowledge and Teaching: Foundations of the New Reform", *Harvard Educational Review*, 57, 1-22, 1987.

[7] Schwartz, D. L. , Bransford, J. D. , and Sears, D. L. , "Efficiency and Innovation in Transfer", in Mestre, J. (Ed.), *Transfer of Learning from a Multidisciplinary Perspective*, Information Age Publising.

卡内基教育促进基金会 S. Sheppard, W. Sullivan, A. Colby, K. Macatangay

2.4.2.2 课程计划改革

为了达到既能掌握深层技术基础知识又能领导新产品、过程和系统的建造及运行的双重目的,必须改善课程计划。我们不可能指望专业培养会有更多的资源、更长的时间或者其他方面的投入。因此,必须重新整合现有资源。这个挑战就是要开发出一*体化* 的课程计划,即采用创新性的方式完成教学过程的两项任务,使学生具有更深的技术基础知识,同时学到个人、人际交往能力以及产品、过程和系统的建造能力。

不能将这种学习当作是一种碰运气的事情,必须有明确的计划以确保学生学到这些能力。实现这些能力可能需要改变课程计划的结构,利用课内、课外和校外的学习机会,开发新的教学资料。为了有助于课程计划的改革,建议保留课程计划中的学科课程结构,同时进行重要的改进。首先,学科课程之间必须像实际工作中那样是相互支撑的;其次,个人、人际交往能力以及产品、过程和系统的建造能力必须交织到学科教育中去。

设计一个新的课程计划需要对现有的课程计划进行基准调查,以找到学科之间的关联、缺失和重复。一体化课程计划有三个关键的元素:(1) *工程入门经验*为学生以后的学习建立一个框架,并增强学生成为工程师的动机;(2) 传统的学科课程以协调的、有联系的方式展示工程,需要交叉学科共同努力;(3) 最后一个项目,或叫做压顶石课程,包括主要的构思、设计、实施、运行产品、过程或系统的经验。有了这个新结构之后,就可以明确地设置各种计划。新课程计划的结构同样支持课程项目、实训和工业实习等,这些活动能够极大地利用现有的时间训练学生的能力并丰富整体的学习经验。这样的课程计划,其结果是一体化的,包含优化安排的学习经验,能帮助学生取得严格而恰当的教学目标。第四章将讨论一体化课程计划的设计和开发。

2.4.2.3 设计—实现经验和 CDIO 实践场所与条件

工程师设计并实现产品、过程和系统,为学生提供几次设计—实现经验有助于他们对基础知识的深层理解,并且学习如何设计和建造新的产品、过程和系统。由于个人、人际交往能力以及产品、过程和系统的建造能力是工程师实际团队工作所需要的,设计—实现项目为学生提供了学习这些能力的自然环境。在一个实施 CDIO 的专业中,构思、设计、实施和运行的经验交织在课程计划当中,尤其是入门和压顶石项目。压顶石项目可以同一个或多个学科产生紧密的联系,让学生真正参与一个产品、过程或系统的构思、设计、实施和运行。将理论发展和实践相匹配,使得学生了解到理论的实用性及其限制。

如果想让学生理解构思—设计—实施—运行是教育的背景环境,就需要重新整合现有的实验室,建造现代的实践场地,围绕并支持 C、D、I、O 的活动。在这种情况下,*构思*的场地设计应该能够鼓励人们相互交流,理解他人需要,并且能够刺激人们进行构思和概念发展,而这些大都是非技术区域。*设计*和*实施*的设施应该让学生采用数码手段进行合作设计,具有现代制造手段并能将软、硬件进行结合。在学术环境下*运行*的场地比较难管理。然而,学生可以学习如何运行他们自己的产品以及老师制定的实验。对真实的*运行*进行模拟也可以补充学生的经验。此外,工作场地也需要为其他学习形式服务,包括实验、学科实验以及社会活动等。设计—实现经验的实施和 CDIO 实践场所将在第五章进行讨论。

2.4.2.4 教与学的改革

在讨论了需要教些什么内容之后,我们要讨论教学方法的问题,即该如何教,学生又该如何学。为了满足学科学习和能力学习的双重目标,必须整合学生的学习时间,并在整个专业教学过程中采用教与学的最佳实践。为了满足这些学习需要,建议在两个基本领域进行改进:(1) 增加主动和经验学习;(2) 创造能够同时获得学科知识和个人、人际交往能力以及产品、过程和系统的建造能力的一体化学习经验。

教育研究结果表明，主动学习能够显著地提高学生的学习质量。当学生参与操作、应用和评价想法时，他们就在进行主动学习。在以授课为主的课程中，主动学习包括在讲课过程中适当地留出时间让学生进行反思，进行小组讨论，以及反馈其学习情况等。当学生模拟职业工程师的角色时，主动学习就变成了经验学习，比如设计—实现、模拟、案例学习等。对主动学习和经验学习的重视是我们承诺深层基础学习的一个主要方面，我们期待的是对基本技术概念的理解及其应用的能力，这是能够创新的前提。

为了更加有效地利用学生的学习时间，需要一体化的学习经验。一体化学习经验是指能够同时获得学科知识和个人、人际交往能力以及产品、过程和系统的建造能力的学习经验，这种经验具有双重效果。该经验肯定发生在，但并不仅限于设计—实现中，例如解决问题的能力是一个重要的工程能力，学科知识能让学生将*问题解答正确*，然而，需要整合更广泛的知识才能让学生*解答正确的问题*。CDIO 方法的目标是培养学生构建问题、估计、建模并解决问题的能力。对基于问题的学习进行修改，将重点放在基础部分，就接近这种一体化学习形式。然而，还有很多一体化学习的机会，比如，大作业的成对交流或团队工作；鼓励学生对课题以应用研究的方式进行深入的学习；或在一个技术背景环境下同时讨论它的伦理问题。这种一体化学习的微妙作用就是学生看到了他们的榜样，即工程教师讨论了这么广泛的能力，表明这种能力对他们的职业生涯非常重要。一体化学习经验、主动和经验学习将是第六章的主题。

2.4.2.5 评估与评价

需要有严格的考核和评估来指导教育改革进程。*学习考核*部分是考核学生的学习，并观察他们在学科学习，个人、人际交往能力以及产品、过程和系统的建造能力方面的学习效果。*专业评估*部分则收集并分析全部教育改革计划的整体质量和影响。

有效的学习考核关注学生的预期学习效果，即经过教育过程之后他们所掌握的知识、能力和态度。学生的学习考核是度量他们对具体的学习效果所掌握的程度。学习考核包括笔试和口试、观察学生的口头演示并打分、同学互评、自评和学习卷案等。在实施 CDIO 的专业中，考核是以学习者为中心的：围绕教学和学习效果，应用多种方法对其进行评判，并对学习形成一种支持与合作的环境。考核的焦点是收集证据以判断学生的学科知识，个人、人际交往能力以及产品、过程和系统的建造能力。学习评估将是第七章的主要内容。

专业评估通过收集证据以判断一个专业达到其目标的整体质量。数据收集的方法包括专业评估的最佳实践，如初期访谈、学生满意度调查、教师教学日志等。当证据和结果有规律地反馈到教师、学生、专业管理者、校友以及其他利益相关者时，这种反馈就成为本专业为现在和将来的持续改进做出决定的依据。专业评估和持续改进将在第九章讨论。

2.4.3 教育方法的基础

我们相信基于 CDIO 愿景所做的工程教育改革能够缓解深层学习技术基础与领导创造和运行产品、过程和系统之间出现的紧张关系。这种信心并非仅仅建立于经验之上,还建立在学习的理论和模式的应用上。

为了理解教育方法的改进,必须考虑学生是怎样学习的。如同大多数儿童和成年人一样,很多工科学生习惯于从具体到抽象的学习。并且,他们入校时也不再具有像捣鼓汽车或组装无线电之类的动手能力。类似地,20 世纪下半叶的工程教育改革废除了很多动手活动,而在此之前这些是工程学生都能学到的,其结果是当代工科学生极少具备实际经验。这种实践经验的缺失,影响学生学习工程基础的抽象理论,同时也妨碍他们认识理论的应用性和实际用途。

CDIO 方法基于经验学习理论,植根于建构主义和认知发展理论。Jean Piagét 可能是认知发展理论家中最著名的[12],他说:学习发生在不同的发展阶段中。Piagét 以及其后的认知发展理论家得出了关于学习的三个重要原理,而这正是 CDIO 改革所依赖的:

- 学习的精要是教导学习者对新的内容应用他们已有的认知结构。
- 因为学习者不能应用他们不具备的认知结构,所以他们必须首先依靠自己进化出基本的认知结构。
- 如果想要教会一个学习者完全超出他现有认知发展阶段的概念,对于教导者和学习者来说都是浪费时间的[13]。

认知发展理论和社会心理及社会学习理论共同为建构主义理论提供历史铺垫。建构主义的基本假定是:学习者所学到的内容是他的背景环境、活动和目标的函数。建构主义者认为学习者建构他们自己内在的知识构架,而新的知识则添加在原来的构架之上。学习者的学习方式是主动构建自己的知识,根据从前的经验测试概念,并将这些概念应用于新的环境,然后将新概念与原先的知识整合在一起。帮助处理新信息并帮助学生同他们已有的知识建立有意义的联系被认为是教与学最基本的要求。

建构主义和社会学习理论已经被用于很多课程计划和教学模式,CDIO 方法聚焦于其中的一个模式,称为经验学习。经验学习可以定义为创造经验并将其转化为知识、能力、态度、价值观、情感、信仰和感受的过程。在 Kolb[14] 关于经验学习的著作中强调经验学习的六个特征:

- 对学习最好的理解是这样的一个过程,概念衍生于经验,而又持续地修正经验。

- 学习是基于经验的一个连续的过程，即学习者通过对某问题多少有些清晰的想法而进入学习的境地，而有些想法可能是错误的理解。
- 学习的过程需要适应世界上两种相对立模式的紧张关系，学习者从具体经验到抽象概念和从反思观察到主动经验需要不同的能力。
- 学习是适应世界的一个全方位的过程，即学习活动比在教室里发生的事情要宽广得多。
- 学习需要学习者和真实世界之间进行互动。
- 学习是一个创造知识的过程，这是建构主义的传统理论。

基于这种认识，CDIO 的精要特征就比较容易理解：它创造一种具有双重影响的学习经验。如果将这方面的经验学习活动设计成明确支持职业前的表现，它就能用来帮助学习个人、人际交往能力以及产品、过程和系统的建造能力。更为微妙的是，这些学习经验让学生发展他们的知识结构，使他们能够理解和学习与技术基础相关的抽象概念。具体经验也为主动应用提供了机会，促进理解和长久记忆。所以，它们为预期的目标——深层理解知识基础铺平了道路。

2.4.4 满足教育改革的要求

在以上的讨论中，我们证明了 CDIO 方法满足工程教育改革的八个条件中的四个：

- 强调技术基础并改进个人、人际交往能力以及产品、过程和系统的建造能力。
- 产品、过程和系统的生命周期是工程教育的背景环境。
- 教育目标和学习效果反映所有利益相关集团的要求。
- 它是建立在众所周知的最佳实践和能够广泛应用于工程学科的学习模式的理解之上的。

下一节将展示 CDIO 方法是怎样满足成功的工程教育改革的其他四个条件的。

2.5 愿景的实现

如本章前面所述，CDIO 改革是为了满足广泛提出的*要求*，教育学生知道如何在现代团队环境下构思、设计、实施、运行复杂、高附加值的工程产品、过程和系统。重要的专业*目标*是培养学生掌握深层的技术基础知识，领导创造和运行新产品、过程和系统，理解研究和技术发展对社会的重要性和战略影响。我们相信以构思—设计—实施—运行产品、过程和系统为教育的*背景环境*，这些目标就能够实现；我们的*愿景*包括由利益相关者参与制定的学习效果，围绕着一系列一体化经验学习的经验，相互支撑的技术学科课程组成的课程计划，高度交织的个人、人际交往能力以及产品、过程和系统的建造能力的培养。*教育学*的基础表明，在现有资源的基础上，这些目标可以通过精心规划的具体工程经验与主动和经验学习相结合而实现。

实现这一愿景的挑战来自转变工程专业的文化，或是工程教育的文化。为了帮助实现这一转化，我们采取了一系列的技术鼓励教师的参与、促进进步和保证质量：

- 严谨的学生学习效果，即 CDIO 教学大纲。
- 一套程序化的、将实施 CDIO 的专业与其他专业区分开来的特征，即 CDIO 标准。
- 对组织变革和文化变革的支持。
- 加强教师的能力以及教学、学习和考核的能力。
- 共享开源资源，所以在稳定时期，实施 CDIO 的专业并不需要比一个标准专业明显地增加资源。
- 专业间的合作，并行发展，解决共同的问题。
- 与国家标准和其他主流改革的方向一致。

CDIO 方法的即时成果是吸引学生学习工程，并将他们培养成为真正的工程师。这里对每一个技术都作一简短的描述，以下各章还会有更详细的讨论。首要的两条是 CDIO 大纲和 CDIO 标准——组成了教育改革的“教什么”和“如何教”，见图 2.3。

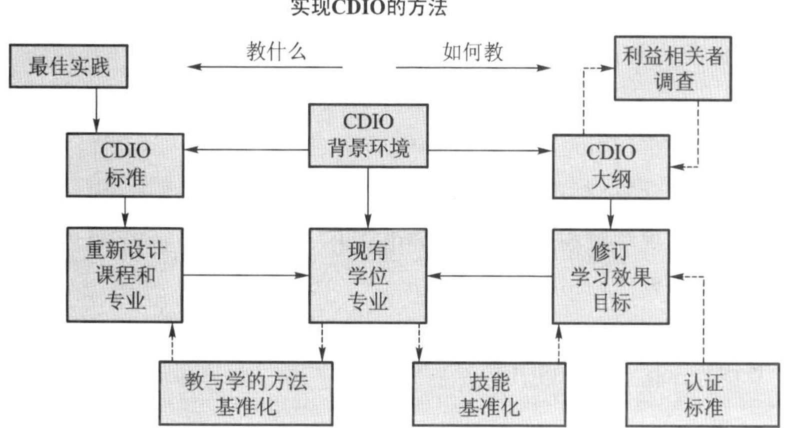

图 2.3 实现 CDIO 的方法

2.5.1 CDIO 教学大纲

教育设计开发的起点是学习效果的表述,即在完成一个专业或课程的学习之后学生所应具备的能力或胜任力。这个表述就是对第一个中心问题的回答,"*当工科学生毕业时,他们学到的全部知识、能力和态度应该有哪些?掌握的水平如何?*"。对学习效果的明确表述在教育设计中扮演着一个重要角色:

- 将由校友、教师、工业界领袖和社会对工程毕业生所期待的知识、能力和态度进行正式化。
- 支持设计一体化的课程计划(第四章)、一体化的学习经验(第六章)和学生能力的系统性考核(第十一章)。
- 为学生提供关于本专业当前和未来的信息。

本章先简短讨论 CDIO 的教学大纲,第三章将进行更详细的说明。

2.5.2 CDIO 标准

有 12 条标准用以描述 CDIO 的教学模式,它们是标准化形式的专业设计和发展的指南,是对第二个中心问题:"*我们如何能更好地保证学生学习到这些知识和能力?*"的回答。标准的制定是为了回应专业领导、校友和工业合作者的要求,他们想知道如何辨认一个实施 CDIO 的专业及其毕业生。因此,CDIO 标准定义的 CDIO 专业计划具有与众不同的特征,它作为教育改革和评估的指南在广泛的专业领域为专业的基准和目标的设立服务,并作为一个框架为持续改进服务。

这 12 条标准涉及:

- 专业的哲学(标准 1)
- 课程计划开发(标准 2、3、4)
- 设计—实现经验和实践场所(标准 5、6)
- 教与学的方法(标准 7、8)
- 教师发展(标准 9、10)
- 考核与评估(标准 11、12)

这些标准也是本书的组织标准,每章聚焦于一到两个标准,解释它们的意义,给出已有 CDIO 专业计划中的示例。表 2.4 列出这 12 条标准及其所在的章节。完整的标准已在附录 B 中列出。对于每一条标准,描述了它的含义和设立该标准的理由,还给出了满足该标准的一些例证。如第九章中所讨论的,这些标准还是专业评估和持续改进的基础。

表 2.4 CDIO 标准

	CDIO 标准	章节
1	**背景环境** 采用这样一个基本原理，此原理将产品、过程和系统生命周期的开发与运用——构思、设计、实施、运行作为工程教育的背景环境	2
2	**学习效果** 是具体、详细的学习效果，与专业目标一致，并得到利益相关者验证的个人、人际交往能力以及产品、过程和系统的建造能力以及学科知识。	3
3	**一体化课程计划** 是一个由相互支持的专业课程和明确集成个人、人际交往能力以及产品、过程和系统的建造能力为一体的方案所设计出的课程计划。	4
4	**工程导论** 是一门工程导论课程，它提供产品、过程和系统建造中工程实践所需的框架，并且引出必要的个人和人际交往能力。	4
5	**设计—实现的经验** 在课程计划中包括两个或更多的设计—实现的经验，其中一个为初级的，一个为高级的。	5
6	**工程实践场所** 工程实践场所和实验室能支持和鼓励学生通过动手学习产品、过程和系统的建造能力，学习学科知识和社会学习。	5
7	**一体化学习经验** 一体化学习经验带动学科知识与个人、人际交往能力以及产品、过程和系统的建造能力的获取。	6
8	**主动学习** 基于主动经验学习方法的教与学。	6

续表

	CDIO 标准	章节
9	**提高教师的工程实践能力** 采取行动，提高教师的个人、人际交往能力以及产品、过程和系统的建造能力。	8
10	**提高教师的教学能力** 采取行动，提高教师在提供一体化学习，使用主动经验学习方法和考核学生学习等方面的能力。	8
11	**学习考核** 考核学生在个人、人际交往能力以及产品、过程和系统的建造能力以及学科知识等方面的学习效果。	7
12	**专业评估** 是一个对照 12 条标准评估专业，并以继续改进为目的，向学生、教师和其他利益相关者提供反馈的系统。	9

本章的焦点是以 CDIO 方法作为教育的背景环境，解释为什么要采用构思、设计、实施、运行作为工程教育的背景环境。这正是标准 1 的内容。

标准 1——背景环境

采用这样一个基本原理，此原理将产品、过程和系统生命周期的开发与运用——构思、设计、实施、运行作为工程教育的背景环境。

将产品、过程和系统的生命周期作为工程教育的背景环境是因为它是这样的一个文化框架或环境，在那里可以教授、实践和学习技术知识和其他能力。当一个专业的教师都明确同意，专业领导支持并维持这个改革计划时，就可以认为这个专业已经采用了 CDIO 的原则。

2.5.3 组织与文化的改变

实施 CDIO 方法意味着工程教育的性质转向了一体化的课程计划，具有丰富的产品、过程和系统的建造方面的学习经验，这将是一个挑战。现有的大多数工程教师是工程研究者，他们倾向于孤立思考本学科的问题，以理论的方法解释问题，并更为关注学科的发展而不是应用或制造。引入这样的改革并不意味着简单地改变课程计划，它可能需要文化的改变。为了有效地改革，我们需要承认这一点，努力学习组织和文化转变的最佳实践，并将这种实践应用于大学的环境中。框图 2.5 是斯特拉斯克莱德大学的 Thomas Gray 教授就改变和实施所作的论述。这个问题也将是第八章的内容之一。

框图 2.5　理想的工程教育

在不考虑时间、地点、环境和背景的情况下，不能简单地定义什么是理想的工程教育。如果定义做得太封闭，即变成一个石碑的话，也会存在风险。这里的问题是大学或职业团体一类的组织总是倾向于抗拒转变的。所以，一个*理想*的专业转变，应首先将很多改变的种子播撒到各处。根据我多年的经验，多数进步的实现都需要一些策略并允许一点混乱。

有了这些铺垫，就可以试着定义我们希望工科毕业生所应具有的技能、能力和态度，希望以下的叙述不会过于沉闷或陈腐。这些特质从来都是必要的，过去可能没有人直接在专业教育中有意识地培养它们，而是通过长时间的习惯或工业实践而得到的。下面几点可能是当前条件下高效率工程师的一些特质：

- 在广泛的工程和自然领域内，对事物是如何工作的具有一种永不满足的好奇心，再加上对背后的科学和工程原理的理解。
- 足够的信心去模拟和分析工程系统的运行，这只能通过独立工作的经验才能取得。
- 理解并敏感于工程系统的背景环境，即社会、环境、经济和政治。
- 根据经验在时间和成本的限制下有足够的信心实现想法、建造实物。
- 了解自己和他人的能力。
- 基于工作经验，回顾和反思，能将这些能力得到最好的应用。

这些特质从来都是很重要的。然而，在过去大学一直让学生从其他的经验中去学习对背景环境的理解、工程实践的知识和制造实现的能力。而现在，外界的期望提高了，要求学生一毕业就能够立即工作，而且如今的科学和技术的分布极为广泛，所有这些加在一起就意味着工程教育要强调学会学习、做事、自我评价并能与他人有效地合作。

设计和运行工程教育的主要挑战就是如何培养学生的这些特质。主要的风险是对每一个要求要分别进行培养，或是另一极端，让学生自己发展独立的自我，而将职业活动关键的知识和能力的培养放弃不管。一个主动学习计划的好处是学生具备更强的主动性。

CDIO 教学计划在成功达到上述目标方面具有很大的机会，因为它将关注的焦点转变过来。在*传统*的专业教育中，学科知识、理解和分析能力占统治地位。而整合这些知识的粘合剂是假定学生将获得这种能力（其途径并不清晰），将所学的知识整合于创造的能力仅仅是通过很少的个别项目的工作来进行的。而在工程环境下，典型的 CDIO 活动是要做事，知识、理解、分析等则服务于做事。由于单个 CDIO 的成分包含整个工程内容，CDIO 活动对工程的覆盖面是完整的，其前提是要求所选择的工程科学和学科的内容和深度必须满足相应的学科要求。

当然，有人可能会说 CDIO 并不是唯一能有效达到这些目标的框架。英国的工程认证组

续

框图 2.5 理想的工程教育

织最近制定了一个覆盖矩阵方法，认为有志于成为专业工程师的人需要展示相应工程领域所需的一系列特质：科学、分析、设计、经济、社会和背景环境以及工程实践。这些看起来非常清晰，然而，这需要专业培养计划自己去决定如何使学生获得这些特质，并向认证组织展示有效的评估过程，至少要达到最低要求。CDIO 的框架当然与这种理念完全吻合。此外，这个方法还有一个特殊的优点，就是学生的活动模式是针对准典型的工程任务的。

斯特拉斯克莱德大学 T. Gray

2.5.4 提高教师的能力

作为变革过程的一部分，需要提高教师主动学习、经验学习和学生评估方面的能力。没有任何理由希望聘来作为核心研究者的教师能在众多工程实践能力上达到很高的水平，也绝对没有理由要求他们能够教授这些能力。如果想成功地帮助学生进行学习，我们必须设法帮助教师提高他们的工程能力。

类似地，大部分教师是在知识传授教学模式（如讲授）下培养起来的，如果我们要采用依赖主动和嵌入式的以学习为中心的教育，就应该支持现有的教师的个人发展和应用这些技术。对于能力和教学等方面，如果能有计划地努力提高教师的能力，努力将具有这种背景的教师融入团队，加强现有团队的能力，则教育的迁移将会更加广泛和有效。第八章将会讨论如何提高教师的能力。

2.5.5 开源下的 CDIO 方法和资源

CDIO 方法并不是规定性的。我们开发资源帮助工程专业解决工程教育中的重要矛盾，即技术基础知识与个人、人际交往能力以及产品、过程和系统的建造能力之间争夺时间和资源的矛盾。CDIO 的这些资源是为了帮助大学的工程专业迅速采用和实施 CDIO。

迄今为止，CDIO 方法已经在代表不同的目标、学生、财务状况、资源状况、现有基础、大学制约条件、政府立法、工业需求和职业团体认证要求等各种条件的专业实施了。为了适应所有这些专业，也考虑到该方法还在发展和变化之中，这些资源和文件都是开放的，资源是描述性质的，而不是规定性质的。一个开放的、人人可得的专业资源结构有助于扩大影响、交换思想和资源。这些资源是专门设计的，每个大学都可以对其调整以满足自己的特殊要求，工程教育可以采用全部方法，也可采用部分特殊的元素。

打算采用 CDIO 方法的工程专业可用的资源包括模式的介绍、CDIO 教学大纲、进行利益相关者需求调查的工具、设计—实现经验指南、CDIO 改革实施的支撑材料、初期工作建议以及关于过渡步骤的建议。过渡过程和相关的工具将在第八章进行详细的讨论。极少有学校能够大量增加可用的资源,所以我们设计了的方法是让专业通过重新整合现有资源而实施 CDIO。然而,在过渡时期,一些额外的时间和支持还是需要的。第八章描述了怎样减少过渡期的工作和增加实施 CDIO 收益的资源。

2.5.6 并行发展的合作价值

全世界工程专业的共同合作是我们发展中的一个基本部分。全球的工程教育者都面临类似的问题,比如,科学知识和实际能力的目标之间出现的紧张关系。缓解这一紧张关系是所有工程教育设计者面临的挑战。有效的工程教育不是要在这两个目标之间做出一些很小的妥协,而是要创造一个新的模式,以便能够同时保证两者的需要,这种事业不是一个专业或学系能够做到的。此外,这种矛盾在全世界的普遍性表明很多人正在进行相似的工作。所以,形成一个国际行动计划能够帮助我们构造并实施一个具有普遍性和适应性的教育模式。

2.5.7 与国家标准和其他改革项目的一致性

这是一个对高等教育、尤其是高等工程教育过程日益关注的时代,有些国家修订了认证标准,转向以专业教育的效果为基础,比如美国的 ABET EC2000[15] 和英国的 UK-SPEC[16]。在其他地方,高等教育改革是一种大规模的区域性改革的一部分,例如博洛尼亚宣言[17]或工程专业和毕业生认证项目 EUR-ACE[18]。

我们尽力保证 CDIO 方法与这些努力的方向一致。第三章讨论 CDIO 标准和对几个国家的认证标准进行比较。比较的结果显示出一种趋势,即 CDIO 教学大纲更加全面、具备更加明显的基于工程的组织方式。所以,满足 CDIO 大纲规定的学习效果的工程专业教育很容易满足相关国家的认证标准。与博洛尼亚宣言的目标的一致性将在第十一章讨论。CDIO 教学大纲的学习效果和 CDIO 的 12 条标准是极高的目标,即使世界上最好的专业也需要勤奋努力才能达到。国家标准给出*规定*,要求需要做什么。与此对照,CDIO 标准和教学大纲则是最佳实践框架的*剧本*——它的方法、资源和社区共同帮助一个专业达到目标。

2.5.8 吸引和留住具有工程师资质的学生

CDIO 改革的一个重要要求是让工程变得更加有趣,从而增加学生的学习动力并留住学生。很多发达国家和一些发展中国家将来需要更多的科学家和工程师,而现在却供不应求,这已经引起了极大的关注。我们相信已经形成了一系列能够吸引并激励学生的特色。

很多学生是因为相信工程师能够建造东西而被吸引来学习工程的,但是却为第一年传统的、理论的工程教育而失望。为了回应这种建造与创造的要求,我们将早期、反复的设计—实现经验纳入课程计划。很多学生抱怨,工程教育用要求很高的、全是理论而缺少奖励的教育"将他们打倒"。我们采用主动和经验学习技术和项目的方式,给学生提供了机会并发展他们的自我掌控、自制高效的自我价值观。项目同时提供了创新和领导能力的出口,并且具有可见的成就。这些因素是从毕业生那里得到的,他们的经验见框图 2.6。

框图 2.6　学生对 CDIO 专业计划优点的看法

我选择皇家工学院而不是另一所大学的唯一原因是它承诺学完后会建造一架飞机,而另外一所大学却没有这个承诺。在一门课程中你可以设计、制造并试飞一架飞机,这是一个极好的机会,试试你的翅膀,看看你到底学到了多少,并且拥有整个过程的经验。解决自己的问题远比解决教授的问题所得到的回报大得多。将能力和技术知识用于实践使你更加感到已为真正的工程工作做好了准备。

专业学习的动力必须是看得见的,所以第一年有一个加强学习动力的设计经验,这是一件很好的事情。同时,不同的教授还介绍他们的领域,告诉你需要学习哪些东西。比如说,我就需要在为微积分战斗时用这种想法来清新我的大脑。

CDIO 教学大纲的能力列表可能很长,但所有学生都同意这些能力就是你在职场所需要的东西——交流、伦理、社会环境等。然而,工程学生不愿意为每一种知识和能力去上一门课。他们欣赏一体化的课程计划,让能力与工程知识和实践整合为一体,这些能力正是实际生活中能用得上的。所有这些原因使得 CDIO 成为一种使你能够成为真正工程师的工程教育。

前皇家工学院学生 H. Grankvist

加入实施 CDIO 的专业,一个好处就是你的能力得到了发展,如*工程推理能力*和*解决问题的能力*。职业要求你具有识别并构建问题的能力,以及构建解答和提出建议的能力,而这些正是实施 CDIO 的专业所强调的主要能力。我发现这些能力非常重要,对我和对我们未来的雇员都一样。工程推理和解决问题的能力可以帮助搭建大学学习活动与实际工作之间的桥梁,使这个过渡过程变得更容易、更快。

当我们准备从事交流能力和团队精神都非常重要的有关职业时,CDIO 教学模式给今天的工程师创造了一种支持性的环境。从某种意义上讲,CDIO 专业计划能够保证这些能力得到一定水平的训练。因此,所有的学生,而不仅仅是那些活跃于课外活动的学生,都能在学校期间发展他们的这些能力。我相信,我们能对自己的发展负责。进入一个实施 CDIO 的专业之后,我们在一开始就知道这些能力的重要性。

能力的发展并不会降低相关的科学(数学、物理、化学、生物等)和核心工程基础科学的重要性。无论如何,正是工程推理、解决问题、团队工作、交流能力和核心工程基础知识一起使我们成为未来受人欢迎的工程师。

前查尔摩斯工业大学学生 A. Widring

依我看，CDIO 培养大纲已经很好地描述了一个理想的工程专业，在一个工程职业的真实环境下强调培养技术知识和实际能力。团队精神、文字交流、职业道德以及影响今天工程的外部（金融、政治、环境）因素是这个课程计划的重要特点。

在我的教育过程中，我能在 CDIO 专业计划中的许多想要培养的能力上得到发展。在专业的早期，课程强调了工程科学知识和相关的解题方法，后续课程加入了课程计划的许多“新”元素，比如团队项目工作和进行演示报告。总的来说，这些作业是我在工程学习中很有价值的部分，并因此在毕业后分得了不少红利。

另外，我在攻读航空航天硕士学位的过程中又学到了其他能力。我的学位论文是做空间飞行器的导引，一个很窄的领域。我要靠系统层面的视野来保证我的工作能对未来空间系统的设计有用。理解子系统设计的选择对整个系统的影响是我学习这个专业的一个重要的收获。能够与他人合作并向别人清楚地传达问题的要点是我从 CDIO 专业计划的经验中直接获得的又一能力。

前麻省理工学院学生 P. Springmann

另一个吸引并激励学生的因素是这种教育产生了高质量的就业。实际上，作为对雇用毕业生的工业利益相关者要求的回应，应该让有工程师资质的学生受雇成为工程师，使其有更成功的职业生涯，并对他们的职业做出更多的贡献，如框图 2.7 所记录的 SAAB 公司前首席技术官 Billy Fredriksson 所讲的。有迹象显示，那些熟悉 CDIO 教学模式的公司急切地想要招收实施 CDIO 专业计划的毕业生。如果我们使工程教育变得更加有趣、有能力感、有回报感，并且同时增加基础和能力培养，这种教育的需求就会增加，社会对技术劳动力的需求也会增加。

框图 2.7 工业界的 CDIO 工程师

工业界更愿意雇用实施 CDIO 专业计划的毕业生，因为他们在如何将基本理论知识应用于实际产品或与过程相关的项目中接受了极好的训练。在他们的学习过程中，CDIO 工程师得到了关于工程实践的很好的入门引导。他们既学到了技术能力，也学到了个人和人际交往能力，懂得在设计和建造时的全方位方法和系统集成的重要性。这就意味着 CDIO 工程师在开始工作时可能会更快地应用他们的知识，能更快、更容易地在工程团队中有效开展工作。

有多个原因说明为什么实施 CDIO 专业计划的毕业生在他们的职业生涯中会有更多的选择和更加成功，无论他们作为专业的专家还是作为项目的经理，我预计 CDIO 工程师会更快地开始他们的工业生涯。作为专业专家，当他们将结果整合成为产品或系统时，他们知道考虑相关领域的重要性；作为项目工程师或项目经理，他们早已做好准备，并且懂得团队、个人和人际交往能力的重要性。他们能够管理并且保证经过整合的结果和最终产品的性能，

续

框图 2.7 工业界的 CDIO 工程师

并且明白按时完成项目的重要性。

所以，实施 CDIO 专业计划的毕业生对工业界更具吸引力，更有可能在个人和在为社会建造的责任上获得成功。

SAAB B. Fredriksson

2.5.9 满足改革要求

在这一节中我们证明了 CDIO 改革满足成功工程教育改革的其他四个要求：

- 对所有重要的学生的学习经验进行全面的改革。
- 这是一个合作组，多个专业和学系通过并行发展和共享资源进行合作。
- 在稳定运行阶段，只需要重新整合现有资源。
- 从设计上就要吸引和留住好学生，并且将他们完整地培养到毕业。

2.6 小结

本章对 CDIO 改革、目标、背景环境、愿景和教育方法基础做了一个综合、概要的说明，由此证明了它能够满足成功工程教育改革的八个要求。我们还为任何改进工程教育所必须回答的两个中心问题做出了回答：

- *当工科学生毕业时，他们学到的全部知识、能力和态度应该有哪些？掌握的水平如何？*
- *我们如何能更好地保证学生学习到这些知识和能力？*

从 CDIO 教学大纲和从利益相关者那里获得的关于一个专业的学生在毕业时应掌握的能力程度的过程中，我们对第一个问题做出了回答。CDIO 教学大纲将在第三章中讨论。

第二个问题已在本章做出了回答，应用 CDIO 标准作为组织原则，讨论了课程计划的设计、设计—实现经验、教与学和学生评估。第八章和第九章将讨论专业评估和为提高教师能力与成功地改革 CDIO 专业计划而进行的必要变革。

我们以回顾和展望的形式结束工程教育的讨论，第十章将回顾工程教育改革的历史背景,第十一章将展望今后十年工程教育面临的挑战。

讨 论 题

1. 在你的专业,你们是如何改进工程教育的?
2. CDIO 方法怎样才能够用于你们的改革模式?
3. 世界工程教育改革中所有专业的共同阻碍是什么?你们专业有什么特殊的阻碍?
4. 将你们的教育改革同 CDIO 方法以及其他改革努力进行比较。

参考文献

[1] Von Kármám, T., In A. L. Mackay, *Dictionary of Scientific Quotations*, London, 1994.

[2] The Royal Charter, The Institution of Civil Engineers, London, 1828. Available at http://www.ice.org.uk.

[3] Finiston, M., *Engineering Our Future: Report of the Committee of Inquiry into the Engineering Profession*, HMSO CMND 7794, London, 1980.

[4] Gordon, B. M., "What is an Engineer?", Invited Keynote Presentation, Annual Conference of the European Society for Engineering Education (SEFI), University of Erlangen-Nürnberg, 1984.

[5] The Boeing Company, *Desired Attributes of an Engineer*, 1996. Available at http://www.boeing.com/companyofffices/pwu/attributes/attributes.html.

[6] The National Academy of Engineering. Center for the Advancement of Scholarship in Engineering Education (CASEE). Available at http://www/nae.edu.

[7] Wiggins, G., and McTighe, J., *Understanding by Design*, Association for Supervision and Curriculum Development, Alexandria, Virginia, 1998.

[8] Marton, F., and Säljö, R., Approaches to Learning in Marton, F., Hounsell, D. and Entwistle, N. J., Eds., *The Experience of Learning*. Edinburgh: Scottish Academic Press, 1984.

[9] Gibbs, G., *Improving the Quality of Student Learning*, TES, Bristol, England, 1992.

[10] Rhem, J., *National Teaching and Learning Forum*, Vol. 5, No. 1, 1995.

[11] Biggs, J., *Teaching for Quality Learning At University*, 2nd ed., the Society for

Research into Higher Education and Open University Press, Berkshire, England, 2003.

[12] Jarvis, P., Holford, J., and Griffin, C., *The Theory and Practice of Learning*, Kogan Page, London, 1998.

[13] Brainerd, C. J., Leaning, Research, and American Eduation, in Zimmerman, B. J., and Schunk, D. H., *Educational Psychology*: *A Century of Contributions*, Lawrence Erlbaum Associates, London, 2003.

[14] Kolb, D. A., *Experiential Learning*, *Prentice-Hall*, Upper Saddle River, New Jersey, 1984.

[15] Accreditation Board of Engineering and Technology, *Criteria for Accrediting Engineering Programs*: *Effective for Evaluations During the 2000—2001 Accreditation Cycle*, 2000, available at http://www. abet. org.

[16] Engineering Council, *UK Standards for Professional Engineering Competence*: *the Accreditation of Higher Education Programs*, 2004. Available at http://www. iee. org/professionalregistration/ukspec. cfm.

[17] The Bologna Declaration. Available at http://wwwcrue. org/eurec/bolognaexplandation. htm.

[18] The EUR-ACE Project. Available at http://www. erace. org.

第三章
CDIO 教学大纲——工程教育的学习效果

P. J. Armstrong

3.1 引言

本章将介绍一种综合方法，用以回答第二章中所提出的两个工程教育改革中心问题中的第一个问题：

当工科学生毕业时，他们学到的全部知识、能力和态度应该有哪些？掌握的水平如何？

换句话说，工程教育希望得到的教学效果是什么？

关于这一问题，我们需要在两个明显存在紧张关系的需求之间找到平衡。正如第二章所述的那样，第一个需求是在工程教育的近代史中，工程教育有其本身的要求；第二个要求是即将毕业的学生必须掌握日益增长的技术知识体系。一方面，作为大学的教育者，我们有责任向学生传授广泛的学科知识；另一方面，工程师必须具备广泛的个人、人际交往能力以及产品、过程和系统的建造能力，这些能力将保证他们在实际的工程团队中发挥作用，并对社会带来实实在在的好处。

CDIO 工程教育改革为我们提供了一种新的教育方法，有助于解决存在的问题，并满足学生的各种需要。这一教育新模式第一次为现代工程师应具备的知识、能力及态度提供了全面的内容，这就是我们所希望获得的教学效果。对这些内容的理解是本章的主题，而在本章以后的六章内容中，将会论述如何使课程设计、教学方法和评估策略与这些教学效果相互一致。

本章将描述 CDIO 教学大纲的发展过程及其内容，该大纲建构了大学工程教育改革基础的现代工程知识、能力及态度等规范。工程师可能会把这一教学大纲视为工程教育所需的文件，而教育专家则会把它看作是对教学效果的全面描述，实际上这两种看法都是正确的。

我们的目标是列举一整套工科大学生毕业时所应该具备的各种知识和能力，由此找到现代工程教育改革的解决方案。所列出的各种知识和能力应具备普适性，不仅使其能够应用于工程领域的各个分支，而且还要求足够详细，使其对课程计划的规划及教学评估发挥真正的作用。本章前半部分将描述教学大纲的发展过程，即阐述中心问题的第一部分："当工科学生毕业时，他们学到的全部知识、能力和态度应该有哪些？"

中心问题的第二部分是："掌握的水平如何？"这个问题通常是由大学教师的意见、多数人意见或各个任课教师的意见所决定的。本章所提出的方法是让学生、教师、大学职员、校友及工业界等利益相关者对每个教学效果提出他们所期待的需求，这包括两个基本内容：一是完整地列出学习效果，二是由这些利益相关者参与设定他们对学生的知识与能力的期望值。本章还将介绍如何使这一过程适用于其他教育领域。

3.2 本章目标

本章的目标是让读者能够：

- 解释 CDIO 教学大纲的内容是如何从工程实践中获得的。
- 描述教学大纲的内容及结构。
- 对包括个人、人际交往能力以及产品、过程和系统的建造能力，以及技术学科知识等指定的教学效果的合理性做出解释。
- 描述如何使校内外的利益相关者参加具体学习效果的制定过程。
- 简述适用于所有学科的工程教育学习效果的制定过程。

3.3 工程知识和能力

工程所需的知识和能力是通过工程实践的检验而做出最佳定义的。事实上，从职业本身的概念来讲，早在 19 世纪至 20 世纪中期，工科教育就是建立在工程实践基础上的。从第二章中可以看到，在 20 世纪的下半叶，工程教育经历了从基于实践到基于工程科学的发展过程。现在我们正在开发第三种方法：将工程科学及工程实践进行最优融合，这种方法将对现代工程实践的需求进行重新研究。

3.3.1 工程所需的知识和能力

早在 20 世纪 40 年代，人们就试图将工程师所必须具备的非传统能力整理成文，不成文的工程法[1]就是其中的一个尝试，它提倡人们要培养诸如口头与书面的交流能力、策划能力以及在组织机构中成功进行工作等方面的能力。此外，不成文工程法还特别强调包括行为倾向、诚实及自信等个人特性的重要性。尽管已经过去了半个多世纪，但在很多方面，不成文法所列出的这些能力要求对于现代工程师依然是有效的。

20 世纪 50 年代，随着现代工程科学方法的出现，工程教育与工程实践相互脱节的情况越来越严重。工程科学成为工科院校的主流文化，工科院校中很少有教师在从事教学之前曾从事过工程师的工作。直到 20 世纪 80 年代，工程教育者与工业界人士才开始关注工程教育与工程实践之间出现的日益脱节的现象。例如，在《工程师应该是什么样的》一文中[2]，Gordon 明确列出了现代工程实践所需的能力和知识（参见第二章的框图 2.1）。

过去十年，人们一直在努力介绍工程教育与工程实践之间出现的脱节情况，不少大型的工程公司（如 Boeing）用列表方式公布了工程师所需的理想特质[3]，同时，工业界领导迫切希望对工程师资格的相关问题有新的认识[4]。也许有人会问，这些列表内容是否只适用于美国，或只适用于某一个工程领域，还是只适用于过去的十年？有意思的是，在参考文献[3-4]出现十年后，世界化学工程委员会根据工科毕业生所需要具备的重要能力，列出了 2004 年工程毕业生的明显不足[5]，如表 3.1 所示。将表 3.1 与 Boeing 公司的列表（见第二章的框图 2.2）及美国工程与技术认证委员会——ABET EC2000 标准进行比较[6]，再比较五十年来的其他资料，可以发现：它们对年轻工程师所需要具备的品质有着惊人的相似之处。企业界要求他们的工程师所具备的知识、能力和态度包括：了解工程基础、工程设计和工程制造过程；具有工程实践的背景；具有批判性思维和创造性思维以及交流能力和团队工作能力。

鉴于这些要求的一致性，美国工业界领导成功地说服了政府机构资助理工科教育改革，同时说服了专业团体重新修订认证标准，并创建联合工作小组进行沟通和交换意见。世界上其他工业化国家也进行了类似的工程教育改革。尽管有这些好的愿望，但大部分改革并没有对人们最初所期待的教育产生根本性的影响。

表 3.1 新毕业的工程师在技能和能力方面的明显缺失

就业方面最重要的能力	能力教育方面最大的缺失
在团队中有效地工作	工商业方式方法
分析信息	管理能力
有效沟通	项目管理方法
搜集信息	保证质量的方法
自学	有效进行沟通的能力
	市场原则的知识
	道德和职业感

3.3.2 合理和详细的教学大纲的重要性

工程教育与工程实践之间的脱节主要有两个重要的原因：教学大纲缺少合理性

和不够详细。以前的能力要求是通过推理得到的,但并没有给出令人信服的理由说明为什么这是一个工程师需要具备的品质。正如第二章所述的,CDIO 教学模式重新整理了现有需求,使其理由更加明确。因此,我们努力的起点就是重新对工程教育的现有需求进行论述,我们认为每个即将毕业的工程师都应该具备:在基于团队合作的现代背景环境中,能够构思—设计—实施—运行复杂的具有附加值的工程产品、过程及系统。在本质上,其合理性是对工程师应能从事工程这一事实的重新论述。如果接受构思—设计—实施—运行作为工程教育的环境背景,就可以开发出更为详细的、在合理性框架下可以理解的教学目标及学习效果。由于现在所列出的内容不够详细,导致不能被广泛地理解和实现。我们提出的 CDIO 教学大纲,就是要通过建立一个清晰、完整、连贯的工程教育目标去弥补这一不足,使之足够详细,从而使工科教师能够理解并予以实现。这套详细的目标构成了合理设计课程计划和综合评估系统的基础。

根据工程师职能所制定的培养大纲,实际上并没有以任何方式削弱工程科学或工程研究的作用。相反,工程科学是工程教育的重要基础,而工程研究则为工程教育注入了新的知识。尽管在 CDIO 工程教育改革中的合作成员大部分是工程科学家和工程研究人员,但我们的计划是要培养绝大多数的学生成为职业工程师,即使是在美国麻省理工学院(MIT)和瑞典皇家工学院(KTH)这类研究型大学也是如此。无论学生要成为实际工程师还是工程研究人员,让他们经历系统及产品的构思、设计、实施及运行这些教育过程,将会增强他们的工作阅历和背景。

3.4 CDIO 教学大纲

CDIO 教学大纲列出了一系列知识、能力和态度的学习效果目标,这些目标是根据当代工程实践的准则推理出来的,全面包含了各种已知的能力,并由众多领域的专家评审而确定的。CDIO 教学大纲的主要价值在于它适用于各种不同的工程专业,可作为所有工程专业的一个模型,以获得特定的学习效果。CDIO 标准 2 强调教学大纲在工程教育改革中的重要性。

标准 2——学习效果

是具体、详细的学习效果,与专业目标一致,并得到利益相关者验证的个人、人际交往能力以及产品、过程和系统的建造能力以及学科知识。

要把知识、能力和态度作为工程教育的结果,那么,学习效果就应该编入 CDIO 教学大纲。学习效果具体说明当工科学生完成专业计划时,应掌握什么和能做什么。教学大纲除了应对技术学科知识(第一部分)的教学效果进行说明外,还特别强调个人、人际交往能力以及产品、过程和系统建造能力等方面的教学效果。个人的学习效果(第二部分)主要集中在学生个人的认知与情感能力的发展上,包括工程推理和解决问题能力、实验能力与知识探索能力、系统思维能力、创造性思维能力、批判性思维能力以及职业道德等。人际交往能力的学习效果(第三部分)主要集中在个人与团体之间的互动上,如团队工作能力、领导能力和交流能力等。产品、过程和系统建造能力(第四部分)则强调在企业、商业和社会环境中,对产品、过程和系统进行构思、设计、实施与运行的能力。

教学效果主要由与工科毕业生利益相关的团体进行审核和确定,还要求与专业目标一致,并与工程实践相关。另外,工科教育的利益相关者要帮助确定每个教学效果应该达到的水平或标准。关于如何由利益相关者确定教学大纲这一过程将在本章后面讨论。

3.4.1 CDIO 教学大纲的开发和整合

本章的重点是介绍教学大纲的内容和结构。采用这样的内容和结构,部分取决于我们将如何使用这个大纲。通过利益相关者的调查结果制定的教学大纲为课程计划的规划和整合、教与学的实践以及基于学习效果的评估打下了基础。图 3.1 说明了从需求到目标的 CDIO 大纲的制定过程,以及针对专业目标制定专业大纲的过程和将专业目标整合到课程计划中的过程。关于这一过程的更具体的讨论将在下面章节中介绍。第四章主要讨论将教学大纲整合到专业课程计划的过程。第六章描述采用 CDIO 教学大纲进行教与学的方法。第七章则重点关注学生学习效果的评估。

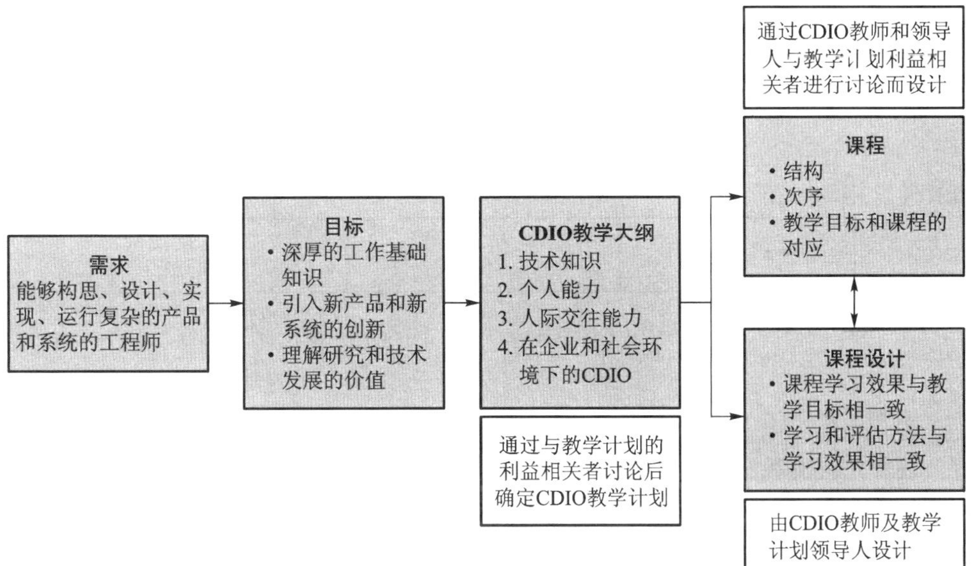

图 3.1 CDIO 教学大纲的发展过程及其一体化

3.4.2 CDIO 教学大纲的内容和结构

教学大纲的内容和结构的选择主要基于以下三个目标：

- 创建一个基本原理非常清楚的结构
- 获得一个与其他资源相关的全面的高层目标集
- 得到一种清晰、完整而且一致的标题集以便于实现和评估

确定这样一个教学大纲的出发点非常简单，工程师要做工程，即他们要为人类的福祉而建造产品、过程和系统。为了进入现代工程职业领域，学生必须具备一个工程师的基本职能。如前所述，即将毕业的工程师应能够在现代的基于团队的环境中，构思—设计—实施—运行复杂的具有附加值的工程产品、过程和系统。换句话说，即将毕业的工程师应该重视工程的过程，要对工程产品、过程与系统的开发有所贡献，并在工程机构的工作中也这样做。另外，我们还期望，作为年轻的大学工科毕业生和年轻人，他们应该是成熟的和有独立思考能力的个体。

如图 3.2 所示，这些高层的期望直接对应着教学大纲体系中的第一层或 X 层。将教学大纲的第一层内容转换为四个期望，这说明在技术上努力追求的成熟个人掌握了一整套个人与专业的能力和品质，其核心就是实践能力。为了开发复杂的具有附加值的工程系统，学生必须熟练地掌握必要的技术知识和推理能力。为了能够在现代和基于团队的环境中工作，学生必须培养适用于团队工作和交流需要的人际交往能力。最后，为了能够创建并运行产品、过程和系统，学生需要了解在企业和社会环境中如何进行系统的构思、设计、实施及运行。

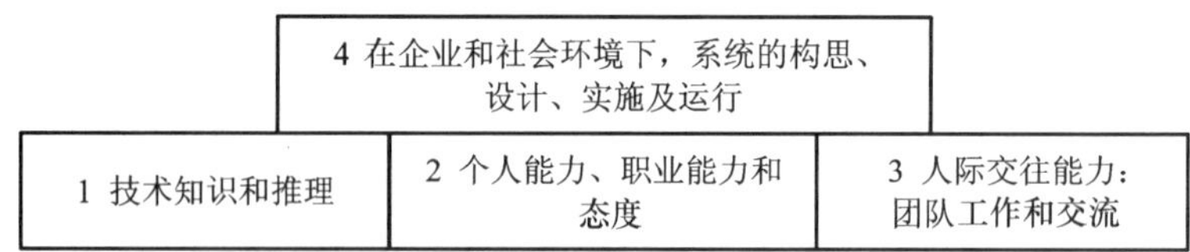

图 3.2 CDIO 教学大纲第一层的具体内容

图 3.3 给出了大纲第一层“1 技术知识和推理”中的第二层（即 X.X）的具体内容。现代工程有赖于相关科学知识（1.1）。核心工程基础知识（1.2）建立在科学核心上面，高级工程基础知识（1.3）培养学生掌握开始职业生涯所必备的能力。工学院的教师经常讨论和定义这些学科课程计划。事实上，教学大纲的这一层次内容是为了

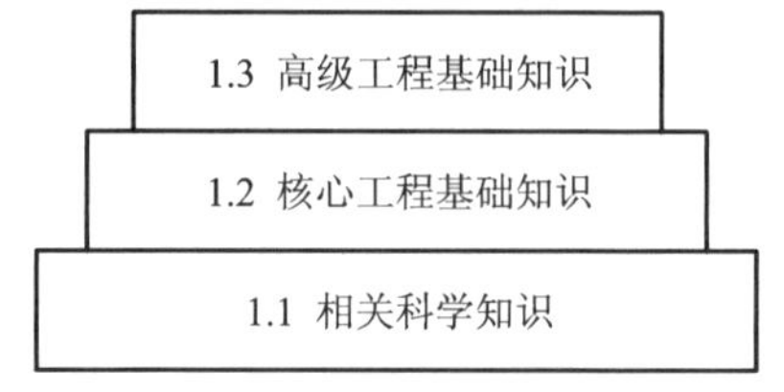

图 3.3 CDIO 教学大纲：技术知识和推理

更详细地描述工程教育所必备的学科基础知识。大纲第一部分的具体内容根据不同领域会有很大的变化。把技术知识和推理能力放在教学大纲的最前面是为了提醒人们,深厚的工程技术基础知识应该是工程教育的基本目标。教学大纲的其他部分阐述了所有工科毕业生都应具备的更为一般的知识、能力和态度。

各种类型的工程师都使用了相似的个人能力、人际交往能力,并基本遵从相同的一般过程。我们尽可能保留教学大纲中的包含工科毕业生所需的所有知识、能力和态度这三部分内容。另外,我们尽量对所有的专业使用明确的术语,具体应用于不同工程领域时,还需要对这些术语进行转换和解释。

图 3.4 给出了大纲"2 个人能力、职业能力和态度"与"3 人际交往能力:团队工作和交流"的第二层的内容。图中最里面的圆给出了工程师使用最多的三种思维模式:工程推理和解决问题的能力(2.1),实验和发现知识(2.2)以及系统思维(2.3)。这三种思维模式也可称为工程思维、科学思维和系统思维。每种思维模式可以进一步细化为问题的表达、思维过程和问题的解决。与这三种思维模式不同的是,职业能力和态度(2.5)包括了工程实际中职业计划和终身学习所必需的职业操守、职业行为以及能力和态度。个人能力和态度(2.4)包括一般的性格特征,这些性格特征是指一个人的进取心、坚定不移的决心、创造力、批判性思维、自知之明、好奇心、终身学习能力和时间管理能力。

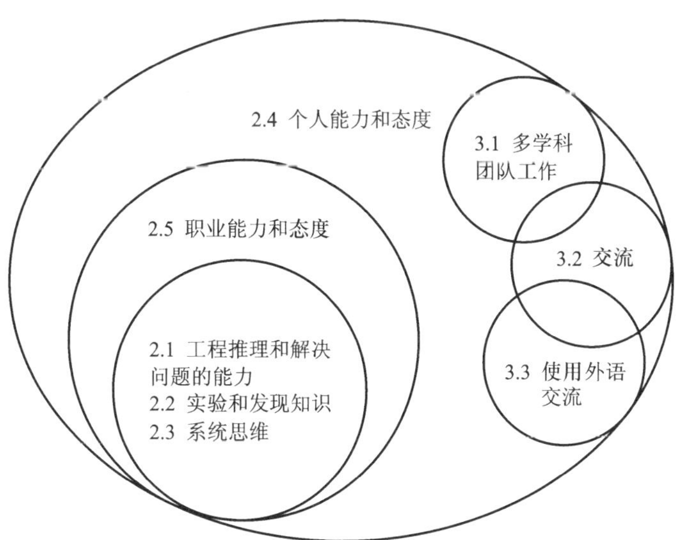

图 3.4 CDIO 教学大纲:个人能力、职业能力和人际交往能力

人际交往能力与个人能力不同,它分成三个重叠的子集:多学科团队工作(3.1)、交流(3.2)和使用外语交流(3.3)。团队工作是指形成技术团队,使之运行和成长,并领导该团队。交流能力则包括制定出交流策略和构架,并能使用书面交流、口头交流、图形描述和电子化手段等四种基本沟通模式。使用外语交流指的是传统的外语

学习能力,并能够应用在特定的技术交流中。

图 3.5 给出了大纲“4 在企业和社会环境下构思、设计、实施、运行系统”的框架。该图说明开发一个产品、过程或系统的四个阶段:系统的构思与工程化(4.3)、设计(4.4)、实施(4.5)和运行(4.6)。这些名词可由硬件、软件、系统和过程工业等四个方面进行描述。“构思与建造系统”是指从市场定位或通过高层概念设计选择机会这一过程,同时还包括开发与项目管理。“设计”则包括设计过程以及学科、多学科和多目标设计等方面。“实施”包括硬件与软件实现过程、测试与证明以及实施过程的设计和管理。“运行”包含了从设计到运行管理,再到支持产品、过程与系统的生命周期和改进,最后至生命周期终结的规划等多方面的问题。

工程师必须懂得在企业与商业环境(4.2)中有效地进行产品、过程和系统的创建与运行。要做到这一点,工程师需要具备在任何类型和规模的企业中能够理解企业文化和发展战略的能力,并懂得以企业家的方式发挥作用。同样,企业是在一个大的外部和社会背景环境(4.1)中生存的,这方面的知识和能力包括对社会与工程之间关系的认识,以及对历史、文化和全球情况的广泛了解。

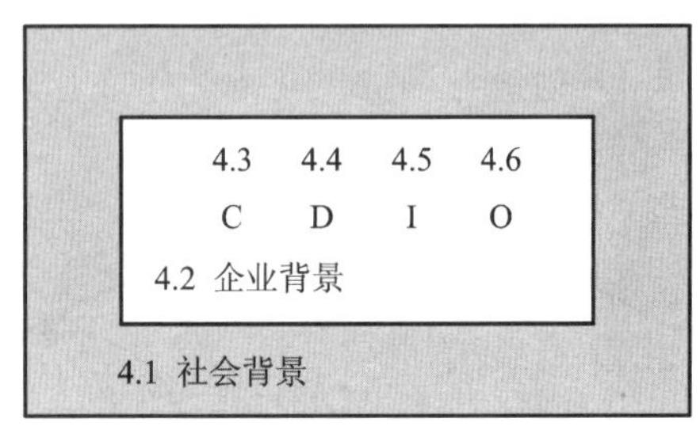

图 3.5 CDIO 教学大纲:构思、设计、实施和运行

总之,教学大纲以合理的形式由前两层构成。第一层内容(即 X 层)反映了工程师的职能,工程师作为一个训练有素的个体,参与企业的某一工作过程,其目的是建造产品、过程和系统。第二层(即 X.X 层)对内容进行了细化,反映了当代工程专业的实践与学术方面的内容。

分别用 X.X.X 层和 X.X.X.X 层进一步将教学大纲细化到第三层和第四层内容。这些具体内容必须从高层的目标转换成可讲授和可评估的学习效果。尽管乍看起来它的内容非常多,但详细的教学大纲对那些并不熟悉大纲内容的工科教师来说会有许多好处。这些细节使我们能够深刻地理解大纲的内容和学习效果,并将这些能力要求整合到课程计划中去,制定出教学与评估规划。表 3.2 是细化至第三层的教学大纲的浓缩版。附录 A 则是细化到第四层的完全版的 CDIO 教学大纲。

表 3.2 CDIO 教学大纲浓缩版的第三层具体内容

1 技术知识和推理

1.1 相关科学知识

1.2 核心工程基础知识

1.3 高级工程基础知识

2 个人能力、职业能力和态度

2.1 工程推理和解决问题的能力

2.1.1 发现问题和表述问题

2.1.2 建模

2.1.3 估计与定性分析

2.1.4 带有不确定性的分析

2.1.5 解决方法和建议

2.2 实验和发现知识

2.2.1 建立假设

2.2.2 查询印刷资料和电子文献

2.2.3 实验性的探索

2.2.4 假设检验与答辩

2.3 系统思维

2.3.1 全方位思维

2.3.2 系统的显现和交互作用

2.3.3 确定主次与重点

2.3.4 解决问题时的妥协、判断和平衡

2.4 个人能力和态度

2.4.1 主动性与愿意承担风险

2.4.2 执着与变通

2.4.3 创造性思维

2.4.4 批判性思维

2.4.5 了解个人的知识、能力和态度

2.4.6 求知欲和终身学习

2.4.7 时间和资源的管理

2.5 职业能力和态度

2.5.1 职业道德、正直、责任感并勇于负责

2.5.2 职业行为

2.5.3 主动规划个人职业

2.5.4 与世界工程发展保持同步

3 人际交往能力:团队工作和交流

3.1 团队工作

3.1.1 组建有效的团队

3.1.2 团队工作运行

3.1.3 团队成长和演变

3.1.4 领导能力

3.1.5 形成技术团队

3.2 交流

3.2.1 交流的策略

3.2.2 交流的结构

3.2.3 书面的交流

3.2.4 电子及多媒体交流

3.2.5 图表交流

3.2.6 口头表达和人际交流

3.3 使用外语的交流

3.3.1 英语

3.3.2 其他区域工业国的语言

3.3.3 其他语言

4 在企业和社会环境下构思、设计、实施、运行系统

4.1 外部和社会背景环境

4.1.1 工程师的角色与责任

4.1.2 工程对社会的影响

4.1.3 社会对工程的规范

4.1.4 历史和文化背景环境

4.1.5 当代课题和价值观

续表

4.1.6 发展全球观	4.4.5 多学科设计
4.2 企业与商业环境	4.4.6 多目标设计(DFX)
4.2.1 重视不同的企业文化	4.5 实施
4.2.2 企业战略、目标和规划	4.5.1 设计实施过程
4.2.3 技术创业	4.5.2 硬件制造过程
4.2.4 成功地在一个组织中工作	4.5.3 软件实现过程
4.3 系统的构思与工程化	4.5.4 软、硬件集成
4.3.1 设立系统目标和要求	4.5.5 测试、证实、验证和认证
4.3.2 定义功能、概念和结构	4.5.6 实施过程的管理
4.3.3 系统建模和确保目标实现	4.6 运行
4.3.4 开发项目的管理	4.6.1 运行的设计和优化
4.4 设计	4.6.2 培训与操作
4.4.1 设计过程	4.6.3 支持系统的生命周期
4.4.2 设计过程的分段与方法	4.6.4 系统改进和演变
4.4.3 知识在设计中的利用	4.6.5 弃置与(产品或系统)生命终结问题
4.4.4 单学科设计	4.6.6 运行管理

3.4.3 CDIO 教学大纲的验证

制定详细教学大纲内容的过程既要考虑到在产品开发中用户需求的因素,又要考虑到用于学术研究中的其他技术因素。这一过程还包括专门小组的讨论、文件研究、调查、研讨会和同行评价。专门小组由教师、学生、工业界领袖以及来自不同大学的高级工程研究人员组成。为了保证教学大纲适用于所有工程领域,参与专门小组讨论的成员应有不同的工程背景。同时要向这些小组提出以下问题:“什么是一个工科毕业生应具备的具体的知识结构、能力和态度?”

专门小组所形成的结论要与以上四方主要代表提取出来的主题内容相结合,由此将这些原文件材料整合成教学大纲的初稿。这些原文件材料代表了工业界、政府和高等学校对大学毕业生的期待。包括前面所述的 ABET EC2000 标准[6]、Boeing 提出的工程师品质[3]以及两个来自麻省理工学院的文件[7-8]。

为了获得确定教学大纲主题所需的利益相关者的反馈意见,我们对四组人员进行了调查,这四组人员包括:大学教师、工业界领导、新校友(平均年龄是 25 岁)和老校友(平均年龄是 35 岁)。结合调查所得的定性意见来改进教学大纲的构架、清晰程度和范围。接着由若干个不同领域的专家对教学大纲的第二层(X. X 层)主题内容进行审核。最后,将专家的评议结果和其他参考资料相结合,由此确定教学大纲的第二层主题内容。

为确保大纲的全面性并使之容易比较,大纲内容与上面提到的四个完整的源文件材料有关。例如,大纲第二层的主题内容与 ABET EC2000 标准的 3a 到 3k 项有关(见表 3.3)。EC2000 标准说明认证的工程教学计划应确保已培养了毕业生的 11 项特定品质[6]。CDIO 的教学大纲与这 11 项特定品质有着密切的联系,事实上,CDIO 大纲更为全面。例如,EC2000 标准并没有明确提出系统思维(2.3),而 CDIO 教学大纲中在许多希望掌握的个人能力与态度(2.4)中列出了终身学习能力(3i)。另外,EC2000 标准也只是从若干个重要的职业能力和态度(2.5)中,列出“职业理解与道德责任”(3f)。

表 3.3 与 ABET EC2000 标准 3 有关的 CDIO 教学大纲

a. 应用数学、自然科学和工程知识的能力。

b. 设计和操作实验的能力,包括分析处理和解释数据。

c. 为解决某问题设计系统、零件或者过程的能力。

d. 在多学科综合团队中工作的能力。

e. 认识、抽象和解决工程问题的能力。

f. 良好的职业道德和责任感。

g. 高效的交流能力。

h. 通过培训理解工程方案在全球和社会中的冲突。

i. 认识终生学习的重要,并具有终生学习的能力。

j. 关心当前的问题。

k. 在工程实际中使用现代技术和必备工具的能力。

CDIO 教学大纲	ABET EC2000 标准 3										
	a	b	c	d	e	f	g	h	i	j	k
1.1 相关科学知识	■										
1.2 核心工程基础知识	■										
1.3 高级工程基础知识											■
2.1 工程推理和解决问题的能力											□
2.2 实验和发现知识		■									
2.3 系统思维			□								
2.4 个人能力和态度									■		

续表

CDIO 教学大纲	ABET EC2000 标准 3										
	a	b	c	d	e	f	g	h	i	j	k
2.5　职业能力和态度						■					□
3.1　团队工作				■							
3.2　交流							■				
3.3　使用外语交流											
4.1　外部和社会背景环境								■		■	
4.2　企业与商业环境											
4.3　系统的构思与工程化			■								
4.4　设计			■								
4.5　实施			■								
4.6　运行			■								
	■关联性强								□关联性良好		

ABET 比其他文件更强调参与产品生命周期的全过程，这通过其条款(3c)体现出来：具备设计一个系统、零件和过程的能力，以满足所需的要求。设计一个系统以满足所需的要求隐含了大纲 4.3 中系统的构思与工程化的精神。设计一个零件对应着大纲中的“4.4 设计”，同时，设计一个过程又与大纲中的“4.5 实施”和“4.6 运行”有关。

将 CDIO 大纲与 ABET EC2000 标准 3 进行比较，可知 CDIO 教学大纲有次要和主要两个优势。其次要的优势是大纲比标准 3 组织得更加合理。大纲是从现代工程的功能中明确推演出来的，也许这样的组织方法并不能使人更清楚地知道怎样进行改变，但却告诉我们改变的理由。其主要优势是它比 ABET 文件有更详细的各层内容。大纲通过足够的细化工作给诸如“良好的沟通能力”之类的一般性陈述赋予了实质性的意义。此外，大纲还定义了一些可测试的目标，这些目标对于课程计划的设计和评估都是非常重要的。

我们将 CDIO 教学大纲与其他国家的认证标准也做了类似的比较。框图 3.1 即给出了英国工科教学计划标准与大纲的比较[9]。

框图 3.1　CDIO 教学大纲与英国工程专业能力标准(UK-SPEC)的比较

已经将 CDIO 教学大纲和英国在 2004 年针对工科教学计划而公布的认证标准做了回顾性的比较。新的标准取代了我们所知的文件SARTOR3中的要求(英国工程委员会，第三版,1997颁发的注册标准和方法)。SARTOR3文件中并没有明确列出工程教育的学习效果,但却详细地列出了课程计划内容和一些有争议的东西,使得工学硕士(MEng)学位成为注册工程师(CEng)的最低学历要求。那些在毕业时学历水平不够工学学士(BEng)学位的学生将成为副工程师(IEng),除非他们再经过一年的研究生学习达到 MEng 的教育水平。

SARTOR 3 最初是在 2003 年 11 月被新标准所取代的,这个新标准称为"英国工程专业能力标准(UK-SPEC)",主要考虑到注册工程师(CEng)和副工程师(IEng)注册能力要求的最低标准(注册工程师和副工程师标准,英国工程委员会,2003)。2004 年 5 月公布的后续文件主要用于处理工程专业学位的认证(UK-SPEC:高等教育专业认证,英国工程委员会,2004)。UK-SPEC 的规定没有 SARTOR 3 那么多,而且和当前的想法比较同步,其认证标准以列表的形式提出所需的学习效果,他们以标题的形式表述为"一般学习效果"和"特定学习效果"。

A. 一般学习效果

1. 知识和理解
2. 智力
3. 实践能力
4. 一般的可转移能力

B. 特定学习效果

1. 不断加强科学、数学以及相关的工程学科知识
2. 工程分析
3. 设计
4. 经济、社会和环境因素
5. 工程实践

在 UK-SPEC 中,为工学学士的学习计划而提供了一系列最基本的学习效果,后来,增加了许多为工学硕士的学习计划而制定的学习效果。其学习效果的标准比 ABET EC2000 更为详细。例如,在为工学硕士建立的专门学习效果中详细列出了 40 个不同的学习效果。不过,在很多情况下,这些效果还不够精确和清晰,部分原因是因为使用了英国系统,即英国的学位课程计划不是由一个中心机构来认证的,而是由各个工程学会来决定的,如机械工程师学会和电子工程师学会。英国共有 30 多个进行学位鉴定的合法学会。随着 SARTOR 3 的出版,很多机构都为他们特定的学科制定了有关认证标准的解释性文件,希望这些解释性文件能够在 UK-SPEC 中得到体现。

大多数情况下,UK-SPEC 所列出的一般学习效果重现并扩展了指定的学习效果。例外的情况是可转移能力,资格与课程计划的权威机构把它定义为高层主要能力,该权威机构从六个方面提供扩展指引,以培养学生的主要能力,包括数字的运用、交流、信息、沟通技巧、提升个人的学习能力和表现能力、解决问题的能力和团队合作能力。在英国,包括大学教育在内的所有教育系统中都建立了水平等级制度。但是,这些大学层级的主要能力只是一般性

续

框图 3.1　CDIO 教学大纲与英国工程专业能力标准(UK-SPEC)的比较

的,并不是专门针对工程教育的。

所以,UK-SPEC 的认证标准和之前所公布的 UK-SPEC 的职业注册标准之间的关联性很小,特别是在职业方面的领导能力、团队协作能力和沟通能力等方面,所要求的学习效果并不能与注册标准相匹配,部分原因是由于要为质量和课程计划的权威机构定义可转移技能去承担责任。这可能也反映出下面一种观点:毕业生只有在作为实际工程师的时候才可能掌握这些职业能力和态度。

正如表中所给出的,UK-SPEC 致力于建立一组有关设计方面的学习效果,在这组学习效果中,提到在进行设计之前会涉及概念方面的内容。但是,UK-SPEC 中并没有完整地反映出:工程教育应包括完整的产品或系统的生命周期。有一项学习效果提到了毕业生应该具备包括生产、运行、维护和处理等方面的能力,虽然这种描述反映了我们的想法,但它包含在设计部分当中,并且与多目标设计相对应(为 X 这一层的设计)。因此,可以说 UK-SPEC 并没有意识到所有的工程师都需要懂得以实际产品或系统的形式去进行设计,此外,除了提升所需的可持续发展之外,UK-SPEC 也没有专门讲到产品或系统的生命周期的运行过程。

根据以上的讨论,CDIO 教学大纲显然比 UK-SPEC 具有更多的优点,最明显的有以下几点:

1. 尽管 UK-SPEC 比 ABET 标准包含更多的学习效果,但它仍然缺乏教学大纲的具体细节。

2. UK-SPEC 不是完全独立的,例如,它要对资格与课程计划的权威机构承担重要的个人与团队协助能力方面的责任,这就使得他们在能力方面只能提供很有限度的指引,因为这些能力并不是工科毕业生所需要的。

3. 与 CDIO 教学大纲相比,UK-SPEC 中所包含的职业技能是非常有限的。虽然正式的聘用培训曾经在英国非常流行,但现在已经很少了,雇主非常希望毕业生拥有一些职业技能,以便能够直接上岗并负起责任。

4. UK-SPEC 并没有反映所有产品和系统的生命周期方面的能力需求,特别是在实施和运行阶段,都没有提到适当的学习效果。

或许有人会说,UK-SPEC 还不够全面和有用,因为它只是列出了一系列的学习效果。虽然教学大纲是基于主题内容的,但教学大纲是由一个合理的、具有许多标准的过程所支撑的,其目的是开发出教学计划所设定的学习效果。教学大纲的全面性说明它不可避免地会包含以认证为目的而设定的学习效果。然而,一旦 CDIO 教学模式与其他因素相结合,将得到一个更基本的目标,那就是要积极考虑如何改进工科教学计划,而不是只简单地考虑认证。

贝尔法斯特女王大学 P · Armstrong

作为对 CDIO 教学大纲完整性的一个独立调查,将工程师在五个不同的职业类型所需的一般能力进行比较。所有职业类型所需的一般能力包括:2.1 工程推理和解决问题的能力、2.4 个人能力和态度、2.5 职业能力和态度、3.1 团队工作、3.2 交流、3.3 使用外语交流以及 4.1 外部和社会背景环境。根据工程师的个人能力和兴趣,他们至少可以从事五种不同类型的职业。图 3.6 给出了这些职业类型以及对应的 CDIO 大纲所支撑的部分。

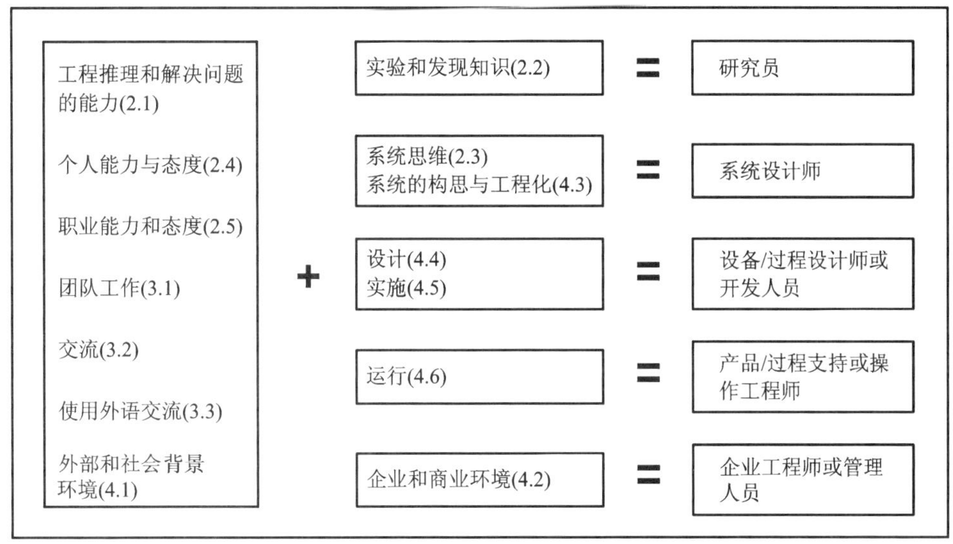

图 3.6 在 CDIO 教学大纲中隐含的职业工程师的职业生涯

当然,没有一个刚毕业的工程师能成为这五个职业类型的专家,而且实际上,他们可能对任何一类都不在行。然而,现代工程实践的基本特征就是个人的角色要随时间而改变和进步。刚毕业的工程师应能够与其他不同职业类型的人打交道,并要培养成为通才,以应对这些职业类型中一个或多个组合的职业要求。

3.4.4 现代工程主旋律——创新和可持续性

根据工程师所需的知识和能力制定了一个长期和稳定的 CDIO 教学大纲列表,与此同时,当代主题凸显了工程本身和工程教育的重要性。现在,创新和可持续发展的概念也属于当代主题这一范畴。这些主题在更高层的大纲标题中并不明显,但我们相信支持这些主题的知识和能力实际上已经在大纲中表现出来了。

英国皇家工程院(Royal Academy of Engineering)最近出版了一个非常好的关于可持续发展的工程教学模式指南[10]。指南中引用了 1987 年联合国世界环境与发展委员会所发表的布特兰报告书中经常使用的关于可持续发展的定义:“人类有能力实现可持续发展——既满足当代人的需求,又不对后代的需求构成危害。”CDIO 大纲中的 4.4.6 多目标设计部分就明确地提到可持续性这一定义,大纲中关于环境的可持续发展设计就包括了产品、过程和系统设计这一目标。皇家工程院的报告还将可持续性解释为:以技术为核心、以社会为核心和以生态为核心的三方面内容的建设性融合。从这三方面来看 CDIO 大纲,可以发现,大纲用四个第三层(X. X. X)的主题内容讨论了适当发展和适当使用技术方面的问题,并用五个第三层的主题内容讨论了各种不同的环境问题,最后用九个第三层的主题内容提出了关于工程师在设计过程中应考虑社会及社会问题的责任和工程社会规则等不同方面的问题。皇家工程院的报告制定了工程可持续发展的12条指导原则,表3.4将这12条原则与CDIO教学大纲中最相近的主题进行了比较。几乎在所有的情况下,大纲所列的能力和知识都与这些原则或由这些原则推广的结果有关。

表3.4 可持续发展原则和CDIO教学大纲的对比

可持续发展原则	CDIO教学大纲
1 明白自己的位置和短期目标	4.1.1 工程师的角色与责任
	4.1.2 工程对社会的影响
	4.1.6 发展全球观
2 创新和富于创造性	2.4.3 创造性思维
3 寻找解决问题的平衡点	2.3.4 解决问题时的妥协、判断和平衡
4 寻求所有利益相关者的参与	4.3.1 设立系统目标和要求
5 明确你所需要的和想要的	
6 有效策划和管理	4.3.4 开发项目的管理
7 对可持续性的好处提出任何怀疑	4.4.6 多目标设计
8 如果谁污染了环境,就必须付出代价	
9 采用一个整体的持久性方法	2.3.1 全方位思维
10 一旦决定做正确的事情,就把事情做对	2.5.1 职业道德、正直、责任感并勇于负责
11 提防用虚假的有价值工程削减成本	2.1.5 解决方法和建议
	2.4.4 批判性思维
12 实现你所说的	2.5.1 职业道德、正直、责任感并勇于负责

在最近关于创新的调查中,英国工业联合会(CBI)将创新广义地定义为:"新思维的成功开发"[11]。从这个定义或相似的定义中,"剑桥-麻省理工学院学会"对知识、能力和态度给出了一系列的定义,它们是创新的基础[12]。简言之,这些定义包括了对基础概念的深刻理解、开发思维的能力以及从学习中得到的自强意识。换句话说,它们是用于创新的知识和能力,是面对创新所要承担风险的积极态度。如果将这一模型与CDIO教学大纲进行比较,就可以发现,大纲中第一部分列出了相应的技术学科知识,并通过开发更深的技术基础知识而得到加强。开发思维所需的能力包括理解顾客的需要(CDIO教学大纲4.3.1)、对技术的合理应用(4.3.2)、交流(3.2和3.3)和团队工作(3.1)。喜欢创新的人,其性格特征包括愿意承担风险(2.4.1)、执

着(2.4.2)和创造性思维(2.4.3)。另外,一个成功的创新者要了解企业(4.2.2),能在已有的企业中开展工作(4.2.3),并且要关心企业的利益(4.2.4)。

这两个例子说明,在可持续发展和创新这两个现代主题中,其相关的知识、能力和教育态度虽然在 CDIO 教学大纲的标题中没有直接给出,但实际上已经在大纲中体现出来了。

3.4.5 CDIO 教学大纲的通用性

我们已经建立了 CDIO 教学大纲,原则上,它适用于工科的任何专业。如上所述,我们选择了如“实施”这样的词,使所有的工程师都能理解,尽管在编制教学大纲时,土木工程师可能喜欢用“建造”,而软件工程师则喜欢用“编程与测试”。大纲的目标在大纲第二层(X.X 层)的术语中建立了对所有工科领域都完全适用的定义,并在大纲第三层(X.X.X 层)中尽可能做到这一点。在大纲的最低层,不可避免会出现与工程分支有关的不同目标对象的词汇,如汽车、飞机和电子产品。但我们可以通过标注的方法,方便地修改大纲最低层部分的主题内容和结果,使之更适用于化学、生物、软件或其他工程领域。

大纲的最高层部分应提炼出适用于任何大学的教学目标。大纲的第一部分只需将原来的技术知识与推理概括为学科知识与推理,其改动很小。大纲的第二和第三部分涉及个人能力、职业能力和态度以及人际交流能力,大体上不会有什么变化。唯一的例外是大纲第二部分的组织可能会因为强调不同的模式而有所变化。大纲的第四部分涉及在企业和社会环境下构思、设计、实施和运行系统,这是最具挑战性的推广。如果将这一主题提炼为问题:“工程师如何为社会增值?”那么,对大纲第四部分的推广就是:应用知识为社会做出贡献。例如,对于法律教育来讲,与第一部分的法律知识不同,第四部分应包括法律实践的职业技能。同样,对于医学教育,与第一部分的医学知识不同,第四部分应包括医学实践的职业技能。图 3.7 给出了通用教学大纲的最高层部分,它与图 3.2 是并行的。

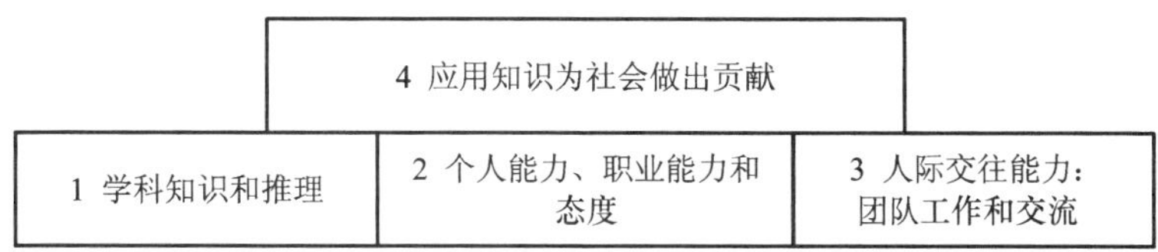

图 3.7 通用教学大纲的最高层组织关系

3.5 学习效果和学生应具备的程度

CDIO 教学大纲详细列出了有关的知识与能力,并要求刚毕业的工程师需要在一

定程度上掌握这些能力,它全面描述了本章前面所提出的中心问题的第一部分:

"当工科学生毕业时,他们学到的全部知识、能力和态度应该有哪些?"

然而,上面提过的标准2却要求它不仅仅列出一系列主题内容,还要求一个教学计划应对个人能力与人际交往能力建立明确而详细的学习效果;并要求产品、过程及系统建造能力要与专业目标一致,并得到专业利益相关者的审定。为了把所列的知识、能力和态度转变为学习效果,我们需要对大纲中所有主题内容给出希望学生能够掌握的程度。

确定学生应具备的程度和学习效果的可行过程如下:

- 审核如表3.1提出的CDIO教学大纲,在教学计划的技术和国家背景下根据指定学习的课程要求,对大纲内容进行修改或添加。
- 确定教学计划中大学内外的主要利益相关者,我们特别希望得到教学计划的利益相关者的代表性意见,同时要考虑个人观点和集体智慧。这就是标准2里面所提到的"由关联的主要利益相关者和组织审查和认定"。
- 制定使利益相关者参与和总结意见的方法。目前,我们的教学计划里最常用的方法是用利益相关者手中的信息去获得调查结果。
- 教师通过讨论有助于解释从利益相关者那里收集到的信息,并对预期的掌握程度形成统一的意见。
- 这些预期的掌握程度可以进一步转换成更为正式的学习效果,这些效果是设计教与学评估的基础。

这种方法的结果直接回答了中心问题的第二部分"掌握水平如何?"。

下面用两个例子说明CDIO教学大纲是怎样决定学生应掌握的程度的。在第一个例子中,教学大纲首先作为对教学计划的利益相关者的调查基础,这个一般性的例子是基于美国和瑞典的教学计划经验的,主要关注大纲中的第2、3和4部分[13-14]。对于第二个例子,制定教学计划的教师决定对第一部分中关于工程知识和推理所述的主题内容的调查结果进行论证,其目的是希望得到一个关于利益相关者对学习效果的全面看法[15]。

3.5.1 四所CDIO发起大学的学习效果研究

在CDIO教学模式出现的早期,查尔摩斯工业大学(Chalmers University of Technology, Chalmers),林雪平大学(Linköping University, LiU),瑞典皇家工学院(Royal Institute of Technology, KTH)和麻省理工学院(Massachusetts Institute of Technology, MIT)通过对各自学校的教学计划的利益相关者进行调查,建立了CDIO教学大纲中各主题内容所预期的掌握程度[14]。为了对结果进行更直接的比较,四所大学都同意共同使用不作修改的大纲(其中瑞典各大学把大纲翻译为瑞典语)。

工程教育涉及很多利益相关者团体,在调查和评价过程中可能会涉及这些团体。这些团体包括所确定的内部和外部的教师、不同年龄层的校友、工业界代表和其他大学的代表,也可以包括咨询委员会、管理者和其他部门的教师,还可以根据当地情况对工科学生进行调查。

根据四所受资助大学的研究,我们可以列出六组利益相关者:

- 大学教师
- 中上层的工业界领导
- 毕业五年左右的校友
- 毕业十五年左右的校友
- 刚入学的学生
- 毕业班的学生

我们选择那些足够年轻并能够具体回想起他们大学教育情况的校友,同时选择足够成熟又能够提出有益观点的校友。我们选择这两组校友来判断毕业生的想法是否随时间而改变。引入第一年和最后一年的学生是为了测量学生对预期经验的变化,并研究他们的观点和其他小组的观点之间的关联性。

3.5.2 对掌握的熟练程度的调查

有几种可供选择的方法用来收集通过访谈和小组讨论得到的利益相关者的意见,但在我们制定教学计划中用得最普遍的做法就是调查。在四个大学的教学计划的制定过程中,皆采用问卷调查来收集利益相关者关于 CDIO 教学大纲中知识和能力的预期掌握程度的有关数据。调查表依据教学大纲中第二层和第三层的具体内容而设计(详见表 3.1 中大纲第二层和第三层内容),并考虑到定量和定性的反馈结果。我们为受访者提供一组定义以确保其解释具有合理的一致性,由此提高了回答的可靠性,我们还向受访者提供完整的 CDIO 教学大纲和专业计划的有关背景资料。一般来说,20 到 30 个代表性样本中就基本反映了利益相关者意见的主要趋势。

对于每个第二层的大纲主题(X. X 层),要求回答者用 5 分制等级标准来评价预期的掌握程度,如表 3.5 所示。不同等级分数表示的是从事工程师活动和经验所需的胜任力的绝对水平,他们不是与其他毕业工程师之间进行比较的相对值。例如,“5 有领导和创新的能力”就要求要达到所在学科领域内的专家级程度。另外,我们还鼓励受访者对他们的评分给出简单的意见。

表 3.5　CDIO 教学大纲中知识和能力的预期掌握程度

1	有相关经验或接触过
2	能够参与并作出贡献
3	能够理解并解释
4	在实践和操作中熟练掌握
5	有领导和创新的能力

表 3.6　预期掌握程度的问卷回答举例

2.1	工程推理和解决问题	4
2.1.1	发现问题和表述问题	+
2.1.2	建模	-
2.1.3	估计与定性分析	
2.1.4	带有不确定性分析	-
2.1.5	解决方法和建议	+

对于第二层中的每一个大纲主题内容,我们要求受访者在第三层的具体内容中选出学生掌握程度比较高(+)的一个或两个主题内容,同时选出掌握程度相对较低(-)的主题内容。我们鼓励受访者尽量平衡第二层中正号和负号的数目,但并不作强制的要求。表 3.6 所示是一个教学大纲主题的问卷回答的例子。

我们从每个利益相关者分组中收集 14 个第二层和 67 个第三层大纲主题内容的定量和定性数据。在这四个大学的调查项目中,都估算了每个利益相关者分组的平均结果。例如,我们采用了基于学生的 t 测试的统计分析方法去确定平均值中的偏差是否有意义。我们还检查受访者的定性评论,由此确定是否能找出不同利益相关者分组中对趋势性和差异性的一致理解。

3.5.3　麻省理工学院的调查结果

图 3.8 给出了麻省理工学院关于学生掌握程度的调查结果,来自四个方面的利益相关者的分组情况为教师、工业界领导和两组校友,调查中我们把这些组看作麻省理工学院的专业人员。图 3.8 给出其中的一个调研结果,它说明在对预期掌握程度的比较中,掌握程度在 3.4 到 4 之间的工程推理和解决问题的能力(2.1)、交流(3.2)、设计(4.4)及个人能力和态度(2.4)是评价最高的主题。专家们一致引用这四个主题内容作为工程师最重要的能力,这些能力得到这么高的评价不足为奇,因为这些内容对应了评分等级“4 在实践和操作中熟练掌握”这个主题。

外部和社会背景环境(4.1)、企业与商业环境(4.2)、实施(4.5)和运行(4.6)等方面得分较低,其预期的掌握程度接近评分标准“2 能够参与并作出贡献”。前两个主题得分较低的原因不能通过受访者的评价来解释。然而,受访者明确指出,实施(4.5)和运行(4.6)评分较低是因为他们认为这些主题内容可以在工作中更好地学到,或者由于领域太专,而不适于在大学里教授。在对麻省理工学院的调查中并没有包括“使用外语交流(3.3)”这一大纲主题内容。

麻省理工学院调查结果最显著的地方是取得了四个专业利益相关者小组对所有主题内容(而不是单一主题内容)在统计意义上的一致观点,这个结果完全出乎我们的意料。这表明:当被问到对一个已明确列出能力并具有一系列清晰主题的具体教学计划的看法时,不同的利益相关者对于掌握程度的预期水平具有相似的看法。这种调查结果的一致性是设计课程计划的一个重要的出发点,也是对学生进行学习评估的重要标准。

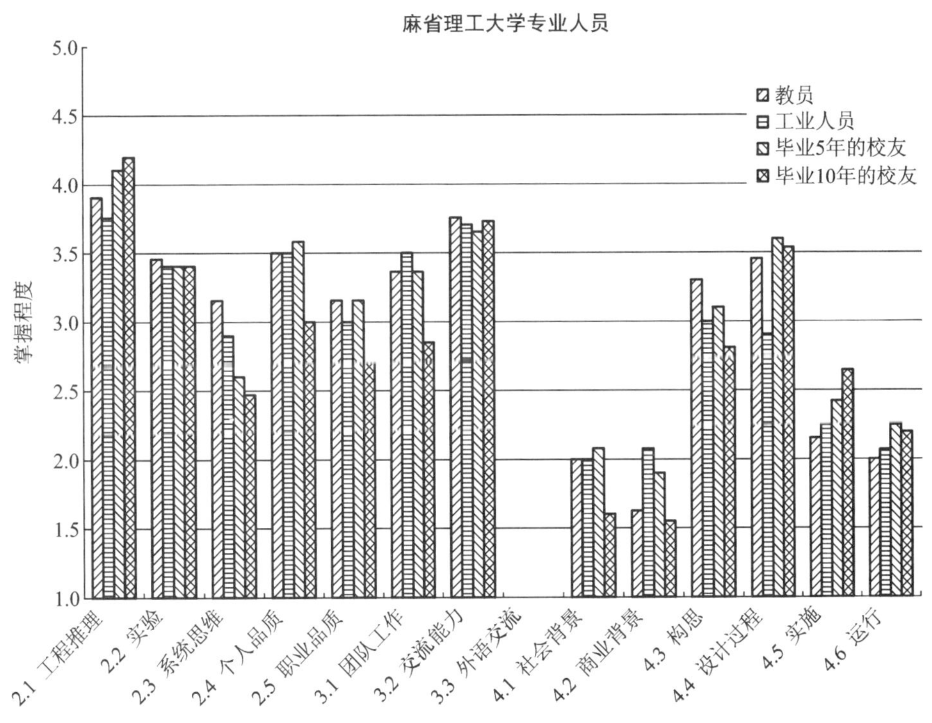

图 3.8 由麻省理工学院利益相关者小组报告的预期职业水平

3.5.4 三所瑞典大学的调查结果

图 3.9 给出了查尔摩斯工业大学、瑞典皇家工学院和林雪平大学等三所瑞典大学对利益相关者的调查结果。对于每一个大纲主题内容,调查结果给出了三所大学里专业小组的平均评分。在瑞典,其预期掌握程度最高的主题是:工程推理和解决问题的能力(2.1)、系统思维(2.3)、个人能力和态度(2.4)、团队工作(3.1)、交流

(3.2)和使用外语交流(3.3),所有这些有关掌握程度的平均得分接近等级“4 在实践和实施中熟练掌握”。麻省理工学院调查结果和瑞典各大学调查结果出现的不同主要是受到 CDIO 教学大纲的英语版本和瑞典语版本的差别影响。外部和社会背景环境(4.1)、企业与商业环境(4.2)及运行(4.6)在瑞典的调查中得分相对较低,其平均掌握程度的评分大概是等级“3 能够理解并解释”,其结果不像麻省理工学院所调查的结果那么低。另外由于数据分析中出现软件错误,没有考虑构思(4.3)这一主题内容。

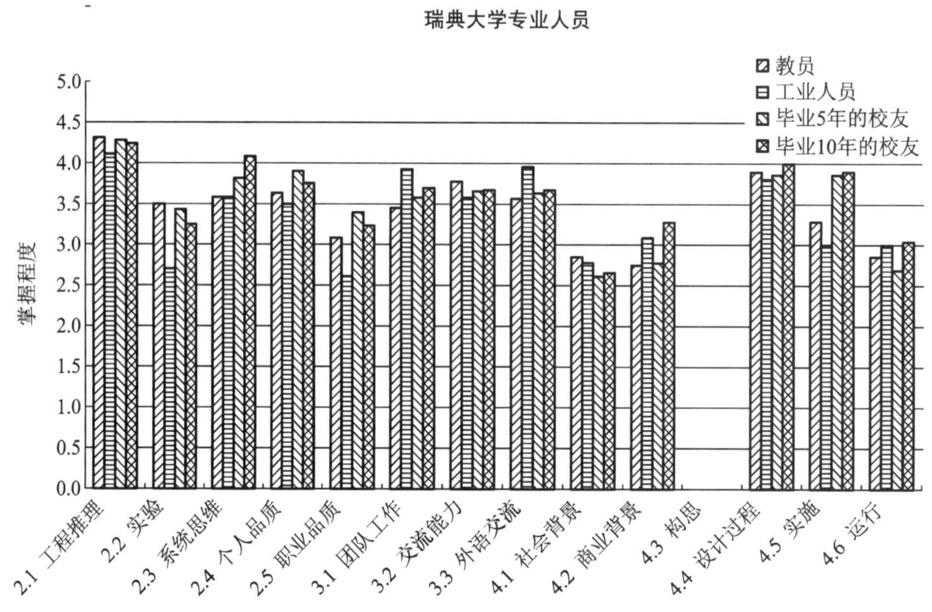

图 3.9　三所瑞典大学利益相关者小组报告的学生的预期掌握程度

3.5.5　四所大学调查结果的比较

我们对麻省理工学院、查尔摩斯工业大学、瑞典皇家工学院和林雪平大学四所大学的专业利益相关者小组(教师、工业界领导和两组校友)的评分进行了比较。图 3.10 表明,除了系统思维(2.3)这些学校的职业工程师对其他所有主题都有一致的看法。对于系统思维(2.3),麻省理工学院受访者对预期的掌握程度的评分是 2 级到 3 级,而林雪平大学受访者的评分是 4 级。

在外部和社会背景环境(4.1)、企业与商业环境(4.2)、实施(4.5)和运行(4.6)几项的评分结果也出现了很大的分歧。统计分析表明:瑞典的利益相关者小组的某些评分的分歧主要集中在企业与商业环境(4.2)和实施(4.5)这两个主题内容上。但最明显的分歧是麻省理工学院对于主题 4.1、4.2、4.5 和 4.6 的评分要比瑞典受访者小组的评分低很多。一种可能的解释是瑞典大学的教学计划是 4.5 年,而麻省理工学院的教学计划是 4 年。另一种解释是在工业环境中,瑞典工科学生在教师指导下完成学位论文的过程中,使这些能力得到了强化。需要注意的是,瑞典的利益相关者小组代表了更广范围的工程专业,如汽车工程、机械工程、应用物理和电子工程等专业,而麻省理工学院受访者则主要是航天航空专业的。

此次调查最有意义的结果是每个大学的利益相关者小组的观点基本一致。显然,这种一致性很难预料,但却有助于明确实施 CDIO 教学计划的毕业生对知识和能力的预期掌握程度的要求。

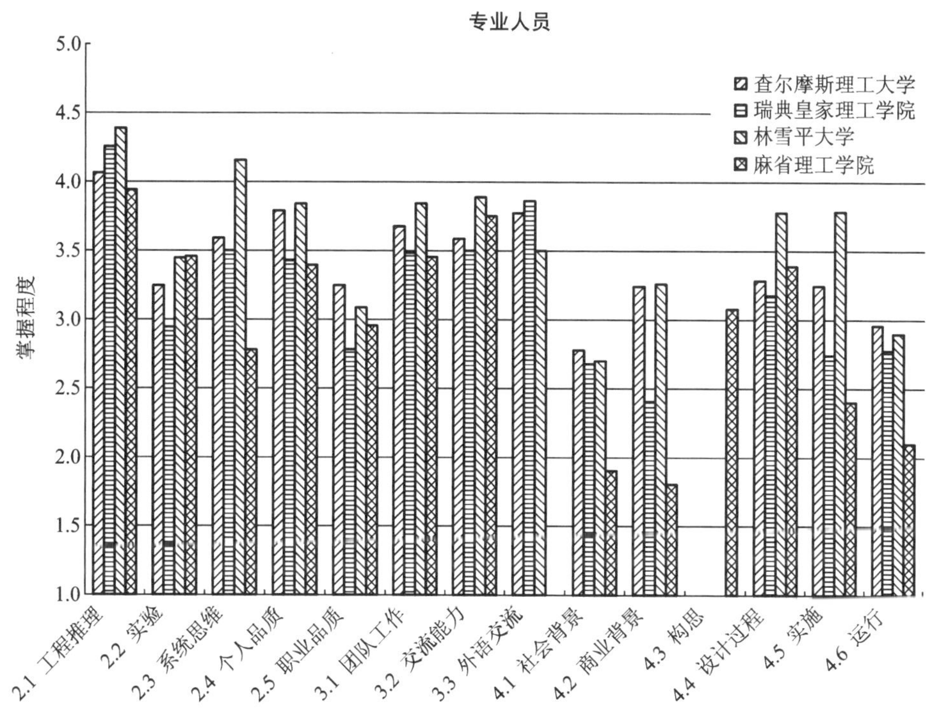

图 3.10 四所大学的专业利益相关者报告的预期掌握程度

3.5.6 贝尔法斯特女王大学的学习效果研究

我们对英国贝尔法斯特女王大学(QUB)的机械与制造工程学院进行了有关预期掌握程度的类似调查。此项调查与在麻省理工学院和三所瑞典大学所做的调查基本一样,它所关注的焦点在于大纲的第 2、3、4 部分。英国贝尔法斯特女王大学调查中最重要的利益相关者是英国贝尔法斯特女王大学的校友。作为毕业生,这些校友熟知英国贝尔法斯特女王大学的教学计划,而且作为经验丰富的专业人才,他们知道在学习期间应掌握怎样的知识和能力才是今后职业生涯所需要的。此项调查总共邀请了约 800 名毕业 5 年到 30 年的校友参加。

除了询问 CDIO 教学大纲,该调查还向校友们询问了其他一些课程计划方面的问题,例如在数学方面,了解教学计划中工程科学的数学学习深度以及对教学计划中其他课程的看法。与英国的大多数大学一样,女王大学在机械工程科学以及数学课程上做了一些补充,这些补充的课程包括设计、管理、经济、法律、电子和计算机编程等。一般而言,我们很难评估需要补充哪些科目以及这些增加的课程所需的课时。作为更进一步的调查目标,女王大学想确认校友对采用 CDIO 教学模式的认可程度。最后,调查结果认为毕业生所关心的就业基本信息对将来的讨论具有重要的参考意义。若要最终获得所有这些信息则需要一份相当长的调查问卷。

与前面对麻省理工学院等四所大学所作的调查不同,女王大学没有采用表 3.4 所提到的 5 分评价标准对教学大纲的知识和能力的预期掌握程度进行分级,而是采用了按重要性逐层递增的五级标准。第一级表示最不重要,而第五级则表示必不可少。之所以改变量化标准,其主要原因是在他们的问卷调查中,重要性的评估标准更适用于数目众多的教学计划。两种评估标准的对应关系一直是人们争论的话题,但如果某一能力比另一种更为重要,那么就赋予其更高的等级。

大约有两万名校友对邮寄的调查作出了回复,这个回复率是相当高的。该项目涉及大纲的第 2、3、4 部分,所计算出来的平均数可以与麻省理工学院的调查结果进行比较。图 3.11 给出了英国贝尔法斯特女王大学与麻省理工学院(根据本章讨论的研究结果)校友反馈的平均值的比较。最后所得到的结论说明:英国贝尔法斯特女王大学与麻省理工学院的比较结果和麻省理工学院与瑞典三所大学的比较结果一致(这里设定了掌握程度与重要性评估标准的对应关系,相近的比较结果则表明他们之间存在一种可以接受的对应关系)。然而,如果仔细检查,可以看出一些有趣的差异。与麻省理工学院相比,英国贝尔法斯特女王大学的校友对企业与商业环境(4.2)给出了更高的分数,这显然说明英国贝尔法斯特女王大学的毕业生受聘于小公司的比例相当高,而这些小公司主导着当地的经济。在这类公司里,职业工程师往往会涉及公司的日常经营,而且需要承担管理和财务的责任。因此,那些受聘于小公司的职业工程师与那些要受聘于大企业的毕业生相比,更需要打好管理和业务能力的基础。英国贝尔法斯特女王大学与麻省理工学院校友的更大的不同之处是,英国贝尔法斯特女王大学的校友把设计与实施能力放在了相对重要的位置。如图 3.11 所示,麻省理工学院校友认为实施方面的掌握程度应该比设计方面的掌握程度更低。相反,英国贝尔法斯特女王大学校友则认为实施与设计同等重要,而瑞典校友则认为实施的重要性更高,但这也许只是简单地反映了在所调查的麻省理工学院、英国贝尔法斯特女王大学以及瑞典三所大学里的工程学科存在差异。与其他毕业生相比,麻省理工学院航天航空专业的毕业生不太可能到一些与制造相关的行业工作,他们觉得设计比实施更为重要。

调查结果的具体差异为每所大学进行独立调研提供了一种依据。因此,每所大学可以对课程大纲的每一部分进行重点调整,以配合毕业生的特殊需求。值得注意

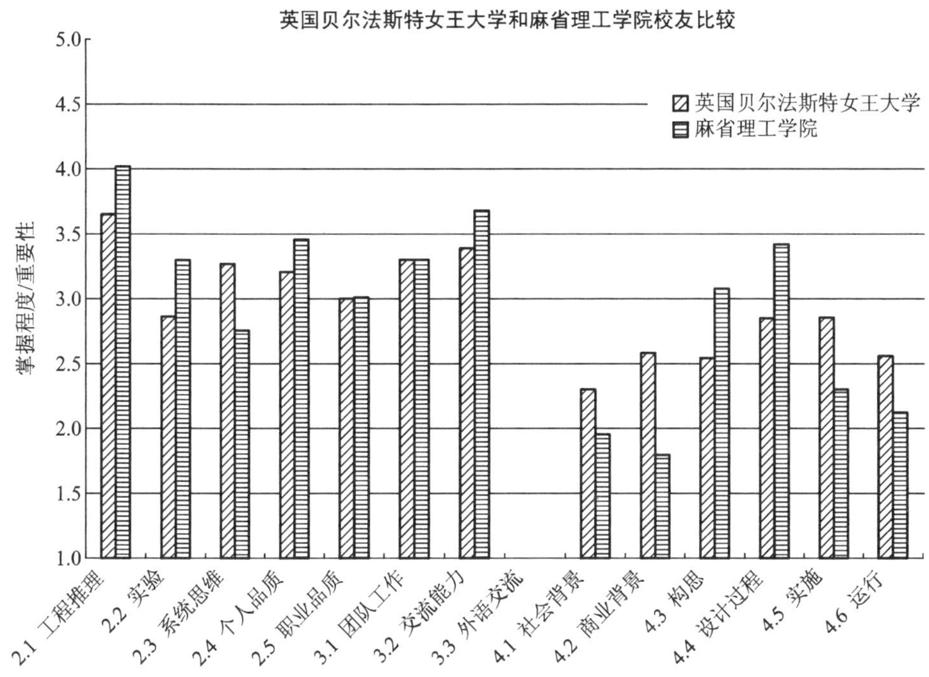

图 3.11　英国贝尔法斯特女王大学和麻省理工学院校友的调查结果的比较(不包括 3.3)

的是,在大纲的第 2、3、4 部分里,女王大学的学生和教职员工的观点与校友的观点不同,这表明学生和老师的兴趣存在差异,也揭示了学生和老师之间的看法不同,这对于每一所大学进行自身的调查都具有深刻的意义。

在对校友进行有关增设科目的问卷调查中,共列出了 20 个科目。要求受访者按其重要性对这些增设的科目用 5 级评估标准进行评定。结果表明:校友们认为制造、管理和经济课程特别重要;而控制课程的重要性评级较低,也许这也反映了大学里控制课程的理论性特征。然而,评分最低的是计算机编程课程,学院对这一调查结果特别关注,因为有些老师曾经质疑是否有必要讲授计算机编程的课程。他们认为鉴于对现有各种软件的方便应用,机械与制造工程师不太可能需要编程能力。校友的这一意见被纳入了考虑范围,经过进一步的讨论,最终去掉了计算机编程这门课程。

问卷调查中的一部分内容涉及工程科学的教学问题。对于每一个主要工程科学的教学,要求受访者根据对学科基本原理的理解、变量间的具体关系以及用数学方法表达这些关系等的相对重要性进行评级。结果显示,有相当高的比例(80%以上)觉得熟悉基本原理是相当重要的和非常必须的,而只有相对较少的受访者(约 30%)认为数学关系的公式和应用比较重要。

问卷调查中的另一部分内容是关于课程计划在不同领域的平衡问题。对英国贝尔法斯特女王大学的校友提出的问题是,根据他们做学生的经历,在各个领域应该投入多长的时间。这里采用另一种五级评分标准,第一级表示仅花费了很少的时间,第五级表示花费了相当多的时间。表 3.7 根据所调查的平均分数,给出了各个领域的排名。此外,表示需要花费较多或很多时间的受访者主要是毕业 10 年以内的年轻校友和毕业 20 年以上的老校友。尽管两组校友在年龄和经验上存在差别,但有三个方面的意见是相当一致的,都建议在下述三个方面投入更多的时间,即以设计与建造练习为基础的实践过程、个人能力和个人品质的培养、工程科学和数学以外的其他科目。

表 3.7 课程计划在各个领域投入的时间

排名	课程领域	平均比例	更多或相当多的时间%	
			年轻校友	年长校友
5	机械工程科学	3.06	18	9
6	数学	2.35	5	0
3	增设的科目	2.44	49	48
4	实验工作:实验室的实验课	3.13	26	21
1	实践工作:设计和建造	3.84	64	71
2	个人能力和品质的培养	3.81	67	59

总之,英国贝尔法斯特女王大学的调查结果对于课程计划的设计是很有价值的。针对教学大纲第 2、3、4 部分得出的有用结论是:重点应放在知识、能力和态度的各个方面。此外,该结果引人注目的地方是教师和学生的观点与校友们的更具权威性的观点并不一致。进行更大范围的问卷调查将有助于对课程计划中的数学和增设科目等问题做出决定。不管怎样,问卷调查获得了令人振奋的结果,这为 CDIO 方法用于工程教育提供了强有力的支持。英国贝尔法斯特女王大学的毕业生认为,对基本原理的理解是非常重要的,同时,他们都赞成在设计—建造实践和个人能力与态度的培养上分配额外的时间。这一结果很快得到了制定 CDIO 教学模式的大学参与者的批准。

3.5.7 将应掌握的程度转化为学习效果

前面已经为 CDIO 教学大纲的第二和第三层细节部分的各个主题确定了其预期掌握的程度,接下来的任务是研究其相应的学习效果。包括三个步骤:

- 选择一个学习效果的分类法。
- 开发一种使分类法和评分标准具有一致对应关系的方法,用于确定预期掌握程度。

- 对应于教学大纲中每个详细的主题内容,明确给出一个学习效果,并与分类法和适当的掌握程度的等级相对应。

阐述学习效果的第一步是选择一种合适的分类法。在几种可能的方法中,Bloom以及他的同事们所设计的分类方法[15-17]应用最为广泛。简单地说,Bloom 分类法把学习分为三个含有交叉关系的领域,分别是涉及知识和推理的认知领域,包括态度和价值观的情感领域,描述具有灵活性和技巧性能力的心理活动领域。每一个领域都被划分为五或六个等级水平。

为了详细说明教学大纲中的学习效果,必须完善分类法和用于确定期望掌握程度的评分等级之间的对应关系。表 3.8 给出了这样一种对应关系。例如,在 Bloom 分类法的认知领域里面,并没有设定与掌握程度等级中“1 有相关经验和接触过”相对应的能力。然而,掌握程度等级中“2 能够参与并作出贡献”与 Bloom 的认知领域中的了解相对应;“3 能够理解并解释”与理解相对应;“4 在实践和操作中熟练掌握”与应用和分析相对应。最后,“5 有领导和创新的能力”对应于 Bloom 分类法中的最高认知水平,即综合与评价。类似的对应方法能够应用到 Bloom 分类法中的情感和心理活动领域。

表 3.8 掌握程度的等级与 Bloom 分类法的对应关系

根据利益相关者调查结果所确定的掌握程度等级	Bloom 分类法——认知领域	基于 CDIO 教学大纲的学习效果的例子
1 有相关经验和接触过		
2 能够参与并作出贡献	了解	列出假设条件与偏差的来源
3 能够理解并解释	理解	解释结果中存在的矛盾
4 在实践和操作中熟练掌握	应用	实际工程的成本效益分析和风险分析
	分析	区分需要检验的假设
5 有领导和创新的能力	综合	提取要点以构建系统模型
	评价	对所支持的依据做出合理的判断

将教学大纲的主题内容转换为指定的学习效果,其最后一步的工作是将大纲中各个主题内容用动词来表示,这个动词能够最确切地描述由教学计划的利益相关者所确定的需要掌握的程度。Bloom 分类法的各个层级都可以用特定的动词来表示。例如,在认知领域,综合包括诸如规划、创建、构建和优化。表 3.8 给出了从教学大纲中推导出来的指定的学习效果的例子,这些学习效果通过对掌握程度的适当的期望而体现出来。虽然有可能在没有采用利益相关者意见的情况下制定出教学计划的学

习效果，但对于所预期的掌握程度的严格调查过程却使得我们可以为工科学生制定出更为可行的学习效果。

3.6 小结

本章对 CDIO 教学大纲进行了定义，并对其构造和发展过程进行了描述，同时指出：在预期学习效果方面，教学大纲应该怎样成为决定利益相关者一致观点的基础。教学大纲是直接根据工程师的实际角色而推断出来的一种针对工程教育目标的一般性描述。教学大纲非常全面，包括毕业工程师所期望的所有知识、能力和态度。

虽然教学大纲只是进行一般性的陈述，但它适合于对具体的教学计划进行合理的制定。这一制定过程包括对第一部分“1 技术知识和推理”的学科内容的定义，并可调整这一部分使其与教学大纲的其他部分相对应，尤其是要与大纲的第三和第四层的细节部分相对应。通过对教学计划利益相关者的调查得到了关于教学大纲各个主题内容所期望的掌握程度或重要性信息，这些结果为课程的设计和学习的评估提供了指导。

由具有代表性的教学计划所引导的调查，使我们得到了一些很有意思的结果。教师、工业界领导和校友们对于毕业工程师在能力上应具有的程度的意见非常一致，这一结果是出人意料的。调查显示：工程推理、个人品质、交流和设计这四种能力的预期掌握程度在所有能力中是最高的，这四种能力与毕业工程师最重要的能力是一致的。在瑞典的大学的教学计划中，外语交流方面的预期掌握程度的等级也很高。

根据利益相关者调查结果而制定的 CDIO 教学大纲，为指定的教学效果、课程计划的设计和整合、教与学的实践以及基于学习效果的评估等奠定了基础。第四章将介绍如何结合教学大纲制定专业课程计划的过程。第六章将描述教学大纲内容中的教与学的方法。第七章则重点描述对学生学习效果的评估。

讨 论 题

1. 你是如何评定对 CDIO 教学大纲中各种知识与能力的掌握程度的？
2. 在你的教学计划中，你是如何评定毕业生预期能力具有的程度的？
3. 你所采用的评定标准与本章所描述的教学计划的评定标准相比较，有什么异同？
4. 你能通过哪些途径采用本章所提出的方法去定义教学计划中的学习效果？如何通过你的教学计划中的利益相关者来验证这些教学效果？

参考文献

[1] King, W. J., "The Unwritten Laws of Engineering", *Mechanical Engineering*, May 1944, pp. 323-326; June 1944, pp. 398-402; July 1944, pp. 459-462.

[2] Gordon, B. M., "What is an Engineer?", Invited Keynote Presentation, Annual Conference of the European Society for Engineering, University of Erlangen-Nürnberg, 1984.

[3] The Boeing Company, "Desired Attributes of an Engineer: Participation with Universities", 1996. Available at http://www.boeing.com/companyoffices/pwu/attributes/attributes.html.

[4] Augustine, N. R., "Socioengineering (and Augustine's Second Law Thereof)", *The Bridge*, Fall 1994, pp3-14.

[5] World Chemical Engineering Council, "How does Chemical Engineering Education. Meet the Requirements of Employment?" 2004.

[6] Accreditation Board of Engineering and Technology, "Criteria for Accrediting Engineering Programs: Effective for Evaluations During the 2000—2001 Accreditation Cycle", 2000. Available at http://www.abet.org.

[7] Massachusetts Institute of Technology, School of Engineering Committee on Engineering Undergraduate Education, "Eight Goals of an Undergraduate Education", Cambridgc, MA, 1988. Unpublished internal document.

[8] Massachusetts Institute of Technology, Task Force on Student Life and Learning, *Task Force Report*, 22 April 1998, Cambridge, MA, 1988. Unpublished internal document.

[9] Engineering Council, "UK Standards for Professional Engineering Competence: The Accreditation of Higher Education Programs", 2004. Available at http://www.iee.org/professionalregistration/ukspec.cfm.

[10] Dodds, R., and Venables, R., *Engineering for Sustainable Development: Guiding Principles*, The Royal Academy of Engineering, London, 2005.

[11] The Confederation of British Industry (CBI), *Innovation Survey 2005*, London, Author, 2005.

[12] Cambridge-Massachusetts Institute of Technology Institute (CMI).

[13] Crawley, E. F., *The CDIO Syllabus—A Statement of Goals for Undergraduate Engineering Education*, Massachusetts Institute of Technology, Department of Aeronautics and Astronautics, Cambridge, Massachusetts, 2001.

[14] Bankel, J., Berggren, K.-F., Blom, K., Crawley, E. F., Wiklund, I., and Östlund, S., "CDIO Syllabus A Comparative Study of Expected Student Proficiency", *European Journal of Engineering Education*, Vol. 28, No. 3, 2003, pp. 297-315.

[15] Bloom, B. S., Englehatt, M. D., Furst, E. J., Hill, W. H., and Krathwohl, D. R., *Taxonomy of Educational Objectives: Handbook I - Cognitive Domain*, McKay, New York, 1956.

[16] Krathwohl, D. R., Bloom, B. S., and Masia, B. B., *Taxonomy of Educational Objectives: Handbook II - Affective Domain*, McKay, New York, 1964.

[17] Simpson, E. J., *The Classification of Education Objectives in the Psychomotor Domain*, Gryphon House, Washington, DC, 1972.

第四章
一体化课程计划的设计

K. Edström，S. Gunnarsson，G. Gustafsson

4.1 引言

我们在第二章中提出了所有改进工程教育的方法都必须解决两个中心问题：

- *当工科学生毕业时，他们学到的全部知识、能力和态度应该有哪些？掌握的水平如何？*
- *我们如何能更好地保证学生学习到这些知识和能力？*

正如前几章所讨论的，多种原因迫使工程专业在教给学生学科知识的同时还需要在广泛的领域培养他们个人、人际交往能力以及产品、过程和系统的建造能力。我们认为完成这个任务的最佳方法是强调基础，并把教育放在构思—设计—实施—运行产品、过程和系统的背景环境当中（CDIO 标准 1 的核心内容）。其次，学生要达到 CDIO 教学大纲所提出的全面的学习效果。最后，学习效果目标应该是全面的，与专业的目标相一致，并经过利益相关者的审定（标准 2 的核心内容）。前三章已经对这两个中心问题中的第一个做出了回答。

接下来的三章内容将回答第二个中心问题——*我们如何能更好地保证学生学习到这些知识和能力？*工科专业应提供这样的教育：不仅使学生较好地掌握学科基础知识，而且还要培养学生的个人、人际交往能力以及产品、过程和系统的建造能力。通常，我们应在现有的资源条件下做得更好。为了实现这些目标，专业要对可以使用的资源重新分配，使得它们产生更大的效果，即重新规划课程计划、工程实践场所和学习经验。本章将讨论 CDIO 课程计划是如何围绕一体化课程计划而形成的，该一体化课程计划应包含工程导论的内容。第五章将解释一个专业是如何考虑在现代工程场所中进行体验性的设计—实现（D－I）练习。第六章将说明 CDIO 教学模式是如何考虑主动学习以及一体化学习活动的，这种一体化学习活动使学生同时学习学科知识和培养个人、人际交往能力以及产品、过程和系统的建造能力。因此，正如本章开头所述的那样,我们将从第一个中心问题中所隐含的“是什么”转到第二个中心问题中所隐含的“怎么做”。

一体化课程计划是培养个人、人际交往能力以及产品、过程和系统的建造能力的系统方法。一般来说,一体化课程计划具有以下重要特征:

- 它是围绕学科而进行组织的,但需要重新调整课程计划,促使学科之间有机联系和相互支持,而不是各自分离和独立。
- 将个人、人际交往能力以及产品、过程和系统的建造能力进行有机结合,使其形成相互支持的课程体系,减少专业学科知识与这些能力之间可能出现的矛盾。
- 每门课程或学习经验都规定了明确的关于学科知识、个人、人际交往能力以及产品、过程和系统的建造能力的学习效果,以便为学生将来成为工程师打下良好的基础。

换句话说,一体化课程计划形成了一个总体效果大于各部分相加的教育系统。这个教育系统由明确而相互支持的各种元素的协调构造而成,每一元素都有各自明确的功能,所有的元素共同作用以确保学生达到专业所设定的预期学习效果。一体化课程计划中的一个重要部分是工程导论课程,它能够激发学生对工程的兴趣,可以使学生掌握一些早期的主要能力,使学生获得后续学习所需的具体工程实践环节,为接下来的教育提供一种模式架构。与所有定义明确的系统一样,课程计划的设计要充分考虑灵活性和效率上的合理平衡,如果完全按照确定的学习效果来设计课程,而不给学生选择或弹性,那是完全错误的。

本章主要介绍基于 CDIO 教学模式的课程计划的设计过程,这个过程不但考虑了每个课程计划的已有条件和可用的资源,而且为课程计划的设计提出了有关方法的选择,以使教学计划能更好地支持学生预定的学习计划。本章第一部分将强调一体化课程计划的重要性(见标准 3 的定义)。接着是讨论设计课程计划的系统方法和实例。本章第二部分的任务是引导学生认识工程,并通过举例说明如何在导论性课程中实现(见标准 4 的定义)。设计—实现经验和一体化学习的教育方法将分别在第五章和第六章中讨论。

4.2 本章目标

本章的目的是让你能够:

- 解释一体化学习方法和确定学习效果的课程计划,要求学习效果把个人、人际交往能力以及产品、过程和系统建造能力等与学科基础知识结合起来。

- 通过对已有的课程计划进行基准评估并了解当前设置中影响课程计划设计的有关条件,由此建立起重新设计课程计划的基础。
- 讨论对一体化课程计划进行设计与实现的过程。
- 讨论工科课程计划中导论性课程的目的和好处。

4.3 一体化课程计划的依据

一体化课程计划是通过与工程学科基础进行结合,培养个人、人际交往能力以及产品、过程和系统建造能力的系统性方法。这种课程计划的一体化方法是标准 3 的核心内容。

标准 3——一体化课程计划
是一个由相互支持的专业课程和明确集成个人、人际交往能力以及产品、过程和系统的建造能力为一体的方案所设计出的课程计划。

当专业课程的有关内容和学习效果之间具有明确的联系时,它们应是相互支撑的。一个明确的计划使我们知道如何将个人与人际交往能力,以及与具有多学科联系的产品、过程和系统建造能力进行整合。

4.3.1 实际的需要

构建一体化课程计划有实践上和教学上两方面的原因。实际上,我们只能重新分配可用的时间和资源。对于传统工科课程计划,我们很难增加内容或时间,特别是当预期学习效果超出学科核心内容时,学生每学期不仅需要完成平均的课程任务,而且教学计划难以拓展学生的经验。与此相反,课程计划必须能够使能力和学科知识得到同时的发展,使课程计划对已有的时间和资源发挥双重作用。

4.3.2 教育方法的理由

此外,在教学上,个人、人际交往能力以及产品、过程和系统的建造能力与学科知识的结合也有着充分的理由:

- 个人、人际交往能力以及产品、过程和系统的建造能力是与它们的教学背景环境有关的。在工程教育中,个人与人际交往能力常被认为是一种通用能力。在某一层面上,它们是通用能力,例如律师、医生和工程师都需要在团队里面进行沟通和合作。但在一个更具体的层面,工程师需要的个人、人际交往能力以及产品、过程和系统的建造能力是在特定的环境中进行学习和实践的。例如,技术领域中口头交流的熟练程度是基于学科的具体方面,即能够应用学科的概念;能在不同抽象层面上检查问题;能够建立各种联系;能向不同的听众解释技术性问题。

- 通过学习有关的技能,学生能够掌握更加深厚的工程基本原理方面的知识。在学科环境下学习个人、人际交往能力以及产品、过程和系统的建造能力,能够加强学生对学科内容的理解。通过学习这些能力,使学生学会应用技术知识,并由此学会将具有抽象思维的学科知识转化为对具体工作的理解。因此,学科知识,个人、人际交往能力以及产品、过程和系统的建造能力是相互支撑的。在学科背景环境下学习这些能力使学生能够掌握深厚的工程基本原理方面的知识。
- 教师能在这些重要的学习效果方面扮演重要的角色。工科老师是学生的主要模范。如果教师确信个人、人际交往能力以及产品、过程和系统的建造能力的培养是重要的,他们就会在课程中将这些能力和课程的学习效果结合起来。此时,当他们示范这些能力时,学生就可以在课程活动中培养这些能力。关键是教师要向学生说明个人、人际交往能力以及产品、过程和系统的建造能力在工程中的重要性和合理性。

4.3.3 课程计划设计的特性

下面介绍的过程将说明一体化课程计划是如何设计的。如果操作得当,设计应具备以下特征:

- 专业学习效果会系统地渗透到教育的每个环节(课程、模块等)的学习效果中。
- 教育系统的各个环节规定了它们如何相互支持学科基础知识的学习,并具体说明了如何使个人、人际交往能力以及产品、过程和系统的建造能力达到预期的水平。
- 课程计划的设计是一个由全体专业教师采用和拥有的一个明确的计划。

上述最后一点对一体化课程计划的成功执行至关重要。因为教育是由整个教学领导层所主导,并且在很大程度上是由各个个体去执行的,因此,各方面的教师和领导必须都同意这一计划。

4.3.4 教师印象中的基本能力

在对一体化课程计划进行设计时,有一点很重要,就是要意识到每个教员对个人、人际交往能力以及产品、过程和系统的建造能力作为课程计划一部分的作用和地位可能会有不同的理解。有些教师认为这些能力是次要的,应该和课程内容分开,所以他们可能不愿意将这些能力整合到他们的课程计划中去。根据 Barrie[1] 的文章中所介绍的例子,教师印象中的基本能力可分为四个等级:掌握、转化、补充、预备(见表4.1)。这种分类并不相互排斥,在等级上,高等级包括所有的低等级分类。

对能力和学科内容在认识上的关系将影响教师对课程计划设计的看法。采用上述分类方法,标准 3 强调我们要更新对能力学习的观点,要从与课程计划无关或相关类别转变为重视能力和学科知识的相互作用。例如,作为学科主题内容一部分的"交流"教学可能看作是转化,而"设计"教学可以看作是掌握的水平,因为通过该教学可以掌握并巩固知识。这上述两种情况下,基本能力都必须整合到课程计划中。

表 4.1 教师印象中的基本能力

掌握	基本能力与学科知识是一体化的,融入并掌握学术方面的学习与知识	一体化
转化	基本能力使学生应用学科知识,通过应用、潜在地改变和转化知识与学科知识发生关系,同时,学科知识又反过来影响基本能力。基本能力与学科的学习效果密切相关	应用
补充	基本能力是对学科知识的有益补充。尽管培养这些能力是教学大纲的一部分,但其重要性次于学科知识,也与学科知识无关	相关
预备	基本能力是指学生在学习之前必须具备的基本预备能力和能力,而在大学里只需对这些能力进行辅助指导	不是课程计划的一部分

当教师对基本能力的目的和地位有不同看法时,我们很难进行一体化课程计划的设计。在这一点上,利益相关者对这些能力重要性的看法对能否达成一致意见至关重要。教师也需要有机会对一体化课程计划中的分歧进行讨论,并不时地对这些问题提出建议。这些讨论有利于我们在进行课程计划设计的准备阶段便知道如何将个人、人际交往能力以及产品、过程和系统的建造能力等与学科知识进行有机的结合。

4.4 课程计划设计基础

我们通过解决一个工程问题的过程来重新设计工程教育。对于不同的专业,课程计划的设计过程的出发点可能很不一样。将一个已有的专业变成实施 CDIO 的专业意味着要考虑大量的初始条件,但一个全新的专业不一定要考虑这么多的已有条件。不管课程计划设计的出发点如何,这里我们使用"设计"一词去描述创建一个新的教学计划，并实现对已有教学计划的转变。

4.4.1 课程计划设计过程模型

图4.1给出了设计一体化课程计划的模型。模型要求我们将CDIO的愿景转换为一套正式的能够为课程计划设计提供基础的目标。这一转换过程可以通过预期的学习效果、现有的条件以及课程计划的基准评估而定。可以把课程计划设计本身定义为将这些目标转换到课程和各种正式构成课程计划的相关学习经验。

在初级阶段的出发点是设置预期的学习效果并对已有条件进行检验。一个CDIO专业计划的内容是根据第三章大纲中所讨论的学习效果来定义的。已有条件包括专业的目标与学制、高层专业设计和课程计划的相关结构，这些因素分别由国家标准、大学规定和专业的传统做法等因素决定。

作为课程计划设计的出发点，可以通过基准比较的做法来考察已有的课程计划，并与大纲中的预期学习效果进行比较。基准评估的范围包括培养学生的所有教育经验。例如，大学中人文科学方面的要求可能包括批判性思维、沟通和道德规范。虽然这超出了工科教学计划的范围，但这些要求体现了它是学生教育的一部分。在一定范围，基准评估可以和前章所述的利益相关者对预期的掌握程度的调查并行展开。

一旦建立了明确的教学计划目标，了解已有的条件和对现有的课程计划进行基准评估之后，即可正式开始设计课程计划。

课程计划的设计是由两个同时进行但具有潜在相互作用的步骤开始的，即课程计划结构的设计和针对每个主题内容确定合适的教学次序。当这些结构和次序确定之后，设计的最后一步就是把次序反映到结构的各个环节当中，使得在一体化的、相互支持和协作的设计中，每个环节都对学生的学习具有明确的作用。当然，设计是一个如图4.1的虚线所表示的具有几个反馈环的反复过程。课程设计的持续改进和完

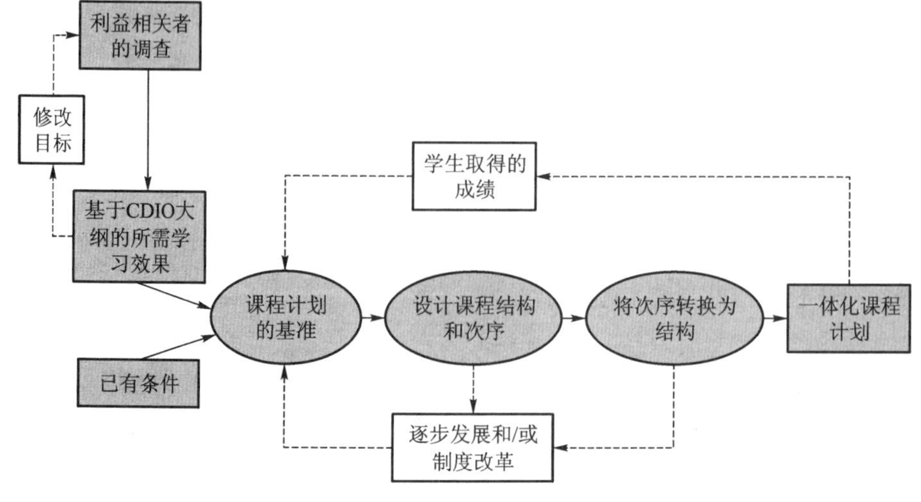

图4.1 一体化课程计划设计过程的模型

善是由学生的学习评估结果所决定的,将随着以后预期的学习效果和机构方面(例如发展基金、资源的改变和教师的重新配置)的变化而变化。随后的章节会详细地讨论设计过程模型的每个步骤。

4.4.2 课程计划内容和学习效果

设计课程计划的基础是对预期课程计划的内容和学习效果的具体内容进行描述。专业课程计划的内容包括数学与基础科学、工程科学和其他工程知识,也包括大学所要求的如人文和社会科学。CDIO 教学大纲概括了个人、人际交往能力以及产品、过程和系统的建造能力的内容。在 CDIO 教学计划中,学习效果是根据学科内容和大纲所定义的能力来决定的。根据利益相关者的调查,可以确定每个主题内容中对毕业工程师所预期的需要掌握的程度和必须掌握的学科内容。第三章已经解释了将主题内容转化为预期学习效果的方法。课程计划设计的基础包括学科主题内容和能力两方面的学习效果以及预期的掌握程度。

4.4.3 已有条件

课程计划设计过程的第一步需要反映课程计划的已有条件和联系。已有条件是指当前课程计划的所有因素的总和。这些因素包括认证标准、学校制度、教学计划的传统做法、本地和区域性以及国家团体方面的要求。有三个已有的条件严重影响着设计过程的灵活性,包括专业的目的和学制、高层专业设计以及现有课程计划的结构。

- 专业的目的和学制
  一个专业按其目的通常分为两类:一种是以工程职业预备学位为目标的,另一组则是以工程职业预备学位的后续学位为目标的。这些区别经常反映在专业计划的时间长度和结构上。在进行课程计划的设计时必须认识到这一点,并在这些约束条件下进行设计。
- 高层专业的设计
  教育机构经常为其专业作高层的设计。一些专业分为上层课程和底层课程。在工科专业中,经常使用三个阶段或四个阶段的设计方法:(1)数学和科学基础;(2)工程基础;(3)专业课程和选修课;(4)总结性实践(在三阶段的设计方法中,将总结性实践作为专业课的一部分)。这种高层设计的方法会影响教师的教学责任和专业领导对每一阶段施加的影响的程度。例如,在很多大学,自然科学的教师只负责传授自然科学的基础知识,他们不受工科专业设计者的直接影响。另一方面,我们通常在可以直接进行干预的核心课程上讲授工程基础知识。专业课或那些可能在或不在正式课程计划选择范围内的选修课都是由那些有工程背景的教师来教授的。因为选修课数量很多而且不像核心课程那样有常规的时间安排，所以很少受到影响。正如毕业设计项目和设计—实现（D－I）的经验那样，总结性实践将有助于将专业课和选修课很好地融入课程计划中。

- 现有课程计划的结构

  实际上，所有大学都有一个主要的结构以说明大学的时间长度、各学期或学年的持续时间或强度、教学的最小单元（即本书所说的一门课程）。有些专业会出现比课程更小的单元，如模块或讨论会；也可能会有比课程更大的单元，如与实验课程相结合的课程。已有的学分和允许的学分总数都会限制课程计划的灵活性。

对于一个具体的专业计划来说，大多数已有的条件都会部分或全部在课程计划设计者的控制之外。课程计划设计者必须考虑这些已有的条件，而且对课程计划设计过程必须提供一个通用而灵活的方法，以便能适用于这些已有的条件。

一个专业的学科内容及其所对应的范围是已有条件的另一种形式。了解主题内容之间的联系是非常重要的，也就是说，在课程范围内的学科主题内容是相互作用的，又是彼此独立的。正像标准 3 所要求的那样，书面教学计划和为学生实现其教学计划的计划能够提供具有相互支撑的学科主题内容的课程体系。然而，了解学科结构的最有效的办法是访问专业的教师。作为一个实例，框图 4.1 给出了林雪平大学应用物理和电子工程专业的已有条件的调查结果。结果表明主题内容是高度相关的。林雪平大学的例子是很自然的结果，因为许多后续的课程都用到了数学。矩阵图还揭示了其他重要课程，如很多课程都会用到的科学计算。这些信息对于开始着手考虑设计课程计划的设计小组来说是很重要的。

框图 4.1　林雪平大学应用物理和电子工程专业必修课的联系

为了说明应用物理和电子工程专业中已有学科间的联系，我们在林雪平大学对教师成员进行了调查。调查的目的是研究和阐明专业前三年中必修课间的联系。因此，调查包括数学、自然科学和工程学课程。调查的形式是，要求负责每门课程的教师给出其课程和项目中与以前其他的课程的联系程度。值得注意的是，在调查中教师应该更加注意其课程与较早的、基础的课程的联系，而不是后续的课程。每个连接可以由 4 等级标注，从没有直接联系（白框）到紧密联系（黑框）。矩阵中的行表示特定课程与后续课程的关系，列表示特定课程是如何使用前期课程的。

	数学基础课程	线性代数	单变量的微积分	物理原理	计算机导论	多变量的微积分	电子与测量技术	开关理论和逻辑设计	Matlab导论	科学计算(一)	矢量分析	科学计算(二)	复分析	编程：抽象和建模	波动	工程力学(一)	概率初级课程	最优化导论	工程力学(二)	计算机硬件与结构	统计初级课程	电磁领域理论	傅里叶分析	编程与数据结构	现代物理	信号与系统	自动控制	热力学与统计方法
数学基础课程																												
线性代数																												
单变量的微积分																												
物理原理																												
计算机导论																												
多变量的微积分																												
电子与测量技术																												
开关理论和逻辑设计																												
Matlab导论																												
科学计算(一)																												
矢量分析																												
科学计算(二)																												
复分析																												
编程：抽象和建模																												
波动																												
工程力学(一)																												
概率初级课程																												
最优化导论																												
工程力学(二)																												
计算机硬件与结构																												
统计初级课程																												
电磁领域理论																												
傅里叶分析																												
编程与数据结构																												
现代物理																												
信号与系统																												
自动控制																												
热力学与统计方法																												

白框：没有直接联系
黑框：紧密联系

林雪平大学 T. Karlsson

4.4.4 现有课程计划标准化分析

基准评估的目的就是要根据已有课程计划对预期能力和其所掌握程度的影响进行分析，这也是进行后续设计的重要依据。一般来说，工科培养计划已经包括这些主题内容的相关活动，但它们并没有得到很好的设计、实现或充分理解，通常都没有分配足够的时间让学生培养个人、人际交往能力以及产品、过程和系统的建造能力。通过基准评估，可以确定已有的有效资源，并强调提高课程计划时间的利用率。CDIO教学模式为我们提供了一个用于确定已有活动的基准评估工具[2]。

在关于基准评估的调查研究中，教师需要回答在他们所负责的课程中，在多大程度上实现了所设定的学习效果。在教学大纲的第2、3和4部分中，其第二层中的14个主题的每一项内容，如2.1的工程推理和解决问题的能力，教师需要回答他们课程中哪些教学活动是对应这些主题内容的。CDIO 教学大纲的第 1 部分对应着专业的课程内容。在选择具体的培养计划时,可以把这些主题内容放到基准评估中。

根据预期目标、所需的时间以及与学习效果、作业及评估具有明确联系的东西,可以将教学活动分为介绍(I),讲授(T)和应用(U)。表 4.2 给出了介绍、讲授和应用的准确定义。之所以要区分介绍、讲授和应用,是因为我们看到"讲授"这个词用于描述课程里面的很多不同的活动。

表 4.2　介绍、讲授和应用的定义

	学习效果	学习活动	评估
介绍	可能没有一个明确的学习结果	活动中包括主题内容	不作评估
讲授	必须有一个明确的学习效果	包含在必须的活动中。学生练习和得到反馈	以学生的表现作为评估。可以评分,也可以不评分
应用	可以是一个相关的学习效果	用于实现其他要求的成果	用于评估其他成果

我们对培养计划中负责不同课程的老师采用面对面的采访形式。为了说明教学模式,我们将所获得的答案和数据进行了整理和分析。我们不可能将 CDIO 学习效果所期待的掌握程度和教学活动的真实程度等同起来。但是,我们可以对两者进行比较,从而明确已有课程计划的优缺点,并了解在课程计划中需要更加重视(或淡化)哪些学习效果。同时也能发现那些多次提到的,但没有被相关的教师在教学中用到的主题内容,这些主题内容是进一步提高的主要内容。所以,基准评估的结果可为课程计划的设计提供重要的信息。

4.5　一体化课程计划设计

在确定课程计划的内容和学习效果之后,课程计划设计的主要内容包括课程计划的结构、次序和对应关系。课程计划的结构是基于所有课程和学习经验的组织构架的,次序则规定了学习效果的适当进度,而对应关系则将预期学习效果落实到专业课和学习过程当中。下面我们分别介绍设计的三个步骤——结构、次序和对应关系。

4.5.1　课程计划的结构

课程计划的结构就是将课程内容和相关的学习效果融入到教学单元或课程中,从而促使课程之间产生知识性的联系。CDIO 教学计划中的课程结构应遵守标准 3

的要求。课程计划的结构必须使得学科课程之间能够相互支撑,并必须在工科课程计划中允许个人、人际交往能力以及产品、过程和系统的建造能力得到有机的融合。CDIO 教学模式改进了课程计划,使其在利用好时间的同时更能获得双重效果,以便学习经验能使学生深化工作方面的知识和培养必要的个人、人际交往能力以及产品、过程和系统的建造能力。我们必须分层决定如何使课程计划的结构有助于 CDIO 教学模式的实现。这些内容包括选择组织原理、用于一体化的总体计划、模块课程结构的使用以及课程计划的概念。

4.5.1.1 组织原理

在一体化课程计划设计中,最高层的选择是课程计划的组织原理。图 4.2 给出了组织课程计划的四种方法。图中的学科是以垂直方向展开的,而项目和能力是以水平方向展开的。图中最左面给出了传统的学科组织形式,学科主题内容是相互独立的。这种课程计划的组织形式限制了工程科学方法,学生只能学到一系列没有联系的、相互没有作用以及不含能力的主题内容。相反,图 4.2 最右面的结构描述的是一个传统的学徒制模型,学生像学徒一样参加第一个项目,接着第二个,这样一直下去,但却几乎没有经历任何正规组织过的学科学习。

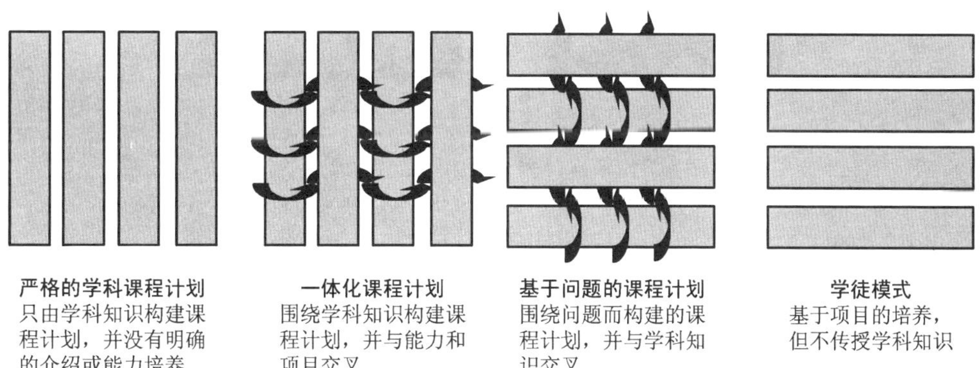

图 4.2 组织课程计划的四种方法(学科以垂直方向展开,项目和能力以水平方向展开)

图 4.2 中间两个图的组织形式可以实现一体化。基于问题的课程计划采用问题或项目作为组织原理,通过正式或非正式的教学方法,在必备知识的基础上整合学科内容。值得学习的是,有些大学,例如丹麦的奥尔堡大学就非常成功地采用了这种课程计划模型,很值得研究。当使用这一组织方法去设计课程计划时,需要考虑两个问题:第一个问题是,这种方法的组织原理可能不再强调技术学科知识,但这与深化技术基础的工作知识这一目标有冲突;第二个问题更为实际,因为很多大学都已经形成学科的组织形式,他们很难将已有的教学计划转化为基于问题的一体化组织形式。

因此,我们建议使用的一体化课程计划的组织原理模型应是图 4.2 中第二个图所描述的组织原理:学科相互支撑,并与能力及项目相互交叉。这种课程计划的结构促进了学科内容的学习,并可为项目和设计—实现经验的整合提供多种灵活的结构。

4.5.1.2 总体计划

任何一个优秀的设计都需要有一个总体计划,以便将学科内容和学习效果整合到课程计划中。我们再次看到存在多种选择。图 4.3 中从左到右描述了一个学年中的两个学期,其中阴影部分表示能力方面的教学。整合程度最大的是一体化模型。个人、人际交往能力以及产品、过程和系统的建造能力的学习过程全部都整合到学科课程当中。所有教学都发挥了双重作用,同时增强了学科知识和 CDIO 能力。该图给出了一个理想的计划,有很大的应用价值,但在某些需要协调的方面,特别是选修课中,还存在一些局限性。

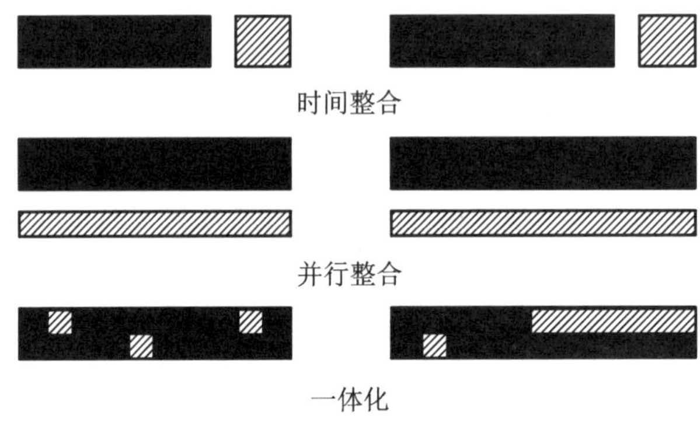

图 4.3　课程计划结构中可选的主要计划

第二个总体计划称为“并行整合”模型。它是围绕项目或能力把一个或多个学期的一段学习经历组织起来,其中学科内容和能力是并行讲授的,如跨越一个或几个学期的各门设计—实现课程就是这样的情况。第三个总体计划是“时间整合”模型,该模型会留出一块时间用于对项目和能力进行强化。那些每学年有三学期或有小学期的学校将会觉得这个计划很有吸引力。我们发现,将一体化计划与并行或时间整合中的一种方法进行有机结合,非常适合我们的教学计划,其选择的主要依据是学校自身的条件。在时间整合和并行整合的计划中,项目或技能活动是相互分开的,但这并不意味着它们没有双重作用。即使设计合理的设计—实现项目和其他实践性学习活动出现在课程计划中的不同模型中,也都能推动和加强学科学习。

在课程计划设计中,我们一般不将夏季学期中安排的课外活动列入学生的时间资源。图 4.3 并不表示时间和并行整合计划中的时间块不能作为课外项目或夏季学期的工作。实际上,学生在大学期间投入这些活动的时间占他们正式教育时间的一个很大的比例。因为在多数大学中,这些活动几乎都是选择性的,因此课程计划设计小组面临的挑战是在要求学生参加的情况下,通过课外活动和夏季时间丰富学生的课程知识及能力。我们建议提供适当的课外和夏季学期的教学计划,开发一些资源素材,使学生更直接地了解这些联系,并鼓励学生坚持自学,使这些经验能有效融合到他们的教育当中。

4.5.1.3 课程群结构

实际上,所有的大学都把课程计划划分为模块的形式或方块课程结构。教师和专业的管理者都认为这是理所当然的,因为他们很难对此做些什么。课程计划是由具有小时时间长度的教学单位或课程所组成的。图4.4(a)给出了传统结构的一般形式。通常课程之间唯一可知的联系是由预备知识的条件所决定的,也就是说,课程必须严格地按照次序来开设。有时候,大学允许并修课程,即有些课程必须在某些课程前或与其他课程在同一学期开设,它们之间存在着较弱的时间结构联系,而且这些联系不一定能反映出课程对学习主题内容的真正整合。

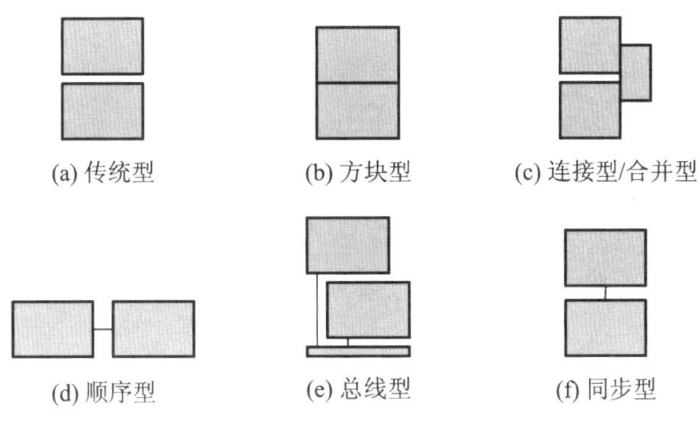

图4.4 可选的方块课程结构

对于一体化课程计划的设计,传统的课程计划结构存在两个主要缺点:第一,传统课程计划中的主题内容之间很难建立起联系或者很难确保学科之间的联系;第二,有时很难将个人、人际交往能力以及产品、过程和系统的建造能力的学习整合到传统课程计划的结构中。在普通高校的现有政策和规定的条件下,课程计划的设计者已经建立了一些使课程计划结构更加灵活的方法,图4.4(从b到f)给出了这些方法。

- 方块型结构(图4.4 b)

  也许在这些方法中最有效的方法是方块结构,可以使分配的两个课程的时间和内容结合到一个课程中(图4.4 b)。一个教师就可以负责一门整合后的课程,或者在更多情况下,两个或更多的教师以密切的合作关系共同授课。这种结构使得许多学科之间发生联系,即课程之间的联系,并使得主题内容中的学习经验变得更加灵活和普遍。

- 连接或合并型结构(图4.4 c)

在连接或合并型结构中,学科联系的紧密性几乎与方块结构一样(图 4.4 c)。在这种结构下,两个教师在每个学期开始时各自独立地教学,到一定时候再将两门课程合并起来,并继续开展工作。当一个设计项目或期末项目需要两门课程的知识时,那么团队合作是最有效的。

- 顺序型结构(图 4.4 d)

  合并型的另一种形式是顺序型结构,它把分配给两门课程的时间和内容紧密地整合到两个连贯的学期中(图 4.4 d)。两个教师作为一个团队或在两个学期中交替教学,这样可以使其对整个过程有一个更为全面的看法。这种结构不像方块型结构那样具有较大的灵活性,其原因是分配到任一星期的时间都只能开设独立的课程,但它所带来的好处就是使学生对相互有联系的内容具有更深刻的理解,而这种联系是需要很长的时间才能显示出来的。

- 总线型结构(图 4.4 e)

  图 4.4 e 给出了总线型结构。它是将两门或更多的课程所分配的时间的一部分转化为一种起连接作用的知识元素,其作用正如课程中的“总线”。这个总线可能是一个项目,如一个“设计—实现”项目,也可以是一系列一体化课程或讨论会。传统课程中的家庭作业和讲授课程都与总线直接有关。这种设计的一个优点是学生可以参加传统课程的学习,而不一定要参与“总线”的实践。

- 同步型结构(图 4.4 f)

  同步型结构的联系是最弱的(图 4.4 f)。在这种结构中,两个教师负责讲授两门彼此无关的并行的课程。通过良好的沟通与合作,他们指出在实际中一门课程的学习情况是怎样影响另一门课程的。另外,他们都各自创建了两门课程所需要的知识和应用的练习。

在图 4.4 中,除了传统的结构外(图 4.4 a),其他结构都不同程度地反映出同一个优点,可为课程计划的设计者们促使学科知识在课程计划中形成有机的联系提供很大的灵活性,并为整合学习经验创造机会。但它们都有同一个缺点,那就是学生在完成教学计划的过程中缺少灵活性。因此,它们对课程计划的某些部分是最合适的,这些方面或多或少是标准化的,并在工程核心或总结性的设计—实现的实践项目计划的控制之下。课程计划内部的联系也对教师提出了较高的要求,因为它们需要实际的合作和调整课程内容来实现预期的各种联系。

4.5.1.4 课程计划结构的概念

基于已有条件以及组织原理、总体计划和模块结构的选择,可以形成一体化课程计划结构的概念。最有可能的情况是,一体化课程计划将包括四种课程:导论性课程、学科课程、专业课程和总结性的实践项目。图 4.5 给出了一个课程计划结构的概念形成的实例。课程计划的早期部分是由学科基础课程和工程学导论性课程组成,通过加强对相关核心工程学科的应用,使学生对工程领域产生兴趣,并增强他们的主动性。另外,导论性课程也提供了一个很好的机会,让他们开始发展个人、人际交往能力以及产品、过程和系统的建造能力。导论性课程伴随着其他基础课程,能够形成创新的结构。本章后面的内容将详细地说明导论性课程。

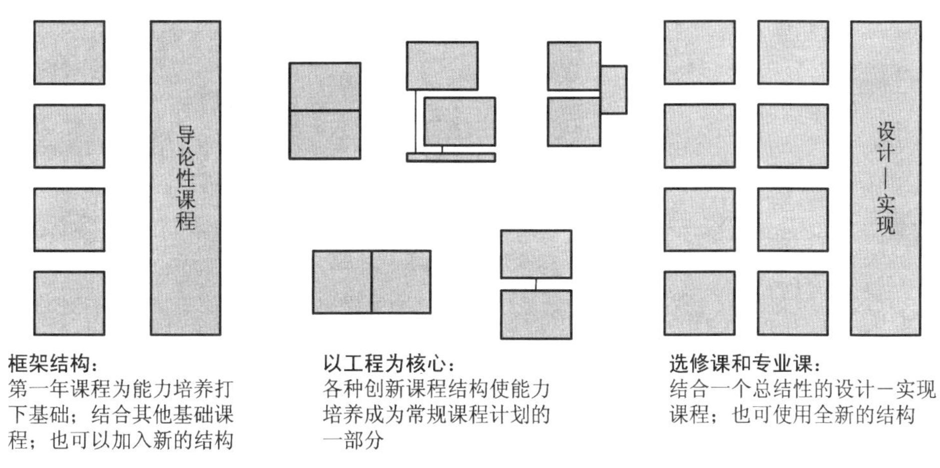

图 4.5 课程计划结构的概念图

一体化课程计划的第二部分,即学科课程,包括工程方面的课程和相关的设计项目。这些内容通常构成专业的一般或必要的核心内容。对这些学习经验进行组织和排序使其成为一系列全新的结构,使我们更容易对个人、人际交往能力以及产品、过程和系统的建造能力的学习效果与学科学习效果进行整合。

课程计划的第三和第四部分包括专业课、选修课和总结性的学习环节(或者称之为压顶石)以及设计—实现的经验。由于在一体化课程计划的这一部分中学生有许多可选的课程,对能力方面的学习进行整合将变得很困难。在这一阶段,最好是把重点放在总结性的设计—实现课程中,此时,许多全新的结构将在学习经验的时间长度方面和次序方面提供更大的灵活性。设计—实现经验将在第五章中详细地介绍。

林雪平大学采用一个类似的课程计划结构,详细说明见图 4.6。

4.5.2 课程计划内容和学习效果的顺序

下一个要考虑的关于课程计划设计的问题是内容和学习效果的次序。次序是学生学习进程的顺序。如果次序安排得当,学习将按照这种模式进行:一次学习经验是建立在前一次学习经验的基础之上的,并进一步得到加强。

在已完善的学科中,内容的次序很容易理解。大部分情况下,这些内容的次序是

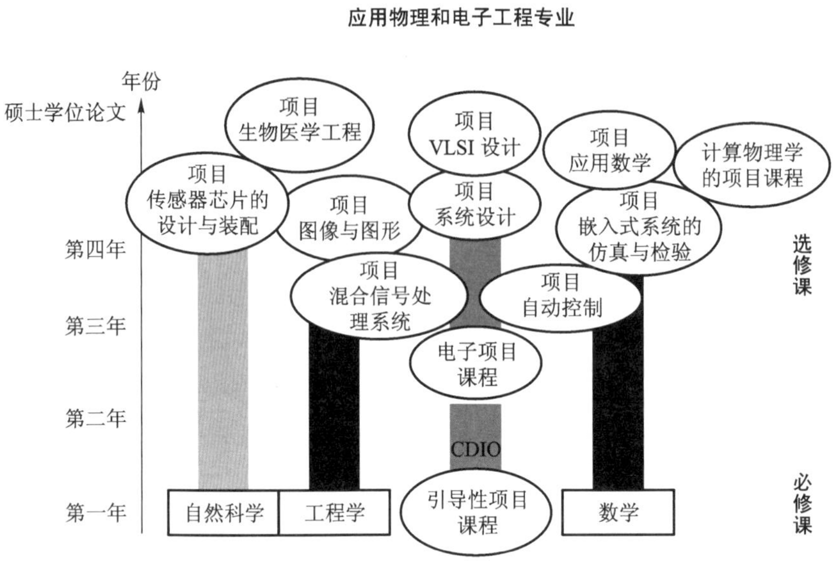

应用物理和电子工程专业

年份
硕士学位论文
第四年
第三年
第二年
第一年
项目 生物医学工程
项目 VLSI 设计
项目 应用数学
计算物理学的项目课程
项目 传感器芯片的设计与装配
项目 图像与图形
项目 系统设计
项目 嵌入式系统的仿真与检验
项目 混合信号处理系统
项目 自动控制
电子项目课程
CDIO
自然科学
工程学
引导性项目课程
数学
选修课
必修课

图 4.6 林雪平大学的课程计划结构概念图

由讲授和编写工科教材的教师的经验所决定的。在其他学科中,存在几种排序的方法。例如,一些力学老师在讨论二维和三维的例子(也称为材料力学方法)之前会先完整地介绍一维的例子。而另外一部分老师则会先介绍平衡、变形协调和本构关系,再具体到一维的例子(也称为连续介质力学方法)。两者的区别主要是在于如何处理专业化和一般化的范围。在较新的领域里还存在更大的不同。例如,在计算机科学中,最大的争议是先讲授编程语言、计算机理论还是计算机操作?

对于能力方面的学习效果,很难明确合适的次序。教学大纲通过一个主题内容性的结构来说明教学内容,但无论是大纲还是相关的学习效果,都没有对主题内容和能力掌握方面的次序给出指引,也没有指明掌握的程度所要求的重复次数。例如,没有对培养团队的工作内容提供次序方面的指导。那么,第一个团队练习是否应该采用没有领导的方式,还是指定一个领导或推选或自荐一个领导?这是否应有一种可行的途经呢?学生应在何时学会在团队中去判断和协调有争端的解决方案,应该在他们的这个经历之前还是之后?通过回答这些问题,每个大纲主题内容的学习次序可以在课程计划的设计过程中形成。如果这个次序不能确定下来,那么会使下一步将能力转化到课程计划中的工作变换更为复杂。

对学生高水平的要求通常包括如设计、沟通和团队协作能力等方面的某些复杂能力。这些能力必须通过专业中的多门课程来培养。例如,在瑞典皇家工学院(KTH)的车辆工程专业中,专业的许多课程整合了团队的协作能力。协调好团队学习活动的次序,使得一门课程的经验能建立在之前的经验之上,并使学生为后续的经验作好准备。在瑞典皇家工学院中,对于某一指定的学习效果的学习经验的次序,可称之为学习进程路线图。图 4.7 给出了两条学习进程路线图,分别对应书面交流和英语交流。

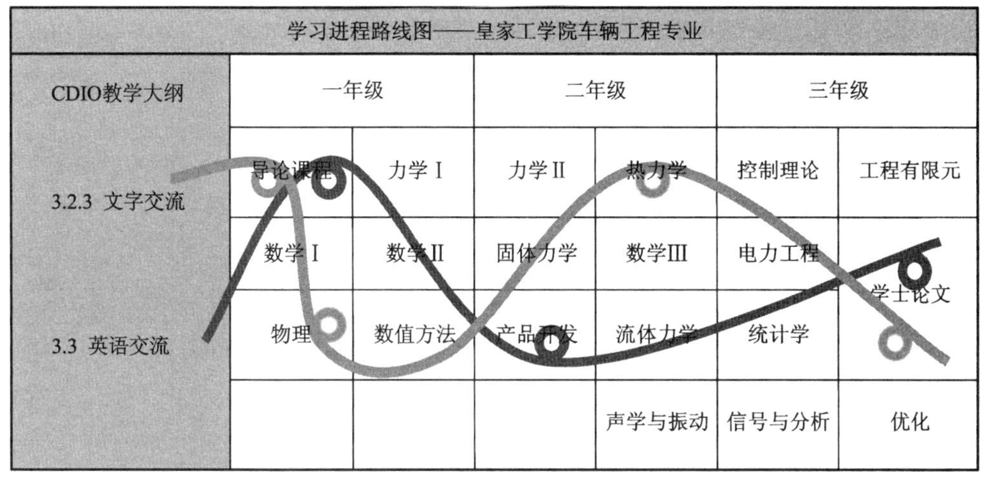

图 4.7 将能力学习效果整合到课程计划中

学习效果和经验之间的协调对于完成合适的学习进度和有效利用学习资源与时间来说都是很有必要的。例如,当学生在学习报告写作时,他们在多个课程中反复使用相同的书面技术报告的写作标准,这使他们得到锻炼。当他们掌握了这些标准,就可以从不同类型的技术报告的写作过程中获益。课程之间的合作,有利于教师共享教学方法,反馈形式和评估手段。另外,通过学习进程路线图,教师更加了解整个教学计划以及他们所负责的课程对整个教学计划的贡献。学习进程路线图的贯彻者,其责任是帮助研究和分配资源以及监控学生的学习进度,这些贯彻者可以是对某些能力具有特殊兴趣的学科专家或教师。

4.5.3 课程计划与学习效果的对应

课程结构和学习次序形成之后,就可以规划学习效果。标准 3 要求“是一个由相互支持的专业课程和明确集成个人、人际交往能力,产品、过程和系统建造能力为一体的方案所设计出的课程计划”。这个明确的计划或规划说明了个人、人际交往能力以及产品、过程和系统的建造能力是如何交叉融合到导论性课程、学科课程和总结性课程当中的。对课程计划进行转换可得到一个矩阵,其中一个轴列出了大纲第二层的主题内容(即 X. X 层),而另外一个轴列出了教学计划中的每一门课程。表 4.3 是摘自为一个课程计划而绘制的一般性表格。在表格的适当位置填上每一个要整合到课程计划中去的主题内容。这主要是通过对利益相关者的调查所得到的学习次序和需要掌握的程度来确定其适当的填充位置。

表 4.3 对课程计划进行转换的简单矩阵

课程	1	2	3	4	5	6	7
1.1 相关科学知识							
1.2 核心工程基础知识							
1.3 高级工程基础知识							
2.1 工程推理和解决问题的能力							
2.2 实验和发现知识							
2.3 系统思维							
2.4 个人能力和态度							
2.5 职业能力和态度							
3.1 团队工作							
3.2 交流							

此外,进行专业授课的老师必须参加课程计划的设计过程,他们将对自己所教的学科内容与特定的能力进行整合的可行性提出重要的意见。他们还对那些成果所预期的次序进行验证。作为课程计划设计的参与者,教师们在反复修订课程计划的过程中建立起对新的一体化课程计划的成就感。

下面所列出的指南将帮助我们确定哪些能力要整合到一门课程中去:

- 找出能使学科知识和个人、人际交往能力以及产品、过程和系统的建造能力之间更为自然的组合方式,某些组合方式比其他方式更自然。
- 对现有课程计划进行优化。
- 对课程在教学计划中的次序进行优化。
- 应从那些愿意并有能力在这一方向上发展其课程的教师开始,因为他们能够树立榜样并更快地取得成功,这能够说服更多不愿意参与的教师加入。

框图 4.2 给出了一个有助于课程结合的练习,该练习有助于整合学科知识和能力的学习效果。

一体化课程计划的设计过程,其结果应该是获得一个满足学习目的和教学计划目标的课程计划。本章引言部分讨论了一体化课程计划设计所要求的三个我们期望的特征:相互支持的学科课程,高度联系的能力学习和每个课程在能力和学科知识方面具有明确定义的学习效果。课程计划的设计还创建了一个整合学习经验的环境,在这个环境中可以实现时间的双重利用。第六章将讨论一体化学习经验。

框图 4.2 黑箱：一个促进课程间合作的练习

在一体化课程中，定义好课程之间的接口是很重要的。在练习中，教师通过讨论他们的学科和课程，以弄清楚每门课程在学生整个学习过程的作用。为了快速地实现这一点，每门所需的课程都可以简单地看成是一个黑箱——仅根据知识和技能的输入与输出进行讨论，这样做有助于集中讨论问题。

会议开始前，要求教师准备一个关于他们所负责的课程的简述。对于每门课程，教师要讲清学生参加该课程的学习所必须掌握的知识与技能以及对未来课程学习有用的特定知识和技能。这些期望可以认为是预期的学习效果。通过以上准备，我们可以明确和讨论不同课程之间的联系，调节矛盾、冗余和差距，并找出课程可能偏离已设定意图的地方。

这种练习加强了教师之间的对话并加强了相互支撑的学科之间的联系。教师可以清楚地了解学科和技能学习效果的学习进程路线图。如果全面记录讨论的内容，那么该练习的作用将会更大。实践表明这一练习可以激发创造性的讨论。因此，明智的做法是安排足够的时间在远离工作场所进行，使该练习发挥最大的作用。

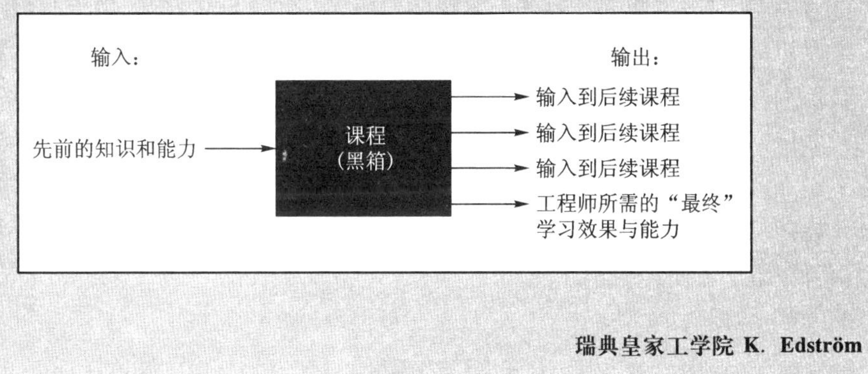

瑞典皇家工学院 K. Edström

4.6 工程导论

如本章前面所述，一个一体化课程计划包括三个部分：导论性课程、学科课程和专业课程及总结性实践。导论性课程是一个早期的工科课程，其目的是建立工程师在社会中的工作和贡献的框架，由此激发学生对工程领域的兴趣并加强其主动性。通常，学生选择工科专业的原因是他们希望进行创造和构建。导论性课程可以抓住学生的这一兴趣。另外，导论性课程还可以使学生尽早开始培养 CDIO 教学大纲中所描述的个人、人际交往能力以及产品、过程和系统的建造能力。标准 4 凸显了导论性课程的重要性。

标准 4——程导论

是一门工程导论课程，它提供产品、过程和系统建造中工程实践所需的框架，并且引出必要的个人和人际交往能力。

导论性课程通常是教学计划中规定要修的第一门课程，它为工程实践提供了一个框架。这个框架概括了一个工程师的任务与责任，并且概括了如何利用学科知识去执行这些任务，以及学生以个人或团队的形式通过参与解决问题和简单设计练习的方式去参与工程实践。这种课程也包括个人与人际交往的知识、能力和态度，这在培养计划的开始阶段是很需要的，它为学生掌握更高级的产品、过程和系统建造经验做了准备。例如，学生可以通过参与小团队的练习为他们以后参与更大的产品开发团队工作做好准备。

我们建立一个拱门来说明导论性课程在一体化课程计划中的作用(见图4.8)。导论性课程位于拱型门木框架的中心，其作用是支持由学科课程构成的石头拱型门。当拱型门快要完成时，顶端课程或者总结性的设计—实现项目将整个结构固定好。一旦盖上了压顶石，即所有的学科课程已经完成，这时可以将拱型门中心的木框架去掉。但如果没有中心的框架是不可能建造出一个实际的拱顶的。导论性课程类似于中心框架，它使学生对工程实践和工程师的角色有一个快速的了解。正如中心的木框架那样，通过它可对要完成的拱门形状有早期的认识。导论性课程教给学生一些基本能力，并提供一些早期实际的个人经验，这些经验可以激发学生对学科内容的学习兴趣，使学生能够更深刻地理解早期的基础知识。在第六章中关于经验学习的讨论中将介绍这方面的内容。

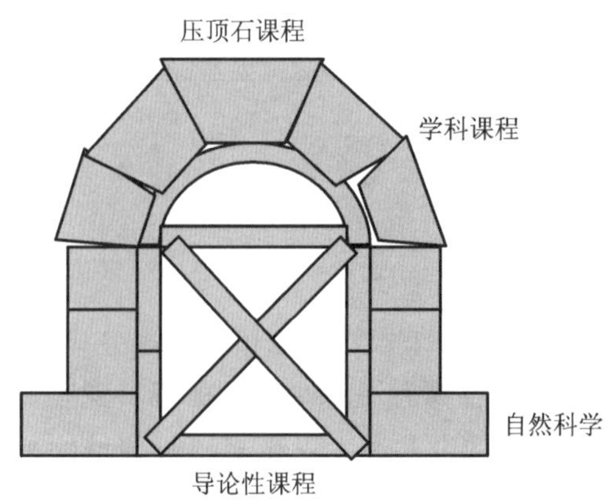

图 4.8　一体化课程计划结构的表征

虽然在各种工程学科的教学计划中都含有导论性课程，但在 CDIO 教学计划中，导论性课程具有很多共同的特性。它们都处于其对应的课程计划中的第一个方块结构中,都采用某种真实的经验。有些是采用案例分析来讨论历史或现代的工程问题,另一些则是使用“解剖”的手段,即将一个工程设备(如汽车)拆开,去了解其工作原理。然而,大部分导论性课程都包含某种设计—实现的经验,它是由二到六个成员组成的学生团队来实现的。在此情况下,设计—实现的经验至少要占用课程的一半时间。课程或项目可以把焦点放在产品或过程开发的不同阶段上。其中一些焦点集中在一个或两个阶段上,如设计或构思—设计,其他的焦点是考虑开发的所有阶段,即从构思到运行阶段。因为让学生从这些课程的学习中了解他们的项目实际上是怎么运作的,这是非常重要的[3]。一些专业为学生提供工作室,允许学生构建原型作为他们的导论性课程的一部分。

我们从导论性课程得到的经验支持这样一种观点:设计—实现项目提高了学生在处理没有明确解决方案的问题时的工作水平。此外,学生能够理解如何对一个分类不明的零件进行设计和构建[4]。学生都希望能有机会在项目中实现自己的想法,而且珍惜把自己的想法变成现实的机会。框图 4.3 介绍了林雪平大学的导论性课程。

框图 4.3 林雪平大学的导论性课程

作为 CDIO 改革的一部分,林雪平大学应用物理和电力工程专业开设了一门新课,叫做《工程项目 Y》。课程的开发从 2001 年开始,2002 年就给学生开课了。每届有约 150 名学生选课,一学期占学生学习量的 25%。课程包括授课研讨、做项目和项目交流会三个方面。

- 授课和研讨

  授课和研讨主题包括工程师的角色、分组讨论、口头和文字交流、资料查询以及林雪平大学开发的一个项目管理模型。除此之外,还请工业界人士作讲座。

- 项目工作

  由项目导师带领 5 ~ 6 人组成的学生小组做项目。每组一个项目,项目有具体的要求和范围。五个系每届大约设计十个不同的项目给学生做。做过的项目包括“基于网络的室内气候监测”、“从系列影像中检测移动物体”、“模型车的优化控制”等。项目管理按照林雪平大学开发的一个项目管理模型 LIPS 进行。这里先简单地介绍 LIPS 模型,更详细的讨论参见第五章。

  从项目的要求开始,第一步是要制定一个时间计划。项目计划要得到项目顾客的批准后才能开始。通常,项目小组成员会事先约定小组的规定和解决冲突的方法。项目进行过程中小组成员会定期开会,他们也要按预先的要求向项目顾客报告进展。在最后的汇报阶段,口头和文字语言交流专家会评估他们的报告并对他们的交流表现进行点评和指导。在项目顾客批准了他们的报告之后,每个成员都要写报告对自己在技术和团队工作上的表现进行评估。

- 项目交流会

  课程的最后部分是项目交流会。交流会分组同时进行,由老师主持每个组的交流。

续

交流会给学生在大庭广众面前讲话的机会。

框图 4.3　林雪平大学的导论性课程

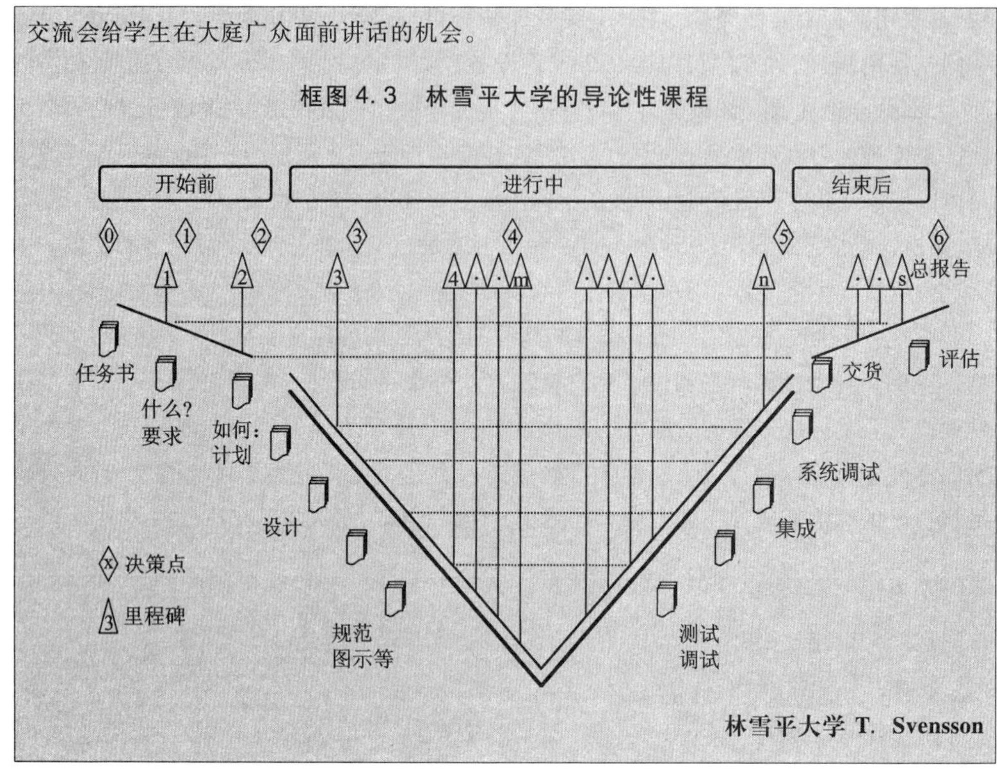

4.7　小结

一体化课程计划的特点是通过系统化的方法来培养个人、人际交往能力以及产品、过程和系统的建造能力，它是通过围绕和融合相互支撑的工程学科来进行组织的。这种一体化方法通过工程概念的应用去深化应用知识，并强调工程实践中能力的重要性。一体化课程计划的设计首先是通过利益相关者的意见来设定学习效果，然后对诸如教学计划目的、持续时间以及学校的政策和文化等已有条件进行考核。

课程计划的设计方法本身主要集中在三个部分：结构、次序和对应关系。CDIO教学计划所给出的例子说明了这些方面的应用。设计过程的最终结果是一个一体化课程计划，它包括一门导论性课程、各种学科课程、专业课程以及与能力学习效果高度交叉的总结性设计—实现的实践项目。导论性课程主要用于传递工程实践的框架内容，促使学生参与并得到鼓励，培养早期的能力并创造一系列增强学科知识学习的个人经验。导论性课程通常包括设计—实现的经验，这将在第五章中更为详细地介绍。关于一体化课程计划的设计问题将在第六章再次讨论，主要讨论一体化教学面临的挑战。

讨 论 题

1. 你的教学计划中有哪些已有的条件(如教学计划的结构)会推进或阻碍一体化课程计划的设计?
2. 你能通过什么途径,把能力学习效果整合到已有的课程计划中去?
3. 对于本章所介绍的许多可供选择的一体化课程计划结构,你觉得哪些适合你的教学计划?
4. 如何调整已有的导论性课程,使其达到 CDIO 培养计划中所设定的导论性课程的目的?

参考文献

[1] Barrie, S. C., "A Research-Based Approach to Generic Graduate Attributes Policy", *Higher Education Research & Development*, Vol. 23, No. 3, August 2004.

[2] Bankel, J., Berggren, K. F., Crawley, E. F., Engström, M., El Gaidi, K., Wiklund, I., Östlund, S., and Soderholm, D., "Benchmarking Engineering Curricula with the CDIO Syllabus", *International Journal of Engineering Education*, Vol. 21, No. 1, 2005, pp. 121-133.

[3] West, H., "A Criticism of an Undergraduate Design Curriculum", *Design Theory & Methodology*, ASME DE, Vol. 31, 1991, pp. 7-12.

[4] Newman, D. J., and Amir, A. R., "Innovative First-Year Aerospace Design Course at MIT", *Journal of Engineering Education*, Vol. 90, No. 3, 2001, pp. 375-381.

第五章
设计—实现经验和工程实践场所与条件

P. W. Young, S. Hallström

5.1 引言

本章将继续对第二章所提出的第二个中心问题的解决方法进行讨论,其核心内容是改善工程教育——*我们如何能更好地保证学生学习到这些知识和能力*?在第四章中,为了加强学科间的联系以及把必要的能力融合到课程计划中去,我们已经研究了如何对课程计划进行重组和重新定位。而在本章,我们将研究满足一体化工科课程计划需要的最重要的工作——设计—实现(D-I)的经验。

设计—实现的经验可让学生对实际的产品、过程、系统或一些合理的替代品进行设计、实施(构建、书面表达、制造)和测试。这些经验有时也称为设计—建造、设计—建造—测试、或设计—建造—飞行。在软件设计方面,学生通常是先设计,然后再写代码。基于竞赛而设置的课程包含了设计—建造—竞赛的各个方面,与传统的基于"纸面"的设计课程相比,本质上这种经验就是让学生实际建造自己的设计并检验其有效性。

设计—实现的经验是 CDIO 专业计划的一个重要特征,其重要性主要表现在以下几个方面:

- 设计—实现的经验具有双重效果,可以培养学生的个人、人际交往能力,以及产品、过程和系统的设计与实施能力,同时还能增强所学的学科知识。
- 通过在课程计划中多次引入设计—实现的经验,从而加强对基础知识的学习。首先是介绍其内容并激发学习热情,然后为学生提供实际应用的机会。
- 设计—实现的经验包括主动学习和经验学习。主动学习方式让学生掌握操作、应用以及对构思的评价,而经验学习则是让学生扮演在专业工程实践中的各种角色,这些内容将在第六章中详细地讨论。
- 设计—实现的经验能够激发学生的学习兴趣,由此吸引学生参加工程实践,并让学生在进入工程专业学习的过程中,一直充满热情和兴趣。

由于设计—实现的经验在工程教育中扮演着重要的角色，因此，不应将其作为一种选择性的内容，而应该很好地将其融合到课程计划中去。学生至少有参加两轮完整的设计—实现的机会，以便更好地为其学科知识和能力的学习提供支撑。

CDIO 专业计划的另一个重要内容就是为学生提供基于项目的动手学习机会。我们不必为此而新增学习场所，但可对原有的教室或传统的工程实验室进行重新安排。

本章将讨论一些主要的教育方法，用于规划和引导设计—实现的经验。我们从参与 CDIO 教学模式的有关专业得到的经验中提炼出一些实例，同时也将对那些在设计—实现经验中发挥重要作用的实践场所和学习环境进行讨论，包括有效实践场所的主要特性以及为适应设计—实现经验而改善现有设施的建议。

5.2 本章目标

本章的目标是使我们能够：

- 认识设计—实现的经验以及工程教育中提供实践场所的重要性。
- 简单描述设计—实现的经验以及对合理的学习场所的需求。
- 在不同的教育背景环境中给出设计—实现经验的实例。
- 讨论设计—实现经验带来的好处和挑战。
- 调整现有的设施和资源，以改善设计—实现的经验和 CDIO 的实践场所。

5.3 设计—实现的经验

设计—实现的经验就是让学生通过一个产品、过程或系统的开发而进行学习的一系列活动。这一经验要求通过设计和设施来创造一个能让学生进行具体测试的条件。在这种条件下，学生可以检验产品、过程或系统是否符合实际需求，然后明确可能改进的地方。

5.3.1 设计—实现经验的意义

我们采用*设计—实现的经验*这一术语来表征一系列以新产品、新过程和新系统的开发过程为核心的工程活动。这些经验让学生经历产品、过程和系统生命周期模型的*设计*与*实施*阶段的大多数活动或全部活动。实际上，这两个阶段构成了产品生命周期的核心。正如在第二章中所讨论的那样，*设计*的重点就是创建一个设计，即给出将要实现的产品、过程和系统所需的各种计划、图纸以及算法。*实施*是把设计转变为产品的过程，其中包括硬件制造、软件编程、测试、检查和验证。当学生有了一定的认识后,可将*构思*阶段的一些合适的概念设计加到设计—实现的经验中。*构思*包括明确客户的需求,考虑技术、企业战略和规章制度,并不断地改进概念、技术和商业方面的计划。

生命周期的最后一个阶段是*运行*,即把已实现的产品、过程和系统的价值表现出来,包括系统的维护、优化和淘汰。在理想的情况下,学生应接触到有关实际操作的各个方面。但经验表明,这种做法很难在学术环境下做到面面俱到,除非是一些非常简单的对象。因此,无论是教学还是实践方面,我们都应该把重点放在构思、设计和实施上,并把它们作为学生所应该了解的产品生命周期的主要活动。

在产品的设计上会涉及构建硬件、软件或两者的结合。构建产品所需的材料和介质需要慎重地选择,但这并不意味着必须将产品的最终形式实现出来。设计的对象可以是一个简单的功能模块,或者是一个复杂的接近于产品的原型,这要根据课程的水平而定。如果设计与实施的对象是一个比较复杂的系统或过程,那么也许我们不能真正实施这个系统或过程,但可以选择一些其他的方法来实现,如实施系统或过程的一个部分、一个模拟、一个成比例的模型或给出一个数字化模型。不管具体怎样做,设计的目标必须符合正在设计、实施和验证的对象的基本标准,同时要直接告诉学生他们的设计是否成功。

5.3.2 设计—实现经验的角色和价值

设计—实现的经验在一体化课程计划中有着重要的作用。基于这一原因,设计—实现的经验可对具有双重学习效果的学习起到关键的作用,也就是说,他们的主要作用是构建一个可以提高能力培养和巩固基础知识的学习环境。从能力的角度来看,正是通过这些设计—实现的经验培养学生掌握产品、过程和系统的建造能力。此外,这些设计—实现的经验是在一个自然环境中培养个人能力和人际交往能力(如团队合作能力等)。

从基础知识的角度来看,设计—实现的经验使学生在学科知识和多学科知识方面的概念上有一个更为深刻的理解。早期的设计—实现经验让学生在解决问题的过程中打好基础,并激发学生对分析问题的欲望。通过这些方法,学生在遇到问题时会更加渴望去学习相关的理论,并能更好的了解其适应性和局限性。后期的设计—实现经验则是让学生充分应用所学的理论知识。因此,这些经验既能让学生深刻理解知识,又能加深记忆。基于设计—实现经验的重要性,将其列入 CDIO 的第五条标准。

标准 5——设计—实现的经验
在课程计划中包括两个或更多的设计—实现的经验,其中一个为初级的,一个为高级的。

我们在设计课程计划的过程中,必须根据范围的大小和复杂程度从低层到高层

建立一系列设计—实现的经验。通过这样的实践环节,反复强化学生对产品、过程和系统开发的理解。更为重要的是,合理构建和有序安排设计—实现的经验将有效巩固学生的基础知识。第一个设计—实现的经验应是一个有助于学生理解的具体经验过程,学生可通过这一过程,在今后更为正规的综合课程作业中理解和应用有关的理论和抽象的概念。第二个设计—实现的经验应能让学生把前面所学到的技术知识予以应用,并让学生具体了解下一个学习环节。这种周期性模式就是标准 5 所规定的"两个或更多的设计—实现的经验"。一个简单而理想的例子是:第一年的设计—实现的经验将通过问题来引导学生,让学生了解需要什么样的学科理论才能解决问题;而在第二年的课程里就可以安排学生学习这些学科理论;第三或第四年的设计—实现经验则要求学生把理论知识应用到实践中去。

在选修的综合课程活动中,可为学生提供构思、设计、实施、运行的机会,例如本科的研究项目、实习或团队项目竞赛,再如 SAE(美国汽车工程协会)或 AIAA(美国航天航空研究所)的大学生设计、建造、飞行等竞赛项目。

设计—实现的经验除了能够培养学生的能力和加强基础之外,还有其他方面的主要好处:

- 让课程计划更贴近现实。
- 能够阐明各工程学科之间的联系。
- 培养学生的创造力。
- 提供成功的工程实践机会,加强学生的自信心。
- 增加学生的学习动力和兴趣。

在实际条件下进行产品的建造以及过程的实施,目的是强调让学生有机会将所学的技术知识、专业以及职业兴趣联系起来。

5.3.3 基本设计—实现的经验

正如第四章所讲的那样,一体化课程计划应尽可能早地安排设计—实现的经验。一年级的导论性课程中通常包括一些基本的设计—实现经验,这些早期的经验将对一年级的学生产生重大的积极影响,能够引导学生形成解决工程问题的思路,并让学生有机会运用所学到的基础工程学科知识。此外,还能让他们学会团队协作以及相互交流实践过程中的进步和成果。同时,这些早期的经验还为学生了解后续的学科内容提供了很好的条件。对学生要进行早期的学科知识教育,这对于他们产生工程兴趣是非常有用的。学生通过这些早期的课程学习可以发挥他们的创意并与同学分享乐趣,还能在选择某一研究领域之前更为深入地了解有关的工程学科知识。

基本的设计—实现经验对教师来说也是大有好处的。通过这些经验,教师可以在教育学生的早期阶段了解学生的个性、成熟程度、可信程度和个人特长等方面的情况。由于教师对学生的深入了解,使其能够知道每个学生的学习风格,这在比较传统的课堂上是不可能做到的。老师与每个学生加强了接触,这为学生提供咨询、指导和评估带来了极大的方便。

5.3.4 高级设计—实现的经验

与基本设计—实现的经验不同,高级设计—实现的经验一般安排在大学的三年级或四年级,主要提供实际机会让学生对工程系统进行分析、设计、建造、测试以及可能的运行,从功能上讲,这比基本的设计—实现经验的层次更高。基本的设计—实现经验只是让多个小型的团队应用相当有限的工程知识,而高级项目的团队规模更大,而且需要更为广泛的工程能力。对于一个高级工程项目,可以安排高达 12 至 15 个学生为一组,通过一个或多个学期完成该项目。这些项目的来源包括专业研究工作、与工业界的合作项目以及实际工程问题。

高级的设计—实现经验在项目实施的各个阶段都存在技术上的挑战,工作内容包括学生开发组件过程中的设计与实现环节,也包括对商用的组件或其他学生开发的组件进行整合、测试、检查和验证。所涉及的技术任务通常与学生在早期职业中遇到的问题是同一个层面的,包括高性能微处理器的使用、自动化与控制系统、无线遥测、精密加工、轻质结构、用户界面等有关内容。对于 CDIO 教学大纲中所列出的技术知识和能力的需求,会随着任务复杂度的加大而增加,这对于学生来说是显而易见的。

5.3.5 设计—实现经验的特性

开发与实现“设计—实现的经验”比开发与讲授传统的课程要复杂得多。对这些经验进行组织与策划需要考虑诸多因素,特别是在选择相关项目和资源管理方面更是如此。此外,经验学习的质量取决于合理的实践场所和教师的大力支持。在很大程度上,设计—实现经验的具体性质取决于推行设计—实现经验的工程学科。但有效的设计—实现经验的基本特性和预期特性是相对一致的,如表 5.1 所示。

表 5.1 设计—实现经验的基本特性和预期特性[1]

基本特性	设计—实现的经验
	• 引入并巩固学科知识
	• 提升工程产品、过程和系统设计与实现的能力
	• 着重于设计、实现及测试
	• 包括基本的概念和操作
	• 强调学习效果,而不是最终的产品或过程

续表

基本特性	设计—实现的经验 • 允许有多种解决问题的方案 • 充分融入到课程计划当中 • 在设备使用方面进行适当的训练 • 向所有的学生提供相类似的机会以培养他们的能力 • 增加学生对工程的热爱 • 根据任务的完成情况,给予学生公平的奖励
预期特性	设计—实现的经验 • 为培训个人能力和专业能力提供一个平台 • 培养团队精神,建立合作关系 • 培养书面和口头表达能力以及图表沟通能力 • 学科交叉 • 让学生建造和运行小型、中型和大型系统 • 让学生对常规的设计原型进行制作,测试或重新设计

5.3.6 贯穿于课程计划的设计—实现经验

我们知道,无论怎么精心安排设计—实现的经验,都不可能使学生仅仅通过一个设计—实现的经验去理解整个设计—实现过程。正如学习其他能力一样,需要进行实践。一个行之有效的方法就是在课程计划中安排一系列的设计—实现的经验,并针对不同的情况对系统的变化作出计划。早期的项目中可以引入一些基本的概念和方法,而在后期的经验中可以通过比较复杂的项目去帮助学生整合整个课程计划的知识和能力。有些项目可能比较强调创造力,而有些项目则可能强调可塑性或多学科的融合。图 5.1 举例说明了一个规划,即在整个为期五年的课程计划中是如何整合设计—实现的经验的。

5.3.6.1 一年级项目

在第一年,设计—实现的经验可以作为引导性课程的一部分,主要强调设计过程的基本原则,例如概念的产生和选择。通过实践练习鼓励学生的创造力。虽然这些原型比较简单,但能让学生根据用户的需求体验建造和测试的过程。设计也可包括基于高中或大学一年级所学的基础知识的分析。通过对任务的合理设计,使所需的材料和设备尽可能少。学生通常以 3 到 5 人为一组，在沟通和团队协作能力训练方面进行实践。一个简单的项目管理模型可以通过特定的标志、命名和模板引入到项目文件中。框图 5.1 所描述的林雪平(Linköping)项目管理模式就是项目模型的一个例子[2]。

框图 5.1　林雪平大学的项目管理模式 LIPS

瑞典林雪平大学设计的林雪平项目管理模式(LIPS)支持设计—实现经验的培养，在学术环境内引入专业项目管理方法。LIPS 与现代工业项目模式相容，适应于教育和小型工业项目的要求。模型引入了有效地进行项目过程的阶段、定义和决策等概念。三阶段模式包括项目准备和计划阶段(构思)、项目进行阶段(设计—实施)和交货以及评估阶段(运行)。模型还包括关于活动、角色和交流的要求。

用电子模板文档示例项目文件编制要求，模板包括功能要求、项目计划、时间安排、状态报告、会议记录和项目总结报告等。引入了里程碑和决策点帮助学生通过指示—执行的方式学习项目管理。在每个决策点，学生都需要提交一定的文件，只有这个文件得到批准之后才可以进行下一步的工作。

LIPS 可以调整以适应不同规模的项目。在林雪平大学，这个模型用在应用物理和电力工程专业。每个学生用这个模型进行一年级的一个导论项目、三年级的一个电子工程项目和四年级的毕业项目的项目管理工作。

这个模型已成功为 150 个学生所用，积累了很多有益的经验。例如，模型的明确步骤自动要求学生不断地进行评估。它也能帮助发现一个项目是否按时完成，某个组员是否积极参与等。最后，电子模板极大地减少了项目文档的制作和评估时间。

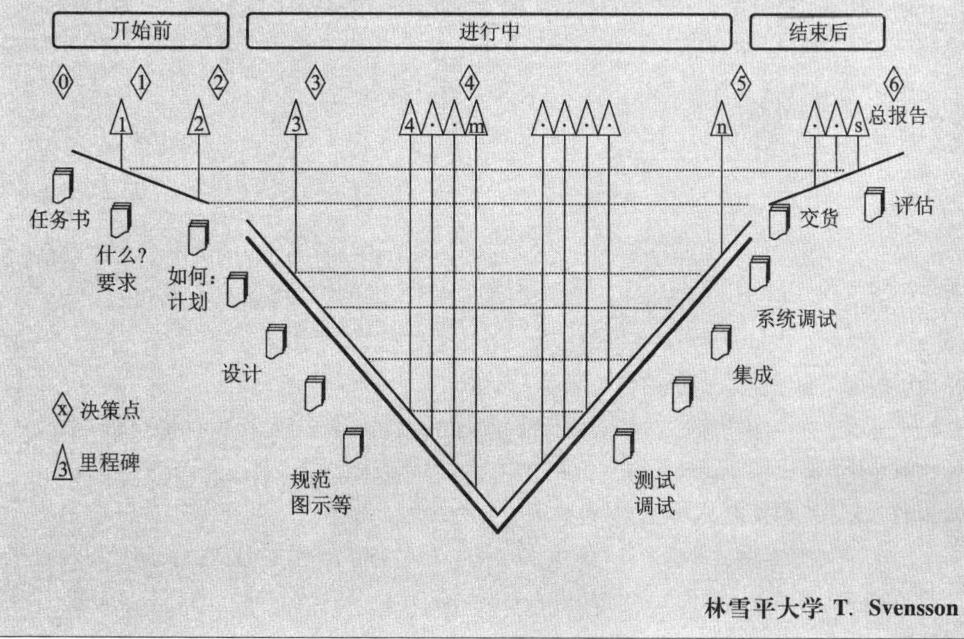

林雪平大学 T. Svensson

5.3.6.2 二年级项目

正如图 5.1 所表示的那样，在第二年，可以通过设计—实现的经验整合不同学科课程里学到的知识。一种方法是设计两个成对的工程课程，以实现多学科设计。另一种方法则是将一门学科课程与一个侧重于制造、软件工程或其他类似主题的工程课程配对。学生可根据工程的需要去设计和实现产品的原型，以加强对任务的实际认识程度。

在这方面，学生可以根据第一年学到的技术知识决定其设计内容。他们必须考虑所设计的模型是可以实现的，以便获得效益更好的解决方案。仿真可以作为比早期课程更为高级的内容，这样，原型将得到进一步的改进，第二年的实践可以明确地培养学生的沟通能力，学生仍然以小组的形式开展工作。学生要向全班同学口头介绍自己项目，并通过书面报告论述他们的进展和思路。第一年所介绍的项目管理模型可以在第二年再次使用，但要在更具体的水平上来做。

在英国贝尔法斯特女王大学的第二年设计—实现项目中，每个班级被分为六个小组，进行"三点受力弯曲——米横梁试验"的设计、建造和测试，其目的是测试每单位重量所能达到的最大负荷。这些实践工作需要用到一年级和二年级的学习理论。框图 5.2 介绍了女王大学的这一设计—实现的经验。

框图 5.2　英国贝尔法斯特女王大学(QUB)梁的设计

英国贝尔法斯特女王大学梁的设计实验是一个团队竞赛项目，意在强化对梁的基本理论的理解。实验是为机械工程专业二年级学生开设的，经过三周的设计制作之后各团队参加竞赛，以取得最高破坏荷载/自重比。每个实验时段为三小时，所以总时间不超过十二小时。

设计制作

第一周，每队学生根据一定的限定条件构思出梁的概念，此时不用作任何计算。与助教讨论之后，每队选择三个设计并制造出梁的原型，原型是由硬纸板和胶带纸制作的。然后将原型梁以三点加载的方式加载荷自至破坏。在这三个原型梁实验的基础上学生选择一个设计用中密度纤维板进行正式制作。

第二周进行中纤板划线、切割和制作准备。在准备制作的同时，学生需要考虑可能的破坏机制并计算最大破坏载荷。第三周学生组装他们的中纤板梁。每组有一个工作台、一些基本的手工工具以及聚乙烯醇(PVA)胶水。

共有 16 队学生参加梁的设计实验。为了充分利用资源，实验总时间拉长到十周。完成了梁的制作之后所有的队同时参加最后的三点加载竞赛。

成绩评定

学生成绩评定需结合竞赛成绩(50%)、团队报告(30%)和教师评价(20%)。竞赛成绩以荷载/自重比为基础,最高荷载/自重比者得满分,其他队按与最高成绩的比值得分。团队报告是一个连续的过程。第一周,每个团队画出他们设计的草图,并说明这样设计的理由。第二周,计算出结构的质量和预计极限破坏荷载,并解释他们是如何得到这些数值的。报告的最后一个阶段是一个回顾,讨论结构的理论承载能力和实际表现的差异以及如何改进结构的设计。教师评价是基于制作质量、创造性和团队协作精神的。梁的设计实验成绩占静力学总成绩的10%。

梁的设计实验是学生前三年学习的一种新的方式,很受学生的欢迎。实验涵盖了团队工作、动手能力并将理论应用于实践。从学术的角度来看,这个实验不仅达到了强化学生梁的基本理论的作用,还提高了学生对静力学学习的整体热情和理解。

梁的计算

建造梁

竞赛

赛后的设计回顾

英国贝尔法斯特女王大学 G. Cunningham

5.3.6.3 三年级和四年级项目

在第三和第四年里,学生将会承担一些更为复杂的实际任务。例如,在第三年里,可能会要求学生重新设计现有的工业产品,以提高产品的性能或降低环境污染和成本。现在要明确考虑的是在多个目标里进行权衡比较。在这一点上,学生能够采用更加适合实际情况的策略,并根据开发过程的需要选择合适的原型和仿真方法,以促进整个项目的进行(见图5.1)。

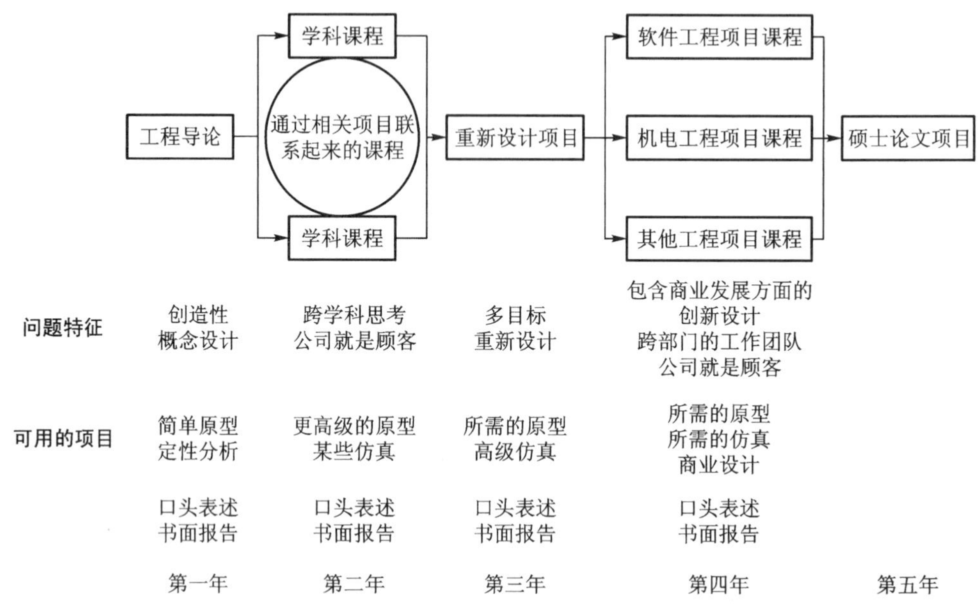

图5.1　通过课程计划整合设计—实现经验的规划

在第四年的项目里,可进一步将范围扩大到商业发展等领域。可由更大的小组组成团队,每个团队通常有8至10个来自不同工科专业的学生,也可能有一些来自商学院的学生。项目中还可以包含客户调查和市场调查,由此进一步完善和发展沟通能力和项目管理模式。项目的完成还需要组织好项目管理、持续的文本报告以及决策等,利益的冲突和针对任务形成的不同方法可能会给团队带来活力。

第四年要提交的项目应是一个能够反映实际性能的可操作的原型或一种高级的模型。例如,美国麻省理工学院在第四年所进行的设计—实现经验中,学生自行设计两个两公斤重的能在太空中进行通信的自治机器人。共有15位学生参与了这一项目,而这一项目是作为现有研究方案的一个补充。学生通过对子系统进行设计做出原型,并建造子系统以提供推动力、导航、自治性及通信,然后对系统进行组装和验证。图5.2说明了学生和老师在微重力条件下在美国宇航局的KC-135A研究航天器上对自治机器人所进行的操作测试。第四年的设计—实现经验的第二个例子是框图5.3所描述的瑞典斯德哥尔摩皇家工学院(KTH)所进行的实例。

图 5.2 麻省理工学院的地球项目:在无地心引力的条件下测试自治机器人

框图 5.3 皇家工学院(KTH)的项目课程

瑞典皇家工学院航空与运载器系制定了一个给四年级学生做的设计—实现项目,项目是为轻型结构专业和海洋系统专业的学生共同制定的。不同方向的学生混合分组,并根据每个组员的兴趣和专业分配子项目。项目持续两个学期,每个组员既要对自己承担的技术子项目负责,也要对整个项目的管理和进展负责。每组由 10 至 15 个学生组成,一半来自轻型结构专业一半来自海洋系统专业。这么多人员合作自然需要计划、记录、交流和团队建设,在项目进行的过程中这些团队活动尤为重要。

项目是严格按构思—设计—实施—运行四个环节进行设计的:

构思:项目的功能要求具有非传统性,即学生对类似的产品没有感性经验。对产品不熟悉才能加强学生的构思行为,鼓励他们寻找并采用具有挑战性的技术。因为由不同专业组队,这个项目是跨专业进行的,所以可能出现不同的观点和不相容的方案,这时就需要相互妥协以解决各种冲突。从而使得全面思维能力在一个真实自然的环境下得到培养。

设计:项目的目标应该对学生具有足够的挑战性,但在精心的组织和运行下仍然能够完成。项目的主要目的之一是鼓励学生应用他们在课程中所学到的理论、分析工具和方法,从而强化他们对知识的掌握并培养他们作为工程师的自信。

实施:产品的规模和复杂程度要能促进团队合作和协调,并给学生创造在真实的原型产品的制造中获得实践经验的机会。

运行:项目的设计和评估中应包含对产品的运行和相关技术指标的评估。运行过程中应优先考虑安全问题。

续

框图 5.3　皇家工学院(KTH)的项目课程

典型的项目是运载器的研发，任务书包含一套技术性能要求以及造价、尺寸、重量、动力等相关方面的限制。一般来讲，要求都是非常清楚明确的，在项目开始就给定了，而具体实施的方法则不加限定，是开放的。

每个团队有一个网站供组员进行项目交流和存放文件。这样，信息能够持续不断的得到更新并立即为所有组员所共享。这个网站同时还可以让团队以外的人能够得知项目的进展情况。过去的项目包括水上人力自行车和既可潜水又可划水的潜滑水器(见下图)

皇家工学院 S. Hallström, J. Kuttenkeuler

5.3.7 设计—实现经验的挑战

工科专业计划中为学生提供有效和有吸引力的设计—实现的经验环节将会给专业计划带来一系列的挑战[3]：

- 设计—实现经验的学习效果必须区分产品的性能和学生的学习表现。设计—实现经验的学习效果就是学生所学到的和能够做的。通过学生设计的产品、过程或系统的性能好坏，判断他们在个人、人际交往能力以及产品、过程和系统的建造能力等方面是否成功。即使项目在产品的功能性方面不是很成功，但它仍有许多值得学习的地方。
- 设计—实现的任务在范围上可能有一定的局限，但必须比较复杂，以确保学生成功地掌握所学到的东西。有时候，教师和学生会把技术方面的成绩视为实际的学习效果，任务完成得不好可能会被看作是学习上的失败。如果任务太难，其结果就会变成：产品基本上由老师设计，而学生只不过是一个实现者而已。如果任务太简单，那就不可能激励学生，或无法使学生在面临挑战时建立信心。必须具体监控学生完成任务所用的时间，以便与学生的其他竞赛项目在时间上有一个合理的关系。
- 设计—实现的经验要求进行教学和实际评估，这一点与传统的教学是不同的。通过设计—实现的经验，教师的角色已从一般的讲师和信息传导者转变为顾问和教练。在一个没有什么约束的学习环境里，可以鼓励学生在教师的支持下进行讨论、推理和探讨问题。成功的教师就像一个能够提供支持的优秀领导者、一个能够调解矛盾的仲裁者、一个能够指导团队及设计流程的管理者[4]。有关教学方法和设计—实现经验的评估方法将在第六和第七章中详细讨论。
- 很少有教师愿意为带有技术挑战性的项目承担责任。在一个典型的工科院系里，只有一小部分教师和职员具有开发复杂系统的个人实践经验。许多专业计划的实现主要依靠一两个关键人物的能力和才华。设计—实现经验的引入需要有足够的师资，以确保这一过程能够平稳和持续的进行。有些工科专业聘请研究生作为助教，有目的有目标地参与资助项目的研究，为设计—实现的经验提供了支持。这种方法可为学生提供宝贵的技术支持，而且研究生也能完成预先确定的研究任务。其他专业可邀请对学生具体项目比较感兴趣的工业界人士担任技术顾问，关于提升教师能力方面的挑战将在第八章中再次讨论。
- 设计—实现的经验必须是低成本而高效益的。工程教育中往往不愿意将设计—实现的经验纳入计划，其原因是担心这种实践环节需要很多特别的资源。一般情况下,设计—实现经验的平均耗资是传统课程的1.5倍,通常在1.0到2.5倍之间[3]。在不影响教育效果的前提下,可以通过一些新的做法制定出低成本的设计—实现经验。有一所大学对高水平的设计—实现—测试项目的投资回报进行过内部研究,其结论是,大学通过竞争并赢得后续研究资助的关键因素就是成功完成具有挑战性的项目。调查数据所得到的结论是,从学术与研究目标的结合中得到的成本效益比是6:1[3]。

5.3.8 利益相关者的反映和总结

设计—实现的经验是一体化课程计划的重要因素之一。由于实现了学习的双重作用,这些设计—实现经验的活动支持着这样一种目标:培养学生掌握更为深厚的技术基础知识,并能主导新产品、新过程和新系统的创造和运行。还可以培养学生的兴趣并激发学生的学习热情,同时也成为工程教育的主要特征。在对设计—实现经验的影响力的调查中,学生、教师以及工业界代表对设计—实现的经验给予了高度肯定[3]。从工业界的角度来看,参加过设计—实现经验的学生都得到积极的评价,因为他们所具备的知识和能力受到工业界用人单位的高度重视。表5.2列出了一些有代表性的评论。

表5.2 关于设计—实现经验的代表性评论[3]

学生	"我只想补充一点,这是我当学生以来上过的最有价值的课程"(KTH) "创建原型的实践提高了我的工作质量"(Chalmers) "按照工业界采用的方式开展一个项目能够获得很好的经验"
教师	"学生有更大的学习动力"(Chalmers) "(车辆工程)项目激发了学生对知识的渴求"(KTH)
工业界	"优秀的学生和出色的工作!请派遣更多高素质的学生给我们!"(荷兰SKF-ERC对查尔摩斯工业大学机电系学生评价) "工业界专家在审核MIT大学四年级学生的设计—实现经验的成果时,认为可与专业的设计研究相媲美"

5.4 工程实践场所

为学生提供成功的设计—实现经验需要一个具有合适工作空间、设备及工具的学习环境,我们把这些设施条件称为工程实践场所,以将其与创造性的工程开发联系起来,而与科研需要的传统实验室区分开来。实践场所可以是新建的楼房或对其他使用功能进行重新定位的实验室和房间。它们能够支持简单及复杂的个人或项目小组进行构思—设计—实施—运行的全过程。同时还建立了相关的基础设施,其目的是对主动学习和动手学习策略的支持。

5.4.1 工程实践场所的角色和益处

如果学生要理解构思—设计—实施—运行就是他们的教育环境背景,那么,他们必须融入围绕 C、D、I、O 而组织的实践场所。我们可以利用这些实践场所向学生说明这些环境对他们的重要性,并利用这些实践场所加强对他们的教育。因此,工程实践场所是实施 CDIO 专业计划的一个关键因素。工程实践场所以及其他为学生提供动手学习的环境对于提高学生的设计、建造以及测试产品、过程和系统的能力都是极为重要的资源。标准 6 的重点就是工程实践场所。

标准 6——工程实践场所
工程实践场所和实验室能支持和鼓励学生通过动手学习产品、过程和系统的建造能力,学习学科知识和社会经验。

为 CDIO 专业计划所提供的实际学习环境包括教室、讲堂、会议室和工程实践场所等传统的学习空间。这些工程实践场所的目的是支持学生学习产品、过程和系统的建造能力,同时也支持学生学习学科与多学科知识。工程实践场所的设计是为了提高学生的动手学习能力,学生从中可以直接进行开发工作。工程实践场所还为学生学习社会经验提供了机会。学生通过 CDIO 工程实践场所可以相互学习和进行团队互动。学生有机会运用现代的工程工具、软件和实验室,培养他们在产品、过程和系统建造能力方面所要掌握的知识、能力和态度。这些能力在工程实践场所中能得到最好的发展。工程实践场所以学生为中心,并且易用、方便和具有互动性。

工程实践场所除了在教育上的直接好处之外,还将吸引学生在具有激励性的环境中一起工作,以强化学生的学习动力。一旦学生在这些工程实践场所建立了一种工作模式,教师就可以到那里去了解情况,以加强师生间的互动。工程实践场所还同时具有社会功能。因此,工程实践场所还创造了师生共同工作的氛围,这超出了最初设计的目的。

5.4.2 实践场所的设计

工程实践场所的设计是让学生积极地进行创造性和实践性的学习,并支持整个课程计划,这与传统的实验室不同,因为传统的实验室基本上是围绕一个学科和/或希望学生在项目中充当比较被动的角色。传统的工程实践场所往往是让学生学习特定的能力,例如 Lab-View 实验环境[5]、项目工作室[6-7]、与工程实践场所相关的 CAD/CAM/CAE 实验室[8]以及多媒体环境[9]。另外,传统的学生实验室主要以演示性实验为主,而没有为构思、设计以及团队建设提供支持。

一个 CDIO 专业计划通常需要有新型的工程实践场所,以便让学生体验整个产品、过程或系统的生命周期。在这种背景环境下,工程实践场所覆盖了一系列更为广泛的设施,包括学生的传统工作环境、基于团队项目的工作环境,计算机辅助工程设计工作室以及为课外工程活动所设计的设施。工程实践场所还包括能让学生制造机械零件、组装电路板、编程和安装软件以及其他类似的任务。工程实践场所在专业和体制上有很大的差异。因此,为工程实践场所制定的指导方针应该是独立于工程学科的通用标准,其工作方针应强调工程实践场所的基本特征和使用模式,而不是只为学习环境提供严格的方案。工程实践场所的构架和规模、设备及仪器依赖于已有的环境,表 5.3 概括了 CDIO 专业计划中工程实践场所的基本特性和预期特性。

表 5.3 CDIO 工程实践场所的基本特性和预期特性

基本特性	CDIO 实践场所的目的是
	• 鼓励学生动手学习产品、过程和系统的设计与实现,同时支持学生学习学科和多学科知识
	• 方便学生锻炼个人与人际交往能力
	• 促进小组交流、社会交往和沟通,引导学生学习社会知识
	• 遵守卫生和安全规定
	• 提供可持续资源
预期特性	CDIO 实践场所的目的是
	• 由学生进行组织和管理
	• 提供使用方便的设备、实验桌椅和设施
	• 方便学生在课余时间使用
	• 提供现代工具、设备和软件

如果要强调构思、设计、实施和运行是工程教育的背景环境,那么,我们就要创造一个空间,使学生在此背景环境中参与涉及这些阶段内容的工作。其设施条件应是灵活可变和多功能的,以便提供基于信息化和基于硬件的项目。如图 5.3 所示,工程实践场所通常在四种不同空间中支持学生学习整个产品生命周期的四个阶段[10]:

- *构思*工程实践场所使学生能够构思新的系统,理解用户需求和发展概念,它们包括个人与团队的实践场所，以鼓励概念的形成和优化。典型的设备与资源包括白板、网络接入、图书馆资源以及数据放映机。这种工程实践场所基本上是不涉及技术的大型空间，其主要目标是让学生通过交谈、倾听及反思的过程互动。

- *设计*工程实践场所支持新的协作模式和数字化设计，使学生能够进行设计、模拟设计、分享设计和相互交流。典型的设备包括安装有计算机辅助设计软件、辅助制造软件以及开发、仿真软件的计算机。还有其他设备，如视频会议和共享数据库，能够支持世界各地学生团队相互协作。设计工程实践场所还要在课余时间开放，因为学生会经常利用晚上和周末的时间进行设计工作。
- *实施*工程实践场所可以让学生建造小型、中型和大型的系统，包括机械、电子和软件系统。典型的设备包括金属加工机械、手工工具、测量设备、制造电路板的设备以及可将软件集成到产品的计算机。学生进行的项目范围必须有较大的灵活性，但安全性和可用性也是很重要的。
- *运行*工程实践场所可为学生提供学习运行产品的机会，这种学习是通过实验和做出他们所设计的产品来实现的。在学术化的培养背景环境下，学生是很难学会运行这一环节的，但学生能学会如何运行自己的实验和班级的实验。实际操作的模拟以及实际操作环境下的电路连接可直接为学生提供操作方面的经验[10]。

这些具体的工程实践场所应能成为加强学生思维连贯性的桥梁。此外，还应结合学生常见的其他设施，包括图书馆、社会环境、存储设备以及互联网。工程实践场所还可包括展厅，由此向学生展示工程研究和项目开发的成果，或是展示该研究领域的发展历史、院系部门的贡献或学术规划等。

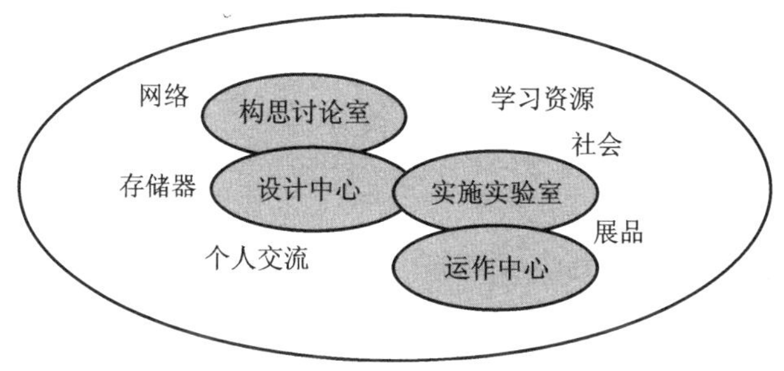

图 5.3 CDIO 实践场所的概念模型[10]

5.4.3 CDIO 实践场所的实例

CDIO 工程实践场所并不一定需要是新的，但我们可根据工程实践场所的需要而重新规划。许多大学都有一些传统的学生实验室,但很多都没有得到充分的利用,可将这些空间进行重新规划使其成为 CDIO 工程实践场所,这可大大提高利用率。根据我们的经验,学生在新的工程实践场所中能主动地进行研究,而在传统的被动式的实验室里,学生的需求和兴趣会被大大削弱。为了进行项目实践,还可以对课室和会议室重新规划,使其成为不需要配备大型制造设备的工程实践场所。

在现有的条件下可以建立 CDIO 工程实践场所,包括设计和建造新的空间,并对现有的实际资源进行规划和重新设计。哥德堡的查尔摩斯工业大学就是通过对现有的空间进行重新规划,从而建立了一个原型建造实验室。这一工程实践场所的设施让机械专业、自动化专业、机电工程专业以及工业设计工程专业等的学生通过创建计算机辅助设计模型制造出产品原型,以及各种机械和机电产品的测试功能模型。原型可根据各个不同项目的需求由木材、金属、塑料、纸板、电子器件或软件制作。

另一个 CDIO 工程实践场所的例子是瑞典斯德哥尔摩的皇家工学院(KTH)的 Poolen。他们把以前没有充分利用的教室和会议室改造成 CDIO 工程实践场所,这一改造为车辆工程专业的学生提供了近 60m^2 的空间,作为集设计室、会议室、生产室以及组装和测试室于一身的工程实践场所。他们最近的一个项目就是可携带一个操作者在水面上高速飞驰的水艇,并可通过很小的改造,使得水艇像潜水艇一样在水下长时间航行(如框图 5.3 所示)[11]。

第三个更为明显的例子是麻省理工学院的复杂系统实验室,他们将现有的空间进行了重新安排,并与一些新建的空间相结合。该校的航天航空系在工程实践场所里建立了一整套设施,以便在 CDIO 生命周期模型中实现构思、设计、实施和运行的每一项内容。他们对该建筑物现有的地下室和一楼进行了整修,创建了一个新的多功能学习实验室。CDIO 的具体功能被分配到每个工作区:包括用于构思的 Seamans Concept 和 Management Forum 工作区、用于设计的设计中心、用于实现的 Gelb 实验室(包括机械和电子所需用具以及快速原型成型设备)、用于运行的 Neumann 实验室和 Hangar 飞行操作中心。Seamans 实验室位于一楼,里面有一个近 1500m^2 的开放场地,用来做研究及团队建设。学生在团队中学习,与老师和助教随意互动,并通过计算机协助完成任务,该系的图书馆就紧靠着这个工作空间。

工程实践场所的设施与几个主要的建筑进行了结合,应用可移动的设备,使空间的变化更方便,以适应不同人数的班级、不同教学的风格及不同项目的需求,电子门控装置则方便学生在晚上或周末的空余时间进入。

通过借鉴以上所介绍的建立工程实践场所的经验,以及其他世界一流的学生工程实践场所的建造经验,我们已经成功地开发出了能够支持教育目标的属于自己的工程实践场所。以上所提到的世界一流的工程实践场所包括美国科罗拉多大学的综合教学与学习实验室、加拿大女王大学的综合学习中心、加拿大以及其他 CDIO 的合作机构。工程实践场所的设施在规模和范围方面是根据每所学校现有的空间、资金、项目需求及其他因素而变化的。尽管如此,它们都有一个共同的主题,就是要使构思、设计、实施及运行的工程实践场所成为提高工程教育质量的有效设施。

5.4.4 CDIO 实践场所中的教与学模式

CDIO 工程实践场所的教与学模式分为三大类,分别是产品、过程和系统的设计与实现,巩固学科知识以及发现知识。此外,工程实践场所在学生团队的建设中扮演着非常重要的角色。在每个类别中,还可对一系列的教与学模式进行更为详细的描述。这些模式都比较详尽,而且可能会有重叠的地方。对于某一个大学,我们希望这些教与学模式能够作为一个指导性的方针,以便对工程实践场所的设计要求提供指导。图 5.4 说明了通过 CDIO 工程实践场所形成的教与学模式。

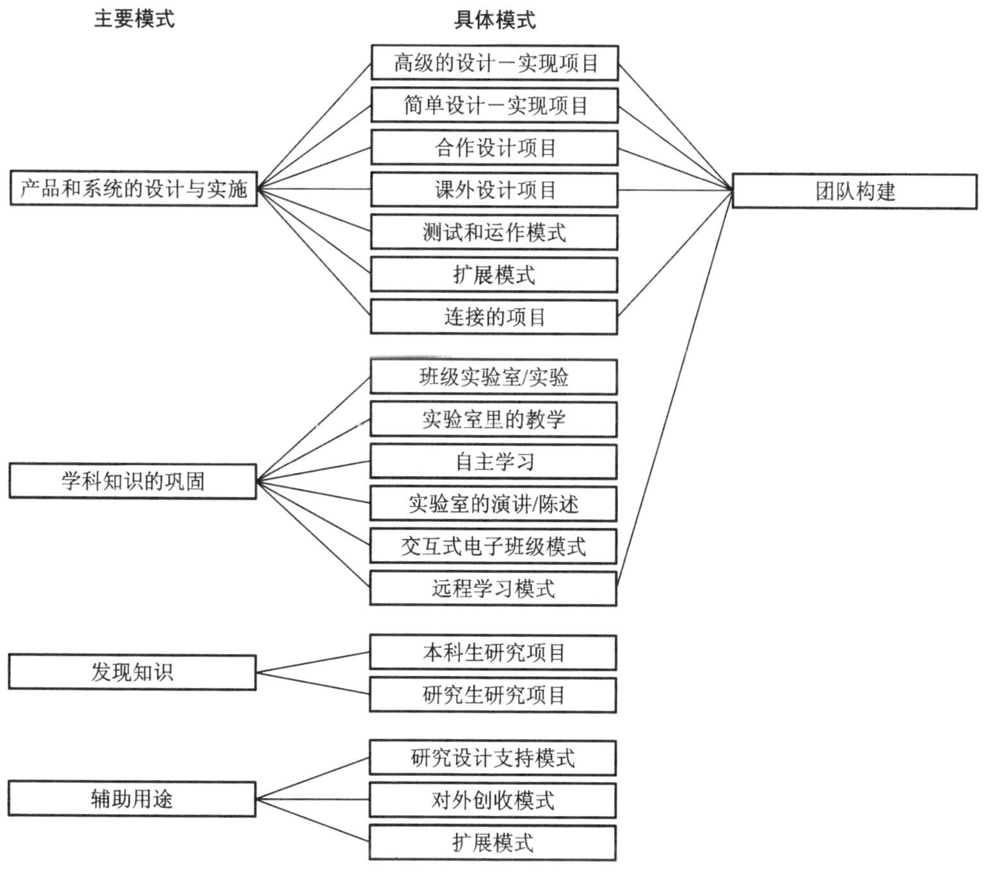

图 5.4 CDIO 实践场所的教与学模式

5.4.4.1 产品、过程和系统的设计与实施

这类活动是 CDIO 工程实践场所中最主要的教与学模式。但是,也应看到,这些

模式在不同要求的工程实践场所的设计中会有所变化。

- 设计—实现项目是基于课程的设计项目，这些项目由学生组队，用至少一个学期的时间对给定的课程进行项目设计，设计工作包括计算机仿真和可视化。这些工作的结果包括"纸面"上的设计和简单原型。一般来说，工作可由 3 至 8 个学生组成的小团队完成。支持这种模式的资源包括设计工具、管理工具、可视化工具和基本的原型制作设备。
- 高级设计—实现项目侧重于设计和面向团队，需要安排专门的工程实践场所，时间从一学期到一年。高级设计—实现项目将涉及多个学科，并要求设计出一个由不同数量的硬件和软件组成的产品或原型。这些项目通常安排在第四年的课程中，由 10 至 20 名学生组成的团队来共同完成。
- 合作性设计项目是与其他大学、政府或企业合作进行的。项目可能与某一合作者的需求有关，或者与工作在同一系统中的各个环节的团队成员伙伴有关。这种模式需要保持密切的沟通，并要求有实时的数据、语音和视频通信。
- 课外设计项目是为了竞赛而建造的项目，如人力驱动的飞行器、自动直升机或太阳能汽车等。学生团队成员来自若干个不同的工程学科，他们需要有办公场所、设计场所、建造和测试场所以及储藏场所，并要求工程实践场所在工作时间以外开放。这些长达一年到几年的项目通常由 5 至 10 个学生组成一个团队，并形成了具有一定规模的运作模式。
- 测试和运作模式，其目的是通过学生亲身体验测试和运作的过程，从而掌握工程系统中运行这一概念。这一模式需要有专人致力于系统的维护与运行、可长期放置设备的场地以及能够和其他院系和场所进行实时交流的条件。
- 扩展模式是让学生在空余的时间能够继续进行项目工作。这些项目通常需要一些维修设备、工具和工作界面，并在工程实践场所开放的时间里可以使用。
- 连接项目就是大学或院系间长期的跨学科项目，项目在一个专业计划中与多个课程有联系。例如一个自动汽车项目，可能需要应用金属加工机械进行模型设计和制造，需要机械平台上的计算机辅助设计软件以及软件生成和硬件测试的计算机工具等。连接项目也可由其他不同专业共同完成，具有不同专业背景的学生团队一起合作，并能贡献他们在各自学科里的专长。这一模式的跨学科性需要有会议室、工作室、储存室以及进行正式演讲的空间。

模式的多样性清楚地表明：有必要认真考虑课程计划设计与工程实践场所设计

之间的联系,并且要兼顾短期和长期的需求。

5.4.4.2 强化专业知识

设计 CDIO 工程实践场所的目的是为学生提供实际操作和主动学习的空间,使学生能够直接进行思考并解决问题,从而加强学生的学科知识(主动学习和经验学习的具体内容将在第六章论述)。在这些工程实践场所中有许多教与学模式,其作用就是巩固学科知识。

- 班级实验室是由教师分配的传统实验室,学生在实验室里收集和优化数据,然后再根据这一过程写出实验报告。在这些实验室里通常由 3 至 6 个学生组成一组来进行实验,并要求有台架调校装置或较大的固定装置。
- 实验室的教学模式是用实验室的专用设备对原理的现象进行演示。教师通常把整个班带到实验室,然后给学生进行实验演示。对这种模式进行扩展就是使用电化教室,最大限度地利用空间,并在实验室使用专门设备,如网络化的投影装置。
- 在自主学习模式里,学生自学工程概念和学科知识。传统的做法是让学生呆在图书馆看书和做研究,但现在的自学方式包括视频教育手段、在线信息与在线程序以及电子多媒体等。
- 演讲或陈述是标准的课堂教学模式。教师可以在课堂上利用电子演示硬件和软件去展示课程材料及仿真效果,由此说明有关的原理。
- 交互式电子教室是一个可以让学生在老师的监督和帮助下用计算机进行实时工作的电化教室。交互式软件可用来评估工作,而投影设备则用来演示实例。交互设计课室则是这种模式的一种扩展。
- 远程学习包括视频会议教室和广播工作室,通过这些教室可以实时地把讲课信息传送到各个远程站点。

5.4.4.3 发现知识

CDIO 工程实践场所也能支持学生进行研究性的项目,其做法是让学生能用到一些只在科研实验室才能用到的设备进行研究。

- 本科研究项目集中在三年级和四年级。学生的研究项目是在导师的指导下进行设计、建造、运行和撰写实验报告。这种模式通常需要进行几个学期,第一学期主要是背景研究,第二学期则是建造器件,运行实验,并用正式的陈述和文件汇报实验结果。

- 研究生研究模式主要是支持那些需要用一定时间去建立实验设备的研究生,时间范围从一个学期到几年,这需要为学生长时间提供场所。

5.4.4.4 实践场所对学生团队建设的支持

CDIO 工程实践场所在学生的团队建设方面发挥着核心的作用。学生除了进行设计—实现项目之外,还可以利用工程实践场所进行学科课程方面和非正式社会功能的研究。CDIO 工程实践场所还可为学生社团进行某些维修、模型建造以及其他课外项目提供设施和场地。当上述三种模式的作用能使学生致力于自己的工作并且能够彼此互动时,便出现了一种新的模式。

5.4.4.5 其他辅助作用

除了与专业学习效果有着直接关系的教与学模式外,CDIO 工程实践场所还有许多其他辅助作用。

- 研究设计支持模式:研究团队在短期内(几小时或几天)利用工程实践场所这一设计中心的功能,完成研究设计的一部分。这种空间的短期支持作用为研究团队的设计工作提供了分析工具、设计工具以及交流和演讲设备。这种模式也许可以由远程学习模式直接提供支持,它为开展研究的组织者提供了开会交流的设备。
- 对外创收模式:它允许外部公司租用这些专用实验设备。这种模式通常会持续好几个星期,包括设备的使用,提供操作设备的专业人员以及工作场所。信息安全对某些公司来说可能也是一个问题。
- 扩展模式:该模式支持 CDIO 专业计划和工程实践场所的大众信息宣传。大学的宣传包括这些工程实践场所以及对使用工程实践场所设施的专业计划的介绍。学生也可以组织由工业界和其他客人组成的访问团对工程实践场所进行访问,向他们解释学习环境是如何为专业计划提供支撑条件的。这种模式可以使学生展示自己的工作,增强他们的学习动力并促进他们与工业界的交流和互动。

5.4.5 工程实践场所对管理和使用的挑战

一体化学习场所可为学生提供大量的资源,并为支持工科学生的教育提供了创新机制,但在发展和运作的过程中会遇到各种挑战。工程实践场所在成本和布局上会有很大的差异,这主要取决于所设定的目标、学生人数和现有财政资源[12]。然而,

某些设计和运行方面的挑战将会不断地出现,这与规模大小无关。这些挑战可以总结如下:

- 由课程计划和使用模式所提出的实践场所的设计需求[12]。如上所述,Young 等人讨论了各种工程实践场所的使用模式,说明了工程实践场所的多用途特性以及在课程计划中所发挥的重要作用。工程实践场所还可以通过设计、实现和实验等方面,使具有领导能力的学生涌现出来,这些学生在工程实践场所的运作过程中可以作为指导老师或"演示者"的角色,这有利于工程实践场所的发展。
- 对使用模式的灵活性和工程实践场所随时间变化的能动性进行规划。工程实践场所必须是灵活可变的,以适应不同项目的需求,还需要根据实验操作的需要而升级设备。研究型的工程实践场所,其局限性通常是指可使用的空间或储藏室不够,而不是缺少设备。
- 加强安全措施和延长工程实践场所的开放时间。采用 ID 卡和钥匙等内部保安措施,让学生在课后仍能进入工程实践场所,这是十分必要的。但是必须明确规定:危险设备的使用必须在正常上课时间内在教师的监督下才能使用,而工程实践场所应该通过专门的设计,为小组学习、社会化活动、学生交流以及教师在课程计划内外的安排提供必要的平台。
- 运行时间表和工程实践场所的人员编制。有关挑战的话题已经通过 CDIO 工程实践场所的运行做了说明。随着对工程实践场所的不断了解,对其需求也不断增加,因此,每一工程实践场所的日常时间安排也很有挑战性,特别是在期中和期末等非常繁忙的时段。那些熟悉各领域技术的员工以及愿意在全年时间里与学生们一起工作的教职员工是让学生真心接受工程实践场所的一个关键因素。与专业导师密切协调,对即将到来的工作项目进行规划以及对正在进行的项目进行管理,这些都需要各方的勤奋努力。

对学生的调查表明:学生对工程实践场所的环境给予了积极的肯定。工程实践场所使他们有机会对产品、过程和系统进行构思、设计、实施和运行,并把这些活动作为课内和课外活动的一部分。在各个已加入国际 CDIO 组织的大学成员中,学生均对工程实践场所的运行模式给予了积极的肯定。麻省理工学院的调查结果表明,航天专业即将毕业的学生认为工程实践场所的重新设计不仅增强了他们学习学科知识的能力,而且增强了同学之间的友谊和对所学专业的兴趣。

5.5 小结

每一次设计—实现的经验就是一次学习的过程,学生通过建造产品、过程和系统进行学习。这些经验学习是CDIO教学模式的核心内容,除了教育学生如何对产品、过程和系统进行设计、建造和测试之外,还让他们对工程教育有了更加客观的认识。学生发现设计—实现的经验可以激发他们的学习兴趣和动力。这一经验不仅培养了学生的创造力,而且加强了他们的自信心。从学习的角度来看,设计—实现的经验促使学生学习技术知识,理论与实践相结合,明确各学科之间的联系,同时加强了对工程科学的理解。正如CDIO教学大纲所描述的那样,设计—实现项目还成为培养学生个人与人际交往能力的载体。这些教学经验受到学生、教师和工业界有关人士的高度评价。然而,设计—实现的任务必须精心策划,使其本身既是一个独立的学习事件,同时也是一体化课程计划中对设计—实现经验进行有序策划的一部分。

CDIO工程实践场所大大加强了工科学生的教育质量。学生对工程实践场所的环境做出了积极的回应,在工程实践场所中他们经历了产品或过程的生命周期的C、D、I、O四个阶段。这些工程实践场所为学生开展活动提供了便利,有助于学生学习设计和实现的能力,巩固学科知识以及进行探索和实验。这些工程实践场所在成本和布局上会有很大差异,但主要取决于项目的目标、学生人数和可用的资金。然而,不管工程实践场所的规模如何,在设计工程实践场所的过程中总会遇到问题,包括设计方面的需求涉及课程计划和使用模式、在使用模式下的灵活性及随时间不断改进的考虑、安全考虑以及延长开放时间、运行方面的问题等。工程实践场所的好处是使新的工程教育方法得到实施,强化学生的学习动机,进一步促进学生与教师之间的互动。CDIO工程实践场所在社会和学习团队的建造中发挥着极其重要的作用,已经远远超出了最初计划的目的。

在第四章中,我们讨论了由工程实践场所支撑的设计—实现的经验,已经成为一体化课程计划的关键部分,而且还支持了主动学习和经验学习,关于这方面的内容将在下一章中讨论。

讨 论 题

1. 在你当前的专业中,你会采用什么样的设计—实现的经验?
2. 你将采用何种方式修改现有的设计—实现经验,或者根据本章所介绍的思想创建一个新的设计—实现的经验?
3. 在建造和实现有效的设计—实现的经验时,你将如何面对其主要挑战?
4. 如何对现有的学习设备和工程实践场所进行改进,以支持CDIO教学模式所进行的设计—实现经验?
5. 新的工程实践场所具有哪些特定的功能?
6. 在创造和建造新的工程实践场所和学习设备时,你将如何面对其主要挑战?

参考文献

[1] Andersson, S. B., Malmqvist, J., Knutson Wedel, M., Brodeur, D. B., "A Systematic Approach to the Design and Implementation of Design-Build-Test Project Courses". Proceedings of ICED 05, Melbourne, Australia, 2005.

[2] Svensson, T., and Krysander, C., "The LIPS Project Model", Technical Report, Linköping University, Sweden, 2004.

[3] Malmqvist, J., Young, P. W., Hallström, S., Svensson, T., "Lessons Learned From Design-Implement-Test-Based Project Course", International Design Conference-Design 2004, Dubrovnik, May 18-21, 2004.

[4] Taylor, D. G., Magleby, S. P., Todd, R. H., Parkinson, A. R., "Training Faculty to Coach Capstone Design Teams", *International Journal of Engineering Education*, Vol. 17, No. 4 and 5, 2001, pp. 353-358.

[5] Ertugrul, N., "Towards Virtual Laboratories: A Survey of LabView-based Teaching/Learning Tools and Future Trends", *International Journal of Engineering Education*, Vol. 16, No 3: 171-180, 2000.

[6] Kuhn, S., "Learning from the Architecture Studio: Implications for Project-Based Pedagogy". *International Journal of Engineering Education*, Vol. 17, No. 4 and 5, pp. 349-352, 2001.

[7] Thompson, B. E., "Studio Pedagogy for Engineering Education, *International Journal of Engineering Education*, Vol. 18, No. 1, pp. 39-49, 2002.

[8] Dutta, D., Geister, D. E., Tryggvason, G., "Introduction Hands-on Experiences in Design and Manufacturing Education", *International Journal of Engineering Education*, Vol. 20, No. 5, pp. 754-763, 2004.

[9] McCarthy, M., Seidel, R., Tedford, D., "Developments in Projects and Multimedia-based Learning in Manufacturing Systems Engineering". *International Journal of Engineering Education*, Vol. 20, No. 4, pp. 56-542, 2004.

[10] Crawley, E. F., Hallam, C. R. A., Imrich, S., "*Engineering the Engineering Learning Environment*", Department of Aeronautics and Astronautics, Massachusetts Institute of Technology, USA, 2002.

[11] Hallström, S., Kuttenkeuler, J., "Experiences From a Three-Semester Design-Implement Project Course", The Royal Institute of Technology (KTH), Stockholm, Sweden, 2004.

[12] Young, P. W., Malmqvist, J., Hallström, S., Kuttenkeuler J., Svensson, T.,

Cunningham, G. C., "Design and Development of CDIO Student Workspaces-Lessons Learned", *Proceeding of the* 2005 *Annual Conference and Exhibition of the American Society of Engineering Education*, Portland, Oregon, 2005.

第六章
教 与 学

K. Edström, B. Soderholm, M. Knutson Wedel

6.1 引言

本章将对工程教育改革提出的第二个中心问题进行讨论和总结:“*我们如何能更好地保证学生学习到这些知识和能力?*”。第四章介绍的“课程计划的设计过程”提出了把学习效果融合到课程中的方法。第五章讨论的“设计—实现”项目是形成双重学习经验的重要机制,不仅实现了培养能力的学习效果,而且还加深了学生对学科知识的理解。

本章将探讨关于教与学方法的更为广泛的内容,这一方法能有效地把能力培养融合到学科知识中。首先,我们从工科学生的观点出发叙述学习经验,接着讨论如何通过教与学的活动实现能力学习效果。本章强调教与学的方法与课程计划的结合。

一体化学习是在学生学习学科知识的同时,学习并实践个人、人际交往能力以及产品、过程和系统的建造能力。第四章强调把能力融合到一体化课程中,而一体化学习所关注的则是课程及一体化课程活动中计划的执行。设计—实现经验是一体化学习的很好的例子,但一体化学习并不局限于基于项目的课程。一体化学习是主动学习和经验学习方法的一种实现方法,可以广泛地应用于各个学科的设置当中。

一体化学习经验以及主动学习和经验学习是实现 CDIO 专业计划中所设定的教育目标的基础。这些方法的主要特点有:

- 一体化学习计划要求有明确的关于个人、人际交往能力以及产品、过程和系统的建造能力的预期效果以及学科内容的预期学习效果。
- 一体化学习将工科教师置于学生学习专业知识和能力的中心,并强调这两方面教育的价值和联系。
- 经验学习使工科学生置身于职业工程师将要面对的环境中,不仅包括设计—实现项目,而且包括案例分析、仿真和角色模拟。
- 主动学习使学生能够实际参与操作、应用和评估,这不仅可以应用于经验学习,而且可以应用于传统的学科课程和大班课程设置当中。

研究表明,使用这些学习方法,学生更有可能达到预期的学习效果,而且对所受到的教育更加满意。

本章从回顾 CDIO 专业计划的学习效果出发,总结了学生对学习的看法,接着在课程计划设置中,概括出主动学习和经验学习的方法。我们所介绍的有关主动学习和经验学习的例子说明如何将能力培养融入到教师所授的课程和设计—实现项目中。最后,讨论了有效的教与学模式所面临的主要挑战,包括在教与学的过程中提高教师能力所需要的条件,这将在第八章中讨论。

6.2 本章目标

本章内容的安排将使你能够:

- 认识教与学活动中学生观点的重要性。
- 解释将能力融入到工程学科知识学习效果中的优点和挑战。
- 描述促进一体化学习的方法和资源。
- 认识课程计划调整、教与学活动以及评估的重要性。
- 给出有关主动学习和经验学习方法的例子,这些方法将促进学生对学科知识的深刻认识,并使学生获得个人、人际交往能力以及产品、过程和系统的建造能力。
- 了解学生在学习表现和学习风格上的差异。

6.3 学生对教与学的认识

在大学的工程教育专业计划中,适应并实施 CDIO 教学模式,要求发展教学、学习和评估的方法。在计划阶段,重要的一点就是要了解学生对现有学习方法的认识。例如,在查尔摩斯工业大学、瑞典皇家工学院和林雪平大学,学生代表面谈了 56 位同学[1]。其目的是在执行 CDIO 培养模式之前的计划阶段,收集学生对教与学的看法。这种面谈可能有助于发现学生在学习中的共性问题。所有的面谈记录都由学生代表和教与学的专家共同解释,并写入有关学生学习的研究文献中。该研究为 CDIO 培养模式提供了关于学生对教与学活动的重要意见。此外,它帮助学生的利益相关者小组验证改革专业计划的合理性和必要性。为了得到更有效的教与学方法,表 6.1 以建议的形式总结了这些研究结果。

表 6.1 学生对更有效的教与学的建议

1	**为相关的工程实践设置明确的预期学习效果**
	明确的预期学习效果提高了学习的动力并指导学习。明白课程是如何激发职业能力的
2	**改进教学活动和评估任务以帮助学生达到预期的学习效果**
	当学生知道学习活动和评估活动的原因时,其学习动力就会增强。
3	**重视基本概念的深层应用,并指出其与工程实践的联系**
	这种重视深化了学习方法,增强了学习动力并有助于长期掌握知识。
4	**在课程内容中区分优先次序**
	要记住,知识的覆盖面与对知识的理解是相互矛盾的。重新组织并减少内容覆盖范围可以促进深化的学习方法,并使概念之间的联系更加清晰。
5	**在课程早期设定一个评估任务**
	这有助于学生及早进入学习状态,并为他们的早期成功提供机会。及时有效的反馈能够促进学习,及早了解学习任务能够激发学生的主动性。
6	**定期在课程中设置评估任务**
	定期反馈对学生的学习很有必要。对进程的定期监控有助于学生分配时间,并使学生跟上课程的进度。
7	**为评估建立明确的标准**
	明确的标准有助于学生集中精力注意学习活动和学习评估任务的主要方面。
8	**在互动基础上设计学习活动—包括学生之间的互动和师生之间的互动**
	互动是主动学习的一种形式,它是鼓励深入学习的一个因素。
9	**制定一个关于课程时间安排的可行性计划,让学生定期反馈实际的学习时间,调整如并行课程间的工作期限和工作量**
	对所需时间进行管理有助于减少学生在时间管理问题上的压力程度。
10	**提高对课程及其相关学习任务的热情**
	教师的积极性可以提高课程的价值,并且鼓励学生认识到课程的实用性和价值。

显然,许多学生的建议都与他们的学习评估和学习期望有关。实际上,学习和评估是相辅相成的。主动学习和经验学习评估的调整将在第七章中详细讨论。

在这个调查中,一个特别有趣的现象是许多学生表示出对理论知识的用处和实用性的关注。学生常常会觉得需要为考试去记忆工程理论,但他们并不知道理论知识与工程实践和解决问题之间的联系。当然,这种观点与教师对理论的理解完全相反,教师认为,这些理论是认识周围世界和解决问题的基础。下面我们引用与学生面谈时所表达的看法:

——老师关心学生是否已经学过这些理论。你经常为考试而学习理论,然后就忘了。这是一种死记硬背的学习方法,学生并不清楚这些理论为什么是这样的,以及怎样去应用这些理论。

——我们应该更加重视应用,目的是掌握知识的所有内涵。但我觉得我不懂得如何应用所学的知识。

——我想在学习理论之前去了解实际作用,因为这会激发我对学习理论的兴趣。

学生指出,为了适应课程提出的要求(为考试而死记硬背的理念学习),导致学生对学习内容理解肤浅,缺少长期学习的积极性,学习动力差。这表明许多学生采用了肤浅的学习方法[2-4],其学习目的只是重复知识而应付考试。第二章对与肤浅学习相关的因素和鼓励学生采用深入学习方法的因素进行了比较(见表 2.2)。正如学生自己所观察到的,从肤浅学习中得到的知识结构是混乱的,而且容易遗忘。相反地,通过深入学习的方法,学生的目的之一是理解学习内容。结果,学生所学的知识结构清晰,并能长期记忆。

在设计学生学习活动的时候,必须牢记肤浅学习和深入学习的概念。对大多数学生而言,学习和理解理论的动力就是应用理论并与实践相结合。学生通过实践学习能激发他们更大的积极性,并使他们认识到所受的教育是有用的。学习积极性的提高使他们对所学的知识和能力更有信心。其结果是,学生觉得有能力胜任未来工程师的角色。

在有效规划教学、学习和评估方法时,CDIO 培养模式考虑了学生的这些意见。本章下一节将阐述把 CDIO 培养大纲中所概括的个人、人际交往能力以及产品、过程和系统的建造能力融合到学科内容的教学中的方法。

6.4 一体化学习

一体化学习是 CDIO 专业计划的一个主要特色,学生可在工程实际环境中学习学科知识的同时,培养个人、人际交往能力以及产品、过程和系统的建造能力。根据一体化的学习经验,教师能更有效地帮助学生把学科知识应用到工程实际中,并能更好地让学生满足工程专业的要求。一体化学习使学生的学习时间得到双重利用。

标准 3 讨论的一体化课程计划是强调把能力学习效果融合到专业计划中的系统性计划,而标准 7 的一体化学习,关注的则是专业计划中的各个课程计划和综合课程活动的实现问题。标准 3 和标准 7 可以看作是同一个问题的两个方面。

标准 7——一体化学习经验
一体化学习经验带动学科知识与个人和人际交往能力,产品、过程和系统建造能力的获取。

6.4.1 一体化学习的益处

一体化学习意味着学生在学习技术知识和学科知识的同时，还要学习个人、人际交往能力以及产品、过程和系统的建造能力。双重目标的学习活动作为一种学习能力的手段，加深了学生对学科知识的理解。与 CDIO 培养大纲相关的技术知识和学习效果是相互依赖和相互促进的。例如，在 CDIO 专业计划中，交流能力和技术知识是高度融合在一起的。学生掌握了与专业人士和非专业人士进行技术性交流的能力，使他们有信心在其专业领域中表现自己。我们期望学生能够描述或表达意见，能对设想和解决方案表示支持或反对，并能通过协作策划和工程推理形成对策。显然，这些交流能力与学生对技术知识的表达和应用密不可分。因此，应该对学习活动和学习评估进行调整，以强调与学科知识和能力有关的学习效果。学习和评估的交流在实际环境中更加有效，即在工程实践的模拟情况下更有效。

在工程环境中进行能力实践使学生获得更为深厚的实际工程基础知识。为使学习时间得到双重利用，学习活动和学习评估必须采用新的方法，必须特别注意把能力学习效果融合到一门课程中，但这并不意味着要把大量新的理论内容加入到已有许多内容的课程中。我们不能把教学大纲看成是社会学、心理学、哲学和经济学等学科理论知识体系的一个新目录，相反，它列出了作为一个职业工程师需要掌握的重要的应用技术知识，这些知识包括多种能力或技能，可以通过应用、反馈和反思的循环而获得。

6.4.2 多课程经验的一体化学习

包括团队协作能力和交流能力，许多能力需要在专业计划的多门课程中讲授和评估。学习活动应该按照学生已有经验进行排序，而不能从各门课程或学习经验中开始。在第四章，课程计划的设计过程着眼于将个人、人际交往能力以及产品、过程和系统的建造能力安排在排序好的课程中(见图 4.7)。这种相同的排序形成了对一体化教与学活动进行策划的基本框架。例如，书面交流能力的教学方法可以在多门课程之间协调实现，甚至可以由不同的教师来讲授书面交流能力。框图 6.1 给出了一个例子，在查尔摩斯工业大学的机械工程专业中，他们把交流能力融合到学科内容的教与学活动中。

框图 6.1　一体化的交流能力的学习

对于查尔摩斯工业大学(Chalmers University of Technology)机械工程专业，口头和书面交流能力的培养被整合在前三年的三门课程中：第一年的导论课程，第二年的设计—建造课程和第三年的作为论文整体要求的部分内容。在前三年，交流能力的培养主要是以学术写作

续

框图 6.1　一体化的交流能力的学习

为主，尽管这种写作主要是重复性的工作，即为了学习而写作。在硕士阶段(第四和第五年)，交流能力的要求主要在于加强技术内容的学习。

学习目的是为了让学生既能够写技术报告(设计)也能写科学报告，并且能够应用演示工具进行口头表达和展板演示表达。项目报告也包括了项目的演示报告。从下表可以看见，项目的考核是结合对各种活动的反馈得到的，语言和交流教师与工程教师一道对报告的内容、形式和语言进行考核评估。在硕士阶段(第四和第五年)，交流能力主要整合到以项目为基础的课程中。然而，即使在以讲授为主的课程中，我们也强调有效交流的重要性。例如，在内燃机这门课中，学生就需要针对他们的作业作口头演示，对报告的考核既包括口头表达效果也包括像关幻灯片的制作质量。

	导论课程(一年级)
综合性任务	写一份技术报告并作口头演示报告
授课	技术报告写作方法、口头讲演、多媒体与电子交流
讨论	交流与批判性思维、作为理解反馈的写作、书面报告的形式与内容
练习	图标交流、草图
反馈	关于书面和口头报告的反馈
	项目课程(第二年)
授课与讨论	交流战略、多媒体、书面交流
反馈	关于口头演示报告的反馈
	论文(第三年)
授课与讨论	对科学信息的批判性评价、培养信息查询处理能力、如何撰写科学论文、如何制作展板
反馈	查找问题与反馈、关于报告和展板的反馈、关于口头演示报告的反馈

查尔摩斯工业大学 S. Andersson

6.5　提高一体化学习的方法和资源

对一体化学习的计划要从确定课程目标开始，这可通过指定的预期学习效果来完成。一门课程的学习效果不仅包括学科内容，还包括与 CDIO 教学大纲相关的学习效果，其中某些部分可以在课程计划设计中指定，正如第四章所阐述的。第四章所讨论的课程计划的设计过程，要尽可能保证教学大纲的学习效果在课程中基本得到正确的反映。然而,学习效果的改进和详细的设计则是每一门课程的任务。在课程学习效果中明确地指定能力,有助于确保这些能力的教学和评估;否则,当教师对课程的目标存在异议时就会产生冲突。例如,团队能力的培养可以认为是一种次生效应,这种效应在以团队的工作方式学习课程的情况下可能发生,也可能不发生。所以,也可以将团队能力看成是课程的一个重要效果,此效果必须在课程的设计过程中适当地提出。通过对预期学习效果进行明确定义并形成一致意见,为我们提供了一条解决问题和避免产生不必要冲突的途径。关于学习效果已经在第三章详细地讨论了。

6.5.1 预期学习效果的具体要求

预期学习效果描述学生在参与课程学习之后能做什么。使用主动认知动词和动词短语对学生的表现进行叙述,这些词包括*描述、举例、选择、用自己的话解释、估计、计算、解决、应用、设计、解释、计划、评价、修改,决定、概述和批评*等。这些学习效果应与可观察到的表现相一致,即能够通过学生的表现和教师的判断去确定这些效果是否达到。通过 CDIO 教学大纲的认知动词联系主题内容,确定可评估的学习效果,这些认知动词应能体现预期的熟练程度。可评估的学习效果的例子包括“*讨论和决定数据的统计有效性*”和“*明确并解释顾客的需求*”。学生学习评估的核心内容是收集能够表现预期学习效果的证据,这将在第七章讨论。

预期学习效果还指出学生必须达到的理解水平和能力水平。如本书所述,在 CDIO 专业计划中,工程教育应该培养这样的工程师:他能够在现代团队工作环境中构思、设计、实施和运行有附加值的复杂工程系统。这意味着学生必须在概念上理解工程理论及其原理,并能够分析、应用和评价这些概念。

6.5.2 预期学习效果的分类

预期学习效果的分类或分类法,对于我们在不同认识水平下细分学习效果是非常有用的。教与学的活动以及评估方法,都必须和预期的理解水平结合起来。正如第三章所讨论的,Bloom 教育目标分类法[5]列出了六种理解水平:了解、理解、应用、分析、综合以及评价。Bloom 及其同事们提出了一个从了解到评价的等级划分的框架,该框架的每一级都包含前一级(表 3.8 可看到 Bloom 分类法所排列的学习效果的例子)。

对于侧重于通过计算来解决问题的技术学科课程,Feisel - Schmitz 技术分类法[6]也是可用的(见表 6.2)。Feisel - Schmitz 技术分类法的五个理解水平包括:定义、计算、解释、解决和判断。每个分类水平都列出了指定的学习效果。该分类法有效地区分了问题解决的两个层次:计算和解决。计算意味着根据已知的过程解决标准问题,解决则表示一个更高层次的问题解决方法,它包含一些建模知识或综合知识,因此,必须对概念有更高层次的理解。分类法的等级性表明学生不需要掌握“解释”也能达到“计算”水平,而“解决”则包含所有在“解决”以下层面的水平:解释、计算和定义。

表 6.2 Feisel - Schmitz 分类法[6]

Feisel - Schmitz 分类法	学习效果的例子
定义	陈述概念的定义、用定性或定量的方式描述
计算	遵从定理和步骤,在公式中准确地代入变量
解释	用自己的语言叙述概念,解释过程的应用,讨论结果
解决	通过描述、分析或综合建立一个系统;修改系统的模型;提出设想
判断	批评性评价各种解决方法;选择最优解;评价支持的证据

在具体水平上描述预期学习效果是选择适当的教学、学习和评估方法的基础。

6.5.3 预期学习效果的实例

课程层面的学习效果应该建立在具体的 CDIO 教学大纲和一体化课程计划设计的基础上。预期学习效果应通过可观测的表现来进行评价,并能说明学生应该具备的理解水平。一门课程的所有学习效果对于学生的时间和资源来说应该是可以实现的,而且这些学习效果对于学生、教师和其他利益相关者应该是清楚的。表 6.3 列出了关于 CDIO 专业计划中有关 CDIO 学习效果的实例,并给出了这些实例与基于 CDIO 教学大纲的预期学习效果的关系,而这些学习效果是可以指定分配到各课程中去的。

表 6.3 与 CDIO 教学大纲指定的主题相关的预期学习效果的实例

作为这种学习经验的结果,你应该能够……	与 CDIO 教学大纲相关的主题
在可以理解的水平上解释,让一个非技术人员知道喷气推进是如何工作的	1.3 高级工程基础知识
将可用的模型与实验数据进行比较	2.2.3 实验性的探索
使用创造力和有效的决策力表达问题的解决办法	2.4.3 创造性思维
分析团队的长处和不足之处	3.1.2 团队工作运行
进行口头陈述时,使用适当的非语言交流方式,如手势、眼神、接触、姿势	3.2.6 口头表达和人际交流
评价你自己团队的产品运作系统并提出改进	4.6.4 系统改进和演变

6.5.4 预期学习效果的建设性调整

将个人、人际交往能力以及产品、过程和系统的建造能力融合到课程中，意味着要在课程学习效果、教与学活动和学生的学习评估中给予明确的描述。如图6.1所示，这种预期学习效果、教与学活动和学生学习评估之间的明确关系就是一种建设性调整[4]。本章我们着重讨论如何根据CDIO课程的预期学习效果对教与学活动予以调整。第七章则讨论如何调整与预期学习效果和教与学方法相关的评估方法。

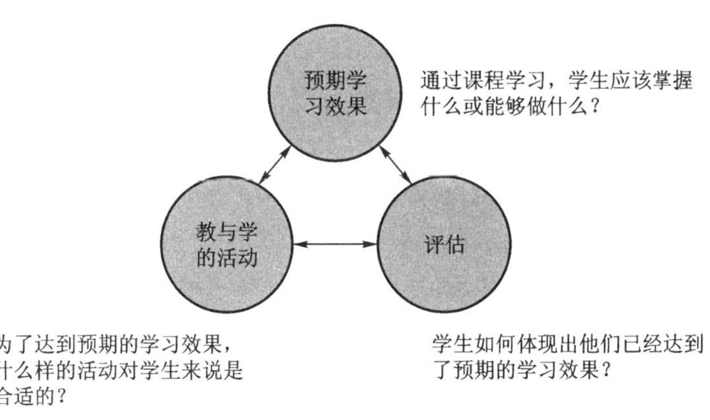

图6.1 学习效果、教与学以及评估的建设性调整

许多学习效果最初是通过应用与实践表现学生的知识、能力和态度的。仅有理论知识是不够的，应该有意识地策划和教给学生能力方面的学习效果，例如，安排学生在团队中工作并不意味着他们就能自动地学习到有效的团队协调能力。必须明确许多问题，如怎样形成一个团队，怎样在团队中计划和分配工作，怎样解决团队内部的冲突等问题。当学生有机会进行实践、对其经验进行反思以及将理论概念予以应用时，就会获得卓有成效的学习效果。为了应对设计一体化学习经验的挑战，我们必须研究主动学习和经验学习的有利之处。融合所有的学习效果，有助于教师为学生设计真正的学习任务，也就是说，让学生从事工程师所需要面对的同类任务。

6.5.5 教师对一体化学习的支持

如果个人、人际交往能力以及产品、过程和系统的建造能力是工程实践和工程教育的两个主要内容，那么这些内容必须在课程计划的设计中融合到每一门课程中。学生一定是把教师当作能够教给他们学科知识和能力的职业工程师。为了重新设计包含主动学习和经验学习的课程，要为教师提供机会以提高他们的教学和评估能力。很多院系在教学过程中已经形成了根深蒂固的传统授课文化，也许很快会发现，更多地使用新的教学和评估方法需要付出很大的努力。主动学习和经验学习的策划需要时间、资源和来自学习和评估专家的支持。

虽然CDIO专业计划中的教师是工程学科方面的专家,但在很多情况下,他们在CDIO教学大纲第一部分(即学科知识)以外的知识以及能力方面的背景相对较弱。此外,由于资源的约束,我们常常不能雇用这样一些专家——他们有能力设计出学生应该掌握的各种实验。如果要将知识、能力和态度的教育融合到已有的学科教学当中,那么,教师必须提升他们自己的教学活动与评估活动。当教师把能力教学当成学科教与学活动的一部分时,学生就会认为教师是重要的工科教师。此外,学生还会明白这些能力是成为一个成功工程师的一个重要部分。

为了更好地设计一体化教与学活动,我们收集和组织了包括实例在内的有效实践资源,并采用了能够反映CDIO教学大纲的构架。这些资源称作教师资源材料(IRM),通过具体能力方面的实例和资源,对实现一体化课程计划、教学以及评估提出了要求。每一个IRM都为一个指定的能力范围提供了教学资源、教学建议和评估方法,这样,在世界范围内的工科教师都能把能力学习效果融合到他们已有的工程课程当中。需要强调的是,这些材料是给教师提高一体化学习经验使用的,而不是给学生的。所提供的观点和材料使教师能够调整自己的课程。除了具体的教与学的材料之外,还有许多能提供额外信息的参考资料,如文章、网页、书籍和专家等。IRM包含了已经使用过的最佳实践经验的例子。作为持续改进过程的一部分,IRM设计者分析有关材料,并从希望提供更多材料的专家那里得到反馈。

6.6 主动学习和经验学习

主动学习方法使学生直接参与思考和解决问题的活动。它很少让学生被动接受信息,更强调学生参与操作、应用、分析和评价其想法。让学生思考概念,特别是思考新的想法,并要求他们做出某些明确的反应,学生不但能学到更多的东西,而且明白自己学到了什么和怎样学习。这个过程有助于学生提高学习的动力,从而达到预期的学习效果,同时形成终生学习的习惯。当学生进行专业工程实践模拟(如设计—实现项目、仿真以及个案研究等)时,主动学习就是一种体验。CDIO标准8提出了主动学习和经验学习的需要。

标准8——主动学习
基于主动经验学习方法的教与学。

众所周知,主动学习提供了一种深化学习的方法[3-4]。正如本章前面所说明的,深化学习的方法意味着学生要去理解概念,这与考试中简单地重复记忆是完全相反的。主动学习和经验学习方法直接影响学生的学习方式。当学生在学习过程中扮演主动角色时,他们会学得更好,因为他们更愿意采用深化的学习方法,学生主动参加

他们的学习,能使学过的知识和新的概念之间更好地联系起来[4]。

6.6.1 主动学习的方法

通过采用主动学习方法,教师能帮助学生把主要概念有机联系起来并促进知识在新环境中的应用。这些方法可以融合到所有类型的课程中,适合于授课过程的主动学习方法包括 Muddy 卡、概念问题、电子反馈系统、自选讲题、与同伴进行讨论或小组讨论以及这些方法的变形[7-10]。在这里,我们将讨论一些在 CDIO 专业计划中广泛使用的方法。

6.6.1.1 Muddy 卡片

Muddy 卡,也称为授课疑点卡,它通过收集课堂上的反馈去测定学生理解方面的不足[9]。在授课或在其他学习经验将要结束时,要求学生对他们学到的东西进行思考。要求他们写下概念或内容方面最不清楚的地方,即疑问最大的要点,教师收集这些卡片以便今后分析用。可用几种方式处理疑点:记录问题并在课程的网页上回答,在下节课的开始时回答,针对普遍的疑点发放答案,或向学生发送邮件。老师通过使用 Muddy 卡体会到其好处。Muddy 卡为学生的思考提供时间,从而提高其学习的记忆能力。将问题和意见写下来有助于学生组织他们的思路并进行更有效的学习。此外,这种卡片可及时为教师提供信息,使教师能在下次上课时纠正错误的理解,并帮助教师改进下节课的内容。尽管 Muddy 卡需要花费大量的时间,特别是在初次应用时更是如此,但许多教师发现,它在主动学习方法和评估方法方面是非常有用的。

6.6.1.2 概念问题

概念问题是一个多项选择题,用来收集学生对课堂上的反馈,由此了解学生是否理解教学内容并纠正学生的误解之处[10]。由于其形式简单,而需要几分钟的时间去思考和回答概念的问题。问题集中在某一概念上,并且有多个准确的答案,那以仅仅采用公式是不能解决的,这揭示了学生对概念理解存在的普遍困难。这种主动学习方法要求教师在授课的时候准备好问题,然后在授课过程中的适当时机提出来,将问题和答案选项一并列出,要求学生用几分钟时间回答问题。学生可通过举手、彩色选项卡或电子系统回答问题。图 6.2 给出热力学课程中关于概念问题的两个例子。

大部分 CDIO 专业计划在上课中采用概念问题去增强学生的学习能力。当学生看起来并不理解某个概念的时候,可让他们与同学讨论其他答案。这个由 Eric Mazur 提倡的同学之间相互指导的方法[10],在多种教学应用中证明是有效的。教师们发现,采用概念问题的方法可以使他们掌握学生在理解方面的信息,并帮助教师及时调整讲课方式以纠正学生的误解。学生喜欢概念问题的方法是因为他们的问题得到了反馈,有助于他们规划自己的学习时间。像使用 Muddy 卡那样,概念问题要求老师用额

一架装有两个喷气引擎的飞机正在加速起飞，假设飞机的排气速度和流入引擎的流量是恒定的。忽略作用在飞机上的其他任何作用力，请问飞机的加速推力是怎样变化的？

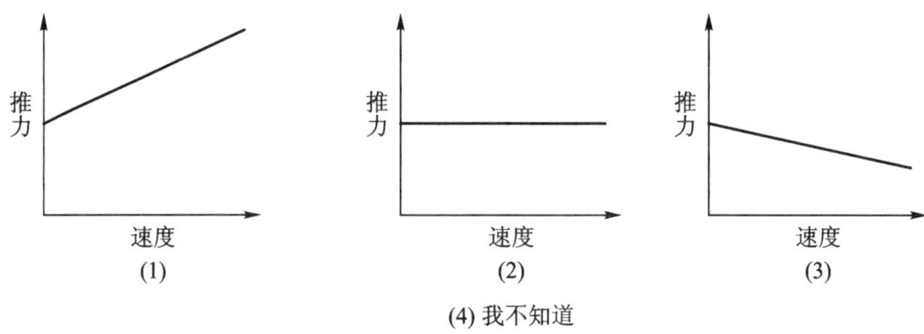

飞机引擎性能

为了使耐力达到最大化，飞机必须以何种方式运动？

1. 使阻力最小
2. 使阻力最大
3. 使推力/阻力比最大
4. 使可利用的动力最大
5. 使需要的动力最小
6. 不知道

麻省理工学院 I. Waitz

图 6.2　热力学课程中概念问题的例子

外的时间去准备和执行，但教师和学生都发现这是帮助学生深入理解概念的有效方法。

6.6.1.3　电子反馈系统

我们有些专业计划结合概念问题使用了电子反馈系统，如个人回答系统[11]。电子反馈系统是收集、总结和显示课堂反馈的一个途径。通过像电视遥控器那样的红外无线发送器，学生可以用按钮来给出他们的答案。电子反馈系统提供了一种匿名收集学生反馈信息的途径。回答结果立即用图显示给教师或提供给所有的学生。教师发现，电子反馈系统提高了学生的学习积极性和参与性。使用软件支持，可以对回答结果进行存档，然后进行分析，以便帮助教师进行课程的计划和评估。虽然这是个可行的办法，但要为教室装备这些系统需要增加成本。

6.6.1.4　自选讲题

自选讲题是一种主动学习方法，适用于大多数工科基础课程，主要目的是解决问题。瑞典斯德哥尔摩的皇家工学院应用这种方法来增强叙述环节和大组辅导环节[12]。对于每一个叙述环节，要求学生准备一系列问题。在叙述时，学生对准备好的和愿意讨论的问题做记号。教师从名单中随机选择一名学生在黑板上写出第一个问题，接下来第二个学生写出第二个问题，依此类推。至少 75% 的自选讲题会以考试加分或类似的形式奖励学生。奖励只针对自选讲题,而与表现的质量无关。最低要求是学生必须证明他们在准备问题时真正努力了,他们必须能够引导课堂讨论并获得满意的解答。如果学生不能达到这个目标,他们的自选讲题就会从叙述环节中删除。在瑞典皇家工学院,学生对这种主动学习方法反应热烈,经常在课程的评价中强调说这个方法有助于他们的学习。

自选讲题能够促进有效学习的原因如下:

- 准备好每周要提出的问题,促使学生把时间放在这些任务上。对于学生所表达的每一个问题,可同时让多达 30 个学生去准备这个问题。同样,出席叙述环节的人数很可能会增加。
- 自选讲题激发了良好的学习活动。因为学生不仅解决了问题,更为课堂演讲作好了准备,这鼓励学生思考如何解释他们的方法和决定。
- 因为学生准备了与其他同学相同的问题,即使其他同学讲得一般,他们也能紧跟问题的解决思路。这种主动学习方法及时向所有学生提供反馈信息,通常会对不同的解决方案进行充分的讨论。

另外,自选讲题充分利用了学生的社交能力,从而激发了学生的学习热情。重要的是,学生必须感到交流的氛围是安全和友善的。

6.6.2 经验学习方法

正如前面所定义的,经验学习让学生能够在模拟工程师角色和工程实践的环境中进行教学活动。经验学习方法包括基于项目的学习、仿真、案例分析和设计—实现经验,它是第五章的核心内容。这些方法是建立在学生(特别是工科学生)如何学习和提高认知能力的教育理论的基础上的。

工程教育的 CDIO 教学模式是基于经验学习理论的。由 Kolb[13] 提出的学习循环,对策划教与学活动提出了建设性的意见。图 6.3 给出了这样一个计划过程的实际应用[14]。

在 CDIO 专业计划中,经验学习的循环是在不同的时间点开始的。因为学生都有共同的经验基础,所以,结合主动学习方法的授课课程要从思考观察出发去激励学习。授课也可以从抽象概括开始,并对主动实践进行总结,例如问题集和习题。因此,可以出现不同的学习风格。导论性的工科课程提供了工程上最初的具体经验,为将来的理论学习构建了一个认知框架。在设计—实现的经验中,具体经验是经验学习循环的切入点。学生参加类似于实际工程实践的任务,思考从这些经验中学到的东西,总结他们的学习,提高对观点和原理的概括能力,并通过主动实践方法和其他问题的应用检验这些新想法。把经验学习贯穿于课程计划中,为加强知识的理解提

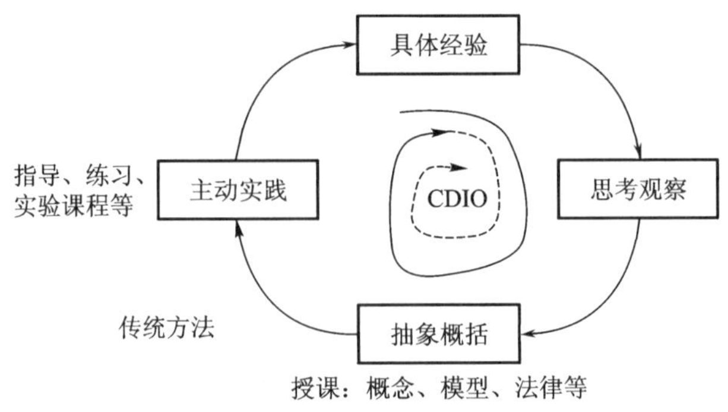

图 6.3　经验学习模型

供了机会。最高层次的经验为学生创造了工程中应用理论和建立信心的机会。

6.6.2.1　基于项目的学习

基于项目的学习是建立在真实或现实世界以及具体条件或问题的基础上的，并找出问题的解决办法，解决办法包括设计—实现的经验。在大多数情况下，我们并没有像丹麦奥尔堡大学[15]所做的那样，实行以问题为基础的基于项目组织的课程计划。而通常是在已有的课程计划的框架中应用基于项目的学习活动。教师找出与内容的概念及原理有关的问题，设计实际任务，使其要求的思考因素应该与工程环境中的思考因素一致。这些任务和环境反映了工程环境的复杂性，并鼓励学生针对其他的观点和环境去检验他们的想法。项目为内容学习和学习过程的思考创造了机会。

教师发现，基于项目的学习提高了学生的积极性，并提高了学生应用工程知识的能力以及处理真实世界问题的能力。然而，设计和监控学习经验所需要的资源如人才、时间、设备和场地，可能限制基于项目的学习。此外，这一方法要求教师改变角色，即从教师到教练或顾问。CDIO 网页上的一个报告简述了基于项目学习的经验，包括对主要限制的建议[16]。

6.6.2.2　仿真

与基于项目的学习类似，仿真是学生在应用工程法规和原理时扮演准工程师角色的活动。仿真通常有具体的规则、指导原则和结构上的角色及关系等[17]。在仿真环节中，教师的任务是解释规则和条件，以告知学生要充当的角色，并监控仿真使其完整执行，以及引导学生思考他们的实践和开展任务报告。大多数仿真是以计算机的硬件和软件为基础的，例如，麻省理工学院的航天航空专业就使用了一个飞行模拟器，这个模型飞行器在无线遥控飞行器的设计—实现—飞行竞赛准备过程中为学生提供了领航练习。采用仿真的教师发现，这些学习活动在一个比实际情况更安全的环境中为学生提供了实践工程任务的机会。另外，学生有机会在缺乏或无法使用设备和设施的情况下完成实践。

6.6.2.3 案例学习

尽管案例学习最初用在法律、商业和医学教育上，但它同样适合工程教育。从参加者的反馈来看，一个好的案例会告诉我们很多关于实际工程的具体经验。除了叙述以外，一个典型案例还可以提供详细的背景内容，如最初的测算和方案、预算和进度表的局限、物质资源和技术设备的到位情况以及任务过程中的相关人力和组织等[18]。通过讨论案例，学生亲自体验了案例学习过程，并参与了疑问解答，其目的是通过实践过程提高学生的思考和决策能力。使用过案例学习的教师发现，这种教学方法有助于培养学生提高分析和解决问题的能力，并使他们掌握解决复杂问题的方法。此外，通过观察工程师的工作，也使学生了解了工程专业历史和传统背景的知识。对于教师而言，案例学习的难点是如何找到与特定学科内容相关的案例。

6.6.3 采用多种主动学习和经验学习的方法

很多教师在一门课程中把两个或更多的主动学习和经验学习方法结合起来。例如，麻省理工学院的一个高级课程就结合了四种方法：概念问题、电子反馈系统、课前布置阅读和问题、基于团队和项目的学习。此外，课程还包括了作为学生学习评估的口头测试。框图 6.2 给出了这个例子。

框图 6.2 空气动力学课程的主动学习和经验学习

在麻省理工学院，主动学习和经验学习方式改变了空气动力学这门高等课程的学习方式。空气动力学是本科三年级的一门课，一般有 40 个学生选修。在 1999 年以前，这门课是以传统的方式教授的，包括教授、复述、周作业、期末一个小的设计项目和最终笔试。现在，这门课包括一系列主动和经验学习活动：

- 概念教学和实时反馈

在教授过程中加入二或三个多项选择的概念题，题目包含重要概念以及通常可能的理解错误。学生经过几分钟的思考后用电子反馈系统进行选择，学生的回答实时地以统计图表的形式打到荧幕上。根据他们的回答，学生进行讨论或由教师对常出现的错误进行点评。

- 每周布置作业(在课程宣讲和讨论前)

在空气动力学课程中，在进行课程授课和讨论之前每周都要给学生布置预读作业，这样，学生在进行课堂讨论时能使用共同的语言来讨论他们的概念和困难。

- 持续整个学期的航空器的分析、设计团队项目

在这个团队项目中，理论知识立即被应用于现代航空器的复杂设计中。并且，持续一整个学期的项目给学生创造了一个学习技术基础知识的环境。这几年学生们做了两个项目，一个基于战斗机，一个基于混合机翼机身的商用运输机。

续

框图 6.2　空气动力学课程的主动学习和经验学习

- 口头考核

口头考核是一种对学生学习效果的动态考核,它能从深层次上反映学生对概念的理解和应用。此外,现实中工程师每天都有应用基础概念进行理性表述的需要,采用口头考核可以评估学生进行理性表述的能力。

期末考试时评估学生知识和能力的变化,考试结果表明:

- 这种新方法非常有效。
- 课前预习的要求提高了讲课效率。
- 改变新方法后在整个学期内学生可以学得更多。
- 有效采用团队项目是很困难的。
- 口头考核能够有效地帮助教师确定学生是否达到了预定的学习目的。
- 很多学生觉得口头考试比传统的笔试更能准确的反映他们真实的理解。事实上,有些学生反映口头考试是这门课中最好的部分。

麻省理工学院 D. Darmofal

6.6.4　使工程教育对学生更具吸引力

CDIO 专业计划通过主动学习和经验学习的方法,把个人、人际交往能力以及产品、过程和系统的建造能力的学习与学科知识结合起来。对于还没有选择工程作为学习领域或事业的学生来说,使用这种学习方法将使工程变得更具吸引力。尽管有所改善,工程教育仍然是男性长期占支配地位,而女性和少数民族学生明显属于弱势群体。在选择主动学习和经验学习方法时,要用心地选择那些能帮助所有学生成长和成功的方法。

对弱势群体学生学习偏好的调查结果表明:在他们的学习环境中,某些特定因素至关重要。例如在瑞典,对女性工科学生的研究表明:与男生相比,她们更偏好以下内容:

- 个人与教师的联系
- 关于她们工作方面的定期反馈
- 与她们的生活相关的作业
- 复杂环境中的教与学的安排
- 项目工作中的有效时间管理
- 基于表现而不是传统考试模式的评估方法

- 与适当的角色模型互动[19]

框图 6.3 总结了由林雪平大学提出的关于学习偏好的研究。CDIO 专业计划所带来的改变,已经为实现学生成才的工程教育迈出了重要的步伐。

框图 6.3 学习偏好的性别差异

在林雪平大学的计算机科学以及应用物理与电力工程两个专业中女生的比例低于10%。在一个意在让学生理解学习风格的性别差异的项目中,要求女生从性别的角度对讲授、课堂、项目、考试和课程阅读进行观察,并对十一个来自不同年级的志愿者进行为时一个学期的观察。研究者先向她们介绍本领域的性别研究情况。她们还定期参加会议,会上有教师帮助她们反馈经验,还可同其他志愿观察者进行交流讨论。该项目的四个主要发现是:

- 缺少女性榜样

女教师不多,除了少数几门非技术性的课程外,学生到三年级都没有见到过女教师。教科书和阅读资料中女作者也偏少,在一个专业的 90 本书中只有四本书的作者为女性。

- 工程案例中缺少女性视角

有一门课程项目要求开发含有暴力内容的计算机游戏,女生们并不喜欢这类冒险游戏,认为学校也不应该允许开发这类计算机游戏。有些课程中,男教师会以他们自己在服兵役时的经验讲解理论问题,而瑞典的女生对这类经验并不熟悉。

- 女生在团队中的角色受性别限制

女生在团队中经常扮演秘书的角色(至少在前两年),女生自己也希望团队中至少有两名女性。

- 糟糕的授课对女生的影响更深

产生这样结果的原因不是很清楚,首先需要定义什么是“好的”什么是“坏的”教学,这有待于进一步的研究。

这些结果与性别研究的结果一致。此外,小组讨论起到了重要的作用,学生们发现当他们交流了自己的学习经验和环境后变得更加深思和成熟。开展这一项目后,即使在课堂之外和学校之外学生也能有意识地应用性别视角。这个项目促进了学生的个人成长和批评性思维,而质量是大学的关键目标。对不同性别的学习偏好的理解可对学术专业的发展产生正面的影响。学生给出的建议包括设立更多的女性榜样,由高年级的女生给低年级的女生作导生,教育师生在教和学的过程中注意不同性别的学习偏好等。

林雪平大学 M. Engström

6.7 收益与挑战

我们一直在研究这些创新的教与学方法所带来的结果。当把能力融合到学科内容,并采用了主动学习和经验学习的方法,我们发现:

- 所介绍的 CDIO 教学模式加深了学生对工程学科内容的理解。
- 对毕业生的年度调查表明,他们已经掌握了 CDIO 教学大纲中所预期的知识和能力。
- 课程评价结果表明教师比以前使用了更多不同的教学与评估方法。
- 学生的自我报告数据表明,他们对学习经验的满意度较高。
- 对 CDIO 专业计划中的学生进行纵向研究表明,专业入学的人数在增加,而不合格率(特别是女生的不合格率)在减少,学生对学习的满意度在增加。

这些收益将会在第九章中详细讨论。

然而,个人、人际交往能力以及产品、过程和系统的建造能力与学科内容、主动学习和经验学习方法的融合并不是一帆风顺的:

- 暂不考虑其优点,教师有时仍发现学科内容的学习与个人、人际交往能力以及产品、过程和系统的建造能力的培养之间存在冲突。
- 教师有时候不愿意在课程中减少内容的覆盖面,因为后续的课程有赖于这些知识点。
- 教师和学生通常不愿意改变惯有的教与学的方式。
- 教师可能缺乏实施主动学习和经验学习方法的专业能力。

第八章将讨论有关教师的提高、学习和评估方法等问题。

6.8 小结

一体化学习方法在不断加强学生对学科知识概念理解的同时,使学生可以学习个人、人际交往能力以及产品、过程和系统的建造能力。学生在实际环境中实践及学习工程知识,对其获得的学习经验更加满意。在第一和第二年的课程中,引导并鼓励他们去学习学科要点。在接下来的学年里,这些学科知识通过应用得到巩固,而且学生通过他们的努力变得更有能力。

如主动学习方法中的 Muddy 卡、概念问题和电子反馈系统,它们促使学生以积极思考和公开回答问题的方式进行学习。教师可以在讲授的课程或基于项目的课程以及研讨会中采用多种主动学习的方法。通过经验学习,如基于项目的学习、仿真和案例学习,学生有机会在日益复杂的学习环境中担当各种工程实践的角色。

CDIO 专业计划通过主动学习和经验学习,把个人、人际交往能力以及产品、过程和系统的建造能力的培养融合到学科知识的学习过程中。基于这种学习方法,工程对学生更具吸引力,特别是对那些还没有选择工程作为学习领域或职业的学生。

结合第四章和第五章,本章解答了工程教育的第二个中心问题:我们如何能更好地保证学生学习到这些知识和能力?我们重点讨论了将能力与学科知识的学习效果相融合,以及和这些效果相关的教与学方法的调整。第七章将继续阐述这一方法,并具体讨论如何调整与学习效果和教与学方法相关的评估方法。

讨 论 题

1. 如何把个人、人际交往能力以及产品、过程和系统的建造能力融入到你的课程中?
2. 在你的课程中,用了哪些有效的主动学习和经验学习方法?
3. 如何能够进一步了解学生对其学习的理解?
4. 你将如何应对本章提到的一体化学习、主动学习以及经验学习的主要挑战?

参考文献

[1] Edström, K., Törnevik, J., Engströhn, M., and Wiklund, Å., "Student Involvement in Principled Change: Understanding the Student Experience", *Proceedings of the 11th International Symposium Improving Student Learning*, OCSLD, OxFord, England, 2003.

[2] Marton, F., and Säljö, R., "Approaches to Learning", in Marton, F., Hounsell, D., and Entwistle, N. J. (Eds.). *The Experience of Learning*. Edinburgh: Scottish Academic Press, 1984.

[3] Gibbs, G., *Improving the Quality of Student Learning*, TES, Bristol, England, 1992.

[4] Biggs, J., *Teaching for Quality Learning at University*, 2nd ed., the Society for Research into Higher Education and Open University Press, Berkshire, England, 2003.

[5] Bloom, B. S., Englehart, M. D., Furst, E. J., Hill, W. H., and Krathwohl,

D. R., *Taxonomy of Educational Objectives*; *Handbook* Ⅰ—*Cognitive Domain*, McKay, New York, 1956.

[6] Feisel, L. D., "Teaching Students to Continue Their Education", *Proceedings of the Frontiers in Education Conference*, 1986.

[7] Angelo, T. A., and Cross. K. P., *Classroom Assessment Techniques*: *A Handbook for College Teachers*, 2nd ed., Jossey-Bass. San Francisco, California, 1993.

[8] Johnson, D. W., and Johnson, R., *Leading the Cooperative School. Interaction Book Company*, Edina, Minnesota, 1994.

[9] Mostellet, E, 1989, "The 'Muddiest Point in the Lecture' as a Feedback Device", *On Teaching and Learning*, Vol. 3, pp. 10-21. Available at http://isites. harvard. edu/fs/html/icb. topic58474/mosteller. html。

[10] Mazur, E., *Peer Instruction*: *A User's Manual*, Prentice Hall, NJ, 1997.

[11] InterWritePRS. Available at http://www. gtcocalcomp. com/interwriteprs. htm.

[12] Lindqvist, K., and Edstrom, K., Ticking, the Royal Institute of Technology, Stockholm, Sweden. Personal Communication.

[13] Kolb, D. A., *Experiential Learning*, Prentice-Hall, Upper Saddle River, New Jersey, 1984.

[14] Cunningham, G., Queen's University, Belfast, Northern Ireland.

[15] See Aalborg University at http://www. aau. dk.

[16] Andersson, S., Edström, K., Eles, P, Knutson Wedel, M., Engström, M., and Soderholm, D., *Recommendations to Address Barriers in CDIO Project-Based Courses*, CDIO Report, 2003. Available at http://www. cdio. org.

[17] Bonwell, C., and Eison, J., *Active Learning*; *Creating Excitement in the Classroom.* ASHE-ERIC Higher Education Report 1. The George Washington University, School of Education and Human Development, Washington, DC, 1991.

[18] Kardos, G., "Engineering Cases in the Classroom", *Proceedings of the National Conference on Engineering Case Studies 1979.* Available at http://www. civeng. carleton. ca/ECL/cclas. html.

[19] Salminen-Karlsson, M., *Bringing Women into Computer Engineering*, Linköping University, Department of Education and Psychology Dissertations No 60. Linköping, Sweden, 1999.

第七章 学生学习的评估

P. J. Gray

7.1 引言

前面三章已讨论了工程教育改革的第二个中心问题:*我们如何能更好地保证学生学习到这些知识和能力?*工程教育改革的主要内容包括一体化课程计划、设计—实现的经验、一体化学习、主动学习和经验学习,这些内容保证学生能更好地达到社会对所有工科毕业生所要求的预期结果。"我们如何才能做得更好……"这个问题会引发另一个问题:我们怎么知道现在的做法更好?

- 我们如何知道学生取得了预期的学习效果?
- 我们如何知道我们的工程项目是有效的?

本章将对以上关于学生学习评估的第一个问题做出回答,然后在第九章讨论专业评估问题时再对第二个问题进行讨论。对学生的学习进行评估是为了衡量每个学生对预定的学习效果所达成的程度。教师根据他们的课程效果,对学生学习的评估进行规划和实施。相反,专业评估是通过学生的整体学习效果以及在采用 CDIO 标准的情况下对 CDIO 专业计划的主要成功因素进行检验的。

我们可在教学活动开始之前、进展之中以及完成之后的三个时期对学生进行学习效果评估。在学生进行学习的过程中,形成性评估是收集学生所取得的成绩。这种评估结果可以告诉学生关于他们的学业进展情况,帮助监控教学的进度,并指出教学中可能需要改进的地方。总结性评估一般是在教学活动(例如一个重大项目、课程或者整个计划)结束时收集所有的信息。总结性评估结果反映了学生在项目、课程或专业计划等方面所取得的预期学习效果。如果教学活动需要在其他学生身上重复进行,那么形成性评估和总结性评估都可以用于改进课程计划、教与学的方法以及学习场所的设计和使用。

学生在个人、人际交往能力及产品、过程和系统的建造能力,以及在学科知识的学习评估方面包括以下四个主要阶段:

- 学习效果的具体要求。
- 使评估方法与课程计划、学习效果和教学方法相一致。
- 使用多种评估方法去收集学生所取得的成绩的有关证据。
- 使用评估结果去改进教学和学习。

前面章节重点说明了具体化学习效果及其与教学和学习活动相结合的重要性。下面讨论的焦点是与课程计划和教学方法相匹配的评估方法。有效的学习评估方法要与预期学习效果相结合,就是要把希望学生所掌握的知识、能力和态度等作为学生教育经验的结果。

我们通过多种方法来收集学生所获得的预期学习效果的证据,如笔试和口试、表现评分、效果回顾、学习日记、卷案和其他自我测评。这些方法可以在各种教学环境下收集学生取得进步和效果的证据。对多种不同来源的数据进行收集,并对信息进行讨论,使我们可以明确学生所学到的东西。然而,只有在评估结果应用于改进学生的教育经验之后,整个学习评估的过程才算完成。

本章强调一个思想,即在一个相互合作、协作和支持的文化氛围里,可将学习评估用于诊断和提升学习效果。教和学是相互影响的,而且学生和教师是在一起学习的。我们将详细地观察学习评估的过程,描述所选择的评估方法,并给出有代表性的专业中学生的学习评估例子。最后,我们将明确有效的学习评估所面临的主要挑战,并提供应对这些挑战的方法。

7.2 本章目标

本章的内容将使你能够:

- 实施学习评估的过程
- 制定一个将预期学习效果和教学方法与评估相结合的计划
- 描述多种可提供学生学习证据的评估方法
- 利用评估结果持续改进学习经验
- 描述合理的学习评估的主要优点和挑战

7.3 学习评估的过程

传统的观点认为评估是独立于教学的。教师认为评估占用了教学时间;而学生通常对评估有所担心和害怕。但是, CDIO 教学模式的评估正是以学习为中心的,也就是说，它是整个教学过程的一个部分，在学生和教师共同学习的氛围中促进学习。表7.1是基于 Huba 和 Freed[1]的工作，它比较了以教学为中心的评估和以学习为中心的评估。

表7.1 以教为中心的评估和以学为中心的评估

以教为中心的评估	以学为中心的评估
• 教学和评估相互分离	• 教学和评估相互关联
• 评估用来监控学习	• 评估用来促进和诊断学习
• 强调正确的答案	• 强调产生更好的答案和在错误中学习
• 通过客观的评分测试间接评估学习	• 通过试卷、计划、表现和投资搭配等直接评估学习
• 文化是有竞争性的和个人主义的	• 文化是相互合作、协作和支持的
• 只有学生被认为是学习者	• 教师和学生一起学习

以学习为中心的评估是与学习效果相结合的，并使用多种方法收集学习效果的证据，且在相互支持和协作的环境中促进学习。这样的评估注重于收集学生在学科知识、个人、人际交往能力以及产品、过程和系统的建造能力等方面所掌握的熟练程度的证据。这一学习评估是标准11的重点。

标准11——学习考核

考核学生在个人、人际交往能力，产品、过程和系统建造能力以及学科知识等方面的学习。

评估学生学习的过程包括四个主要阶段：学习效果的规范化、学习效果和教学方法与评估的结合、使用多种评估方法收集学生学习的证据、利用评估结果改进教与学。图7.1给出了可用于任何教育项目中的学习评估过程。在CDIO专业计划中，学生学习评估的独特之处在于学习评估与学习效果的特性相结合，并将学习效果整合到课程计划当中。

对于大部分的工科专业计划，其学习评估主要集中在学科内容上。虽然这种方式在CDIO教学模式中仍然非常重要，但还要强调评估个人、人际交往能力以及产品、过程和系统的建造能力等方面，这些能力也需要结合到课程计划中去。单一的评估方法无法收集各个方面的学习效果的证据。

学生学习评估由学习效果的具体标准开始，这些学习效果是通过教学活动和相关的学习经验获得的。个人、人际交往能力，产品、过程和系统的建造能力，以及学科知识三个方面共同构成了拱形的学习效果。我们在第三章中已经描述了从CDIO教学大纲中获得学习效果的过程（见表3.8）。一旦对学习效果进行了清晰的表述，它们就被整合到课程当中，并按照适当的学习经验进行有序的组织。第四、五、六章已经非常详细地描述了这一整合过程和排序过程。正如不同类别的学习效果要求不同

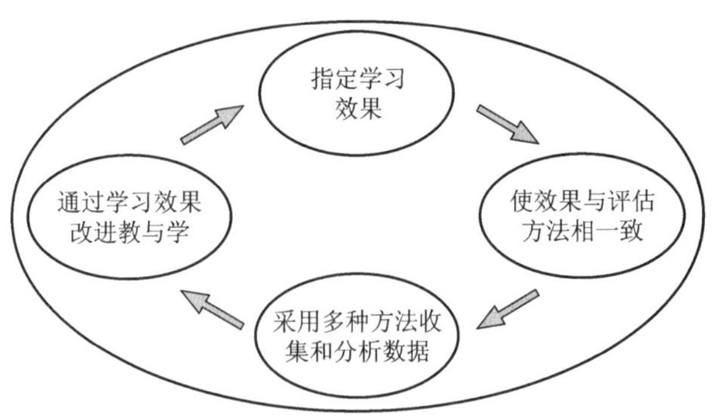

图 7.1　学生学习效果的评估过程

的教学方法，这些教学方法产生了不同的学习经验——典型的方法包括主动学习和经验学习方法——他们也需要不同的评估方法来确保评估数据的可靠性和有效性。本章将在下一节讨论学习评估过程的第二、第三和第四阶段。

7.4　使评估方法和学习效果相一致

一旦明确了一门课程、一种模式或其他学习经验的预期学习效果，就可以将预期学习效果分为不同的类别，以便选择合适的评估方法。例如，表 7.2 给出了一个通用的指引，可以使适当的评估方法与指定类别的学习效果相一致。这是采用 R. J. Stiggins 的工作成果编写出来的，他是一位与课堂教师一同工作的教育评估专家[2]。第一列明确了与知识(三级)、能力和态度相关的种类，标题栏则是评估方法的类别。各种评估方法的举例将在下一节中解释。这个表格强调了选择评估方法的重要性和采用这种方法收集学生学习效果相关证据的适应性。

表 7.2 表明，通过笔试和口试可以有效评估学生对概念的理解。这些测试可以包括在考试、面谈或与学生的信息互动当中。这一类别的学习效果的例子有：

表 7.2　学习效果与评估方法的一致性

	笔试和口试	表现评分	产品审查	学习日志和卷案	其他自我测评的方法
概念理解	X				
问题解决和程序性知识	X			X	
知识创新和综合		X	X	X	
能力和过程		X	X	X	X
态度			X	X	X

- 区别燃烧和发射的特性(CDIO 教学大纲 1.3 中学科细节内容)
- 定义系统、系统行为和系统组成部分(CDIO 教学大纲 2.3)

通过口头提问、书面报告以及定期刊物等形式,要求学生解决简单和复杂的问题,由此评估他们解决问题的能力和掌握的过程知识。评估解决问题方面的学习效果的例子如下:

- 用创造力和良好的决策能力形成解决问题的方案(CDIO 教学大纲 2.1)
- 应用事件和序列的概率统计模型(CDIO 教学大纲 2.1)

虽然知识创造和综合学习效果更难以评估,但我们仍可以采用与评估能力和过程相同的方法。具体例子有:

- 构思和设计一个工程产品以满足客户的需求(CDIO 教学大纲 4.3 和 4.4)
- 评价运行的系统并提出改进(CDIO 教学大纲 4.6)

被列为能力和过程的学习效果可采用表现评分、产品审查、学习日志、卷案以及其他的自我测评方法进行合适的评估。这些学习效果的例子有:

- 用合适的仿真工具来决定结构的压力和变形状态(CDIO 教学大纲 1.3 中的学科细节内容)
- 使用恰当的非语言交流手段,如手势、眼神和姿势(CDIO 教学大纲 3.2)

最后,态度可以通过大部分的自我测评方法(包括学习日志和卷案)来进行评估。CDIO 教学大纲明确了情感方面的学习效果(态度),并将其整合到专业计划当中,其例子包括:

- 认识到在科学实验中使用人的时候需要考虑的问题包含道德问题(CDIO 教学大纲 2.2)
- 适应终生学习的个人项目和专业发展(CDIO 教学大纲 2.4)

该表是将评估方法和学习效果相匹配的一个指导性方案,但它没有规定精确的匹配方法。评估方法的选择通常取决于教师对某一方法的经历以及可用于数据采集和分析的资源。下面将具体讨论各类评估方法,并给出一些在专业计划中可供采用的例子。

7.5 学生学习效果的评估方法

如图 7.1 所示,学生学习评估的第三阶段采用了多种方法来收集和分析数据。传统的工科课程的评估方法采用的是书面考试,且通常安排在期末。与此相反,CDIO 教学模式则采用各种方法来收集学生在学习之前、学习期间和学习之后三个不同时期的学习证据,全面了解学生的学习成绩和学习态度有何转变。在学习的过程中使用某些评估方法,可以获得与教学方法一样的效果。例如在第六章中所描述的概念问题,它有效地帮助学生学习新概念及向导师反馈学习情况。教师可以通过笔试和口试、表现评分、产品审查、学习日志、卷案以及其他自我测评的方法收集学生学习的证据,并将表现的准则和标准与评分范围和评分表相结合,以评估学生的学习质量和学习成绩。接下来我们讨论具体的数据收集和评估方法,并举例说明。

7.5.1 笔试和口试

大部分工科教师对笔试比较熟悉,它包括选择题和其他有明确答案的题目、计算题和开放性题目。我们鼓励教师在笔试题目中反映学习效果,并根据学习效果考查学生的成绩。笔试在评估学生对概念的理解程度上仍然是卓有成效的手段,可以在同一时间内,对大批学生进行评估,并对学生的学习成绩进行存档。但是,很难设计出理想的笔试题目,而且学生给出的答案也不一定揭示其出错的原因或误解的根源。

另一方面,口试却可以让教师发现学生的各种误解。口试要求学生独立思考和合理论述。在第六章关于麻省理工学院空气动力学课程的例子中,已经介绍了结合课堂概念问题来进行口试的方法(见框图 6.1)。

在笔试和口试中,教师运用概念问题来判定学生对学科内容的理解程度。第六章所描述的关于概念问题的使用就是一个适合于教学和评估方法的例子。框图 7.1 给出了查尔摩斯工业大学在机械和数学课程中使用概念问题来考查学生对概念理解的实例。在学生整个三年的学习期间,概念问题是其纵向学习的第二部分内容。

框图 7.1　查尔摩斯工业大学机械工程专业对学生进行的一项纵向研究结果的摘录

查尔摩斯工业大学机械工程专业使用力学概念量表(Force Concept Inventory,FCI)进行了一次研究。FCI 是一个著名的测试学生对基本物理概念理解程度的测试工具[1],虽然它也可以在别的环境下用于其他用途,但 FCI 主要是用来测试学生对牛顿物理学基本概念的理解的。2002 年 1 月对机械工程的学生进行了一次测验,而后在 2002 年秋当学生步入二年级时又做了一次测验以便比较。同时还对学生提了一些对物理概念理解的问题。

第二年开展的另一个项目主要着眼于研究学生的数学建模能力,就是将数学应用于实践中的能力。采用由澳大利亚、英国和爱尔兰研究人员设计的著名的数学测试模型来评估学生的数学建模能力的提高程度[2]。这个测试也进行了两次,第一次是在2003年9月,当学生刚跨入机械工程三年级学习时,第二次是在2004年2月,当他们进入三年级下半学年时。

这些纵向研究表明,机械工程的学生在学习之前和之后对物理、数学和力学的概念理解有所增加。并且,研究表明力学概念量表和数学建模工具对评估学生专业学习效果十分有用。研究结果显示出不同性别的学生的学习效果是有差异的,然而这个研究本身却无法提供合理的解释,将进一步研究以确定哪些环境因素影响了这些结果。

[1] Hestenes, D., Wells, M., and Swackhammer, G., Force Concept Inventory, *The Physics Teacher*, Vol. 30, 1992, pp. 141-151.

[2] Izard, J., Haines, C., Crouch, R., Houston, K., and Neill, M., Assessing the Impact of Teaching Mathematical Modeling: Some Implications, in Lamon, S. J. Parker, W. A., Houston, S. K., (Eds), *Mathematical Modeling: A Way of Life*, ICTMA 11, Chichester, Harwood Publishing, 165-177.

查尔摩斯工业大学 T. Lingefjärd

7.5.2 表现评分

通过学生在诸如口头演讲和团队工作等特定任务中的表现情况,可以对学生的多项预期学习效果进行评估。在这种情况下,评分表有助于收集和分析评估数据。评分表是一个标准列表,该列表通过一个个反映完成质量程度的等级来评估表现、过程或产品的质量。评分表不仅对教师有价值,而且向学生传达了教师对他们表现的期望。由于整个班级采用相同的准则,所以学生感觉评估是公平的、客观的。评分表对于观察记录和判断是一种有效的方法,但它们的构建比较费时而且具有挑战性。

幸运的是,在一些工科教育组织的定期期刊文章和会议论文集中,如美国的工程教育协会(ASEE)、欧洲工程教育协会(SEFI)中,就可以找到一些现成的评分表。表7.3就是一个评分表的例子,某些CDIO专业计划使用评分表评估学生的技术概括能力和口头表述能力。需要注意的是,观察者不仅要评估学生对技术信息的理解力,而且还要评估学生能否清楚和专业地表达出他们的想法。表7.3给出了一个分析性的评分表的例子,其中左边列出了一些具体标准。评估人员将分别根据每个标准进行质量评估。相反,整体的评分表从质量分级开始,然后对每个质量细则进行描述,例如,详细描述"一个很好的演讲"应该是怎样的[2]。

表 7.3　口头演讲和技术介绍评分表

	差	中	好	非常好	评论
报告的质量					
清晰地表达演讲主题					
同听众保持较好的眼神交流					
有效地应用语音技巧(音量、清澈、抑扬顿挫)					
举止和职业形态(外表、姿态、手势)					
平稳、有效地过渡到下一位演讲者					
对演讲者演示技巧的评论					
技术内容					
技术内容准确,抓住重点					
对内容有足够的展开					
重点突出,概念之间的关系清晰					
以详尽的内容和清晰的图示帮助表达概念					
图表和演示是精心设计、有效应用的					
提出多项选择,并对采用的选择给出理由					
讨论关键性问题					
回答问题准确、简洁					
对演讲者技术能力的评论					

总评:

7.5.3　产品审查

我们开发和应用类似的评分表来评估学生完成的产品和项目。CDIO 专业计划的一个显著特点是强调设计—实现的经验,学生需要展示他们在构思、设计、实施和运行产品、过程及系统方面的能力。通过学生的表现或检查实际产品来进行评估,这些实际产品可能是实物、报告或计算机绘图。框图 7.2 给出了一个评分表的例子,是由贝尔法斯特女王大学设计和实现的,可用于评估学生在设计项目模块方面的学习情况。

框图 7.2　英国贝尔法斯特女王大学项目设计回顾总结

附表所列是专门用来对学生项目课程的学习效果进行评估的标准,项目导师会根据学生的表现填表。学生在项目进行过程中的表现按下表的级别评定,教师则根据学生的表现给分:

项目学习效果	不满意	满意	好	优
能用文字、口头和图表及各种媒体进行有效交流				
按照给定的时限管理时间、资源,合理安排优先顺序				
能有效应用计算机和信息技术				
应用各种外部资源查找并组织信息				
项目进行过程中获得了解决问题的能力				
独立学习和工作				
安全工作				
能与教师和其他辅助人员有效交流				

英国贝尔法斯特女王大学 R. Kenny

这里需要简单介绍一下学生之间的互评。互评往往在实施等级评定和产品审查的时候进行。如表 7.3 所示,学生根据给定的评分表去评估其组员或其他班级成员的口头表达能力,当然,学生之间的互评不一定用评分表。在一些专业计划中,每个学生团队都要完成这样一个任务:通过口头和书面的形式对班里至少一个团队的表现和产品进行评审。

7.5.4 学习日记和卷案

学习日记与卷案对学生在设计—实现项目和实验研究以及在团队协作方面所付出的努力进行了记录,能够反映学生严谨的思维能力和推理能力,并记录学生在工程过程中经历的各个阶段。即使最后没有任何实实在在的产品,这些文件也能为我们提供有关学生学习效果的证据。此外,学习日记有助于明确个人对团队项目和活动的贡献,虽然需要花费时间对学习日记和卷案进行阅读和评估,但对学生而言,定期的反馈是最有效的。

7.5.5 其他自我测评的方法

其他自我测评的方法,如详细目录和调查表,可以帮助学生培养一种成为学习者和未来工程师的意识。让学生思考他们的学习经验不仅有助于他们更清楚地理解所学到的概念之间的联系,也有助于更清楚地理解这些概念在新的情况下该如何应用。当这些思考结果与包含学生工作例子的卷案进行结合时,就会成为评估学生个人成绩和评估整个专业计划的有用工具。

正如前面所提到的,学生可以通过审核和评论他们自己和同伴的工作,参与到评估过程中来。这些评估可能使用一些评分表,这与其他的表现方面的评分表、开放型的叙述或反思卷案等方式相类似。框图 7.3 描述了在斯德哥尔摩的皇家工学院车辆工程专业用于学生为同伴和自己进行评估而开发的反思卷案。

框图 7.3　皇家工学院反思卷案的应用

皇家工学院汽车工程专业于 2002—2003 学年引入反思项目,十个二年级学生参加了四次反思卷案讨论会,每次三个小时,其中有五人两年来一直参加这个项目,直到项目结束。

这个项目的目的是:

- 反思并找出他们所偏好的学习方法
- 通过反思提高学习效率
- 对他们自己和同学进行评价
- 给予并接受批评
- 计划与 CDIO 相关的学习目标
- 认识并利用基于经验的学习的优点
- 培养终身学习的习惯
- 为职业规划负责

每次讨论会之前都会要求学生进行一些指定的阅读,他们需要带着一个反思的总结参加讨论。每个人在反思之后,大家进行讨论并给出评论,其目的不在于批评,而是希望通过其他人的认识和经验能够使个人的认识得到扩展。

电子卷案分为三个层次:私人层次、小组层次和公共层次。小组层次的文件需得到作者同意才能阅读,而公共层次的文件是放在网上的,每个人都可以看到。这个卷案包括考试、项目、文档、演示等,还有学生关于学习的一些个人说明。

项目评估表明学生对反思案卷的做法非常满意,他们觉得这样很有启发性。对话和反思表明,学生有共同的想法、恐惧和希望,而他们通过这个项目可以和其他同学共享这些想法、恐惧和希望。参加项目的学生反映,他们对自己的学习有了新的理解,对管理他们自己的学习更加自信了,并对他们的未来和职业生涯有了更清楚的认识。一个学生在总结项目报告中写道:“这个项目让我对自己的学习责任更加清楚了”。

皇家工学院 K. El Gaidi

7.6 评估结果对教与学的改进

如图7.1所示,学习评估过程的第四步,也是最重要的一步,就是使用评估结果去改进教与学,并从总体上改进整个专业计划。最后这一步骤完成了整个评估循环。

学习评估过程的各个组成部分旨在帮助对学生的培养和展示一种质量文化,正如Massy所描述的[3]。他明确了一系列核心的质量原则,这些原则定义了高等教育的质量过程;

- 根据学生取得的学习效果定义教育质量。
- 关注教学、学习和学生评估的过程。
- 努力使课程计划、教育过程和评估结果相一致。
- 通过协调工作去实现共同参与和相互支持。
- 尽可能根据实际情况作出决定。
- 通过最佳实践过程进行分析和学习。
- 首要的任务是不断地提高学术水平。

在专业计划的持续改进过程中经常使用这些原理来体现质量文化。

框图7.2给出了贝尔法斯特女王大学所用的项目模块的评估例子,他们采用了许多工具来判断学习效果。这些工具用来评估学生在学习效果方面的表现,由此直接收集学生在学习方面的证据。评估工具还为我们提供了一种可用的方法,以确定在什么方面以及在多大程度上达到了课程计划所设定的学习效果。例如,在本案例的研究中可看到,如果不同的评估者根据评分表上的任一准则评估学生,其结果均是不能令人满意的,那么我们就应该努力改进,使学生克服这些不足。

除了改进教与学之外,收集到的评估信息还可满足有关机构和外部审核者的需要。例如,工程与技术认证委员会在认证评审中所使用的准则表明,一个专业计划应该包括以下三方面内容:

- 课程计划可为学生提供学习、实践和展示学习效果的机会。
- 评估过程获得的记录结果表明学生所取得的学习效果。
- 评估并记录学习效果和反馈循环过程体现了专业计划的持续改进[4]。

如果不考虑外部审核机构的要求,那么,评估信息的最重要的用途就是达到专业计划持续改进的目的。位于马里兰州安纳波利斯的美国海军学院(USNA)在他们评估进展的年度报告中给我们提供了这样一个例子,“海军学院的学术评估课程计划的基本目的是支持USNA学术计划的持续改进并提升海军学校学生的学习效果”[5]。这一持续的过程把外部的周期性审核引入到合适的环境中,而且为其提供各种最有利于评估的资源。第九章将更为详细地讨论在专业计划的评估中如何使用学生学习评估方面的数据。

7.7 主要收益和挑战

合理的学习评估方法对学生和专业计划做出了贡献,其成功之处表现在以下几个方面:

- 收集多种来源的信息并进行讨论,可以更好地了解学生学到了什么东西。
- 教学和评估相互影响,改进评估的方法也能用于改进教与学。
- 可以使用合适的评估方法来衡量学生在各种教与学的环境中所取得的进步和效果。

在施行合理的学习评估过程中,可能面对以下挑战:

- 由于工科教师常常过于依赖他们自身在工程学习中所使用过的评估方法,例如习题集和书面考试,所以,要从传统的评估方法转变到更加以学习为中心的评估方法上来,这对教师来说将是一个挑战。第八章将描述如何为提高教师的评估能力提供支持。
- 发现或创造与所有学习效果相一致的可靠、有效以及合适的学习评估方法和工具,起初看起来有些棘手。CDIO培养模式通过创造和实施新的学习评估方法,为教师和专业计划提供了支持,相互协作则有利于共同分享评估工具和结果。
- 创造或调整新的学习评估方法有助于更深入地理解工程概念,这需要花费教师更多的时间。在教学过程中运用的形成性评估方法让教师和学生有机会去监控知识、能力和态度方面的发展情况,发现被误解的概念。在教学过程结束时所采用的总结性评估方法,可让教师和学生有机会对学习效果有更广泛和更全面的认识。
- 形成性和总结性的学习评估结果常常得不到充分的利用。为了取得最大效果,教师、学生以及其他教学领导者应该共同分享评估结果,以便共同决定学习效果的实现程度,这将成为未来教与学经验能够继续提升或不断改进的动力。

7.8 小结

当大部分专业教师和其他学术研究人员都采用同一个学生学习评估计划,并且所用的各种评估方法都与学习效果相一致的时候,那么,这个专业计划就实现了合理的学习评估。如果大部分教师都能使用各种合适的评估方法,并通过评估结果决定学生的完成情况,以此改进他们课程中的教与学经验,那么,这样的学习评估可以说是成功的。总之,当有证据表明本章所描述的学习评估过程的四个阶段都能完成时,专业计划才算是成功地实现了对学生的学习评估。

发现或创造可靠、有效和合适的,且能与所有学习效果相一致的评估方法和工具,仍然是一个挑战。CDIO 培养模式为教师和评估专家提供了各种机会,使得他们可以开发出新的工具并分享他们在不同工程教育环境中的经验。这些合作者正在建立其他一些评估方法,如本章例子中所介绍的口试、表现的评分表、卷案、自我评测等。

本章所介绍的内容对合理地规划各种学习评估方法进行了研究,并且针对实现过程中面临的主要挑战提出了一些解决方法。要建立一种以评促学的文化,即要实现从以教学为中心到以学习为中心的方法转变,而且承诺将评估结果用于改进课程计划、教学方法和整体学习环境。关于如何运用学习评估方法以及教与学方法去提升教师能力的相关问题将在下一章讨论。

讨　论　题

1. 在对工程课程和专业计划做出决定时,你最依赖哪类数据或证据?
2. 你会采用什么评估方法去改进你的课程?
3. 在你的专业计划中,你会如何使用学习评估的结果去改进课程计划、教与学、学生和教师的满意度以及学习场所?
4. 你将如何具体解决本章所提到的评估方法所面临的主要挑战?

参考文献

[1] Huba, M. E., and Freed, J. E., *Learning-Centered Assessment on College Campuses*, Allyn and Bacon, Boston, MA, 2000.

[2] Stiggins, R. J., *Student-Centered Classroom Assessment*, 2d ed., Merrill, Upper Saddle River, NJ, 1997.

[3] Massy, W. F., *Honoring the Trust: Quality and Cost Containment in Higher*

Education, Anker Publishing, Bolton, MA, 2003.

[4] Accreditation Board of Engineering and Technology, *Evaluation Criteria 2000*. Available at http://www.abet.org/criteria.html.

[5] The United States Naval Academy, Academic Dean andProvost, Instruction 5400.1 (internal document).

第八章
适应并实施CDIO 教学模式

D. Boden

8.1 引言

适应并实施 CDIO 教学模式对专业以及它所服务的学生有着巨大的潜在价值。然而,这意味着要改革,尤其是在大学里,这必然是一个带有挑战性的尝试。在这个改革过程中,如果专业的领导人能够让教师理解如何正确地实施改革并提供必要的指导和资源,那么,他们就更有可能在这场改革中取得成功。本章将主要从以下三个改革过程来讨论如何实现 CDIO 教学模式:文化和机构的改革、教师的提高与支持、专业计划的改变。

CDIO 专业计划的改变不仅会影响到与专业计划有关的全体成员,同时还会影响到整个专业计划的环境和组织。为了使改革获得成功,教职员工需要把它看作是一个文化和机构改变的实例,并充分利用已知的有利于改革进程的经验。本章第一部分将回顾这些经验并将它们应用到大学环境中。

实现这种改革向教师提出了新的要求,我们不能够期望教师在没有得到帮助而提升自身能力的情况下获得新的技能。本章的第二部分将介绍 CDIO 的标准 9 和标准 10,这两条标准讨论教师在专业技能和教学能力方面的问题。此外,这部分内容将讨论如何提高现有教师的能力以及如何在未来建设一支更为出色的教师团队。

CDIO 培养模式通过开发教育资源和平台促进改革的进程和提高教师的能力。本章第三部分将介绍改变专业计划的路线图,这个路线图把适应与实施视为工程设计的过程,同时,本章第三部分还列举了目前可利用的支持 CDIO 培养模式的资源。

8.2 本章目标

通过本章的内容,你将能够:

- 认识到影响一个机构能否改革成功的各种主要因素。
- 把 CDIO 专业计划的发展看作是文化改变的一个范例。

- 安排有关活动以提高教师的个人、人际交往能力以及产品、过程和系统的建造能力。
- 安排有关活动以提高教师在教育、学习和评估方法等方面的能力。
- 在工科专业中,明确教学方法和合理分配资源,促进 CDIO 教学模式的采纳与实施。

8.3 以 CDIO 专业计划建设作为文化与组织改革的案例

正如第二章所述的那样,当今工程教育的主导模式是:内容代表学科,并以工程科学为基础。上个世纪对这一模式进行了改革,结果出人意外,教育环境变成了以工程科学和工程研究为基础。所以,需要进行某些程度上的文化改变,以便使专业达到所希望的愿景,这样才能够更好地整合工程科学学科,并将它们置于构思—设计—实施—运行产品、过程和系统的背景环境当中。

令人高兴的是,组织文化的成功改变已经受到了广泛的理解和支持。一旦这些支持改革的因素适应了大学环境,便可促进 CDIO 教学模式的转变。我们将重新讨论第二章中所提出的两个中心问题,并以此开始我们关于改革的讨论。这两个中心问题是:

- *当工科学生毕业时,他们学到的全部知识、能力和态度应该有哪些?掌握的水平如何?*
- *我们如何能更好地保证学生学习到这些知识和能力?*

关于第一个问题,在第三章关于 CDIO 教学大纲的讨论中已经基本给出答案。第四章到第七章提供了解决第二个问题的方法。但是如何说服我们的同事,让他们意识到需要做到"更好地保证学生学习到这些知识和能力?"

对于上述第二个问题,我们特别以持续的过程改进的方式提出,当然我们可以有更好的方式!通过以同行为基准,学习他们的最佳实践经验,我们可以学好并正确地应用理论,从而更好地认识我们自己。我们要倾听内外利益相关者的意见,学会更好地应用技术,这样就能做得更好。学生需要我们这样做,工业界的利益相关者敦促我们这样做,政府和专家监管者鼓励我们这样做。这并非亡羊补牢,而是要进一步提高技术教育的水平,这对我们的未来至关重要。

然而,适应并实施 CDIO 教学模式对大多数大学而言都具有一定的挑战性,最明显的原因是,这意味着改革,通常很难把大学和改革相提并论。在大学进行改革之前,必须理解以下两个观点:

观点一:大学作为一种组织,在设计的时候对改变就具有抵制性。

观点二：尽管存在观点一的困难，但通过适当地应用引领组织改变的最佳实践经验，大学能够进行改革。

大学的组织设计和传统对改变具有抵制性。在欧洲，大学形成于中世纪的大教堂和修道院等组织，其设计初衷是在当时社会混乱的时期保持稳定和思考。当时大学采用了“终身制”这一概念，这恰恰与现今的主流观点相抵触，大学应当具有鼓励尝试和创新的组织结构，而终身制使得大学组织结构的调整非常困难。尽管当时大学已经出现了等级制度（如系主任、院长、教务长以及其他职位），然而，实际上大学仍然是平面的组织，职位间的权力界限非常模糊、微弱，甚至不存在。从历史上看，大学倾向于内省机制，即通过自我反思和辩论来驱动变革。

因此，大学是稳定和持久性的研究性组织。在欧洲，文艺复兴后有超过 25 个研究性组织不间断地运行，除了四所，其他都是大学。而美国早在 1770 年就已经拥有九所大学[1]。不止一所的欧美大学认为：“有一些改变挺好，而没有改变更好”。

然而，改革对大学有着深远的影响。在 19 世纪 80 年代，艾略特（Eliot）把哈佛从殖民地学院改造成一所现代大学[1]。Vannevar Bush 在《科学，永无止境》一文中开创了一个新的科学前沿，从根本上改变了美国大学对研究的看法[2]。正如我们在第二章中所指出的，20 世纪下半叶的工程科学革命从根本上改变了世界范围的工程教育方法。这些证据表明，在大学实行变革，甚至实行大变革都是可能的。如果领导层懂得如何领导组织机构进行改革，那么改革将会更加有效。

8.3.1 促进文化改革成功的关键因素

什么力量可以推动大学进行改革呢？出乎我们意料的是，第二个观察结果表明，促成大学改变的方式与其他大部分组织的改变方式是相同的。简言之，就是必须要有强有力的领导、愿景、计划和行动、资源及动力。下面，我们将讨论指导大学进行成功改革的十二个关键因素，这些因素大致可以分为三类——有一个正确的开端，建立改革的核心工作动力和制度性的改革：

- 有个正确的开端
  理解对改革的需要
  上层领导的支持与参与
  建立一个愿景
  对初期实施者的支持
  初期实施的成功
- 第二阶段的改革——建立改革的核心工作动力
  打破传统习惯
  学生作为改革的促进因素

参与和拥有感

足够的资源支持

- 第三阶段的改革——制度性的改革

对教师的认可与激励

教师的学习文化

学生的期望和对学业的要求

下面从讨论一般性问题的角度出发,分别讨论以上各个成功因素,并讨论在大学的专业中,如何应用这些因素去适应和实施 CDIO 教学模式。

8.3.2 第一阶段改革——有一个正确的开端

有五个关键因素能够帮助我们在改革进程的初期获得成功:理解对改革的需要,上层领导的支持与参与,建立一个愿景,对最先实施者的支持,初期实施取得成功。

8.3.2.1 理解对改革的需要

改革必须有动力。越强烈、越清楚地理解这种改革需求,组织机构也就越迫切、越愿意进行改革。危机和外部威胁都是典型的改革动力,而通常大学不太受这些因素的影响。但是,在改革过程中,至关重要的是相关团队必须理解改革的需要,并致力于推动改革。因为大学是教师和教职员工的一个集合,明确表明对改革需要并让团队及个人充分理解这一点是非常重要的。

由于这是一个教育改革,我们最好把注意力放在教育的受益者——学生的需要上。学生的需要是什么?由谁来决定他们的需要?这个问题有时可以看作对当前情况的不满,也可以看作是持续改进过程中所必须回答的问题——*我们能够做得更好以满足学生的需要吗?*

通过对改革的需要进行调查,我们发现,成功的激励方法主要依赖于外部的参考信息。第二章和第三章阐述的来自工业界的信息就是例子,校友对专业计划提出的意见很有价值,可以把这些意见看作是从外部评审委员会和外部专业董事会成员那里得到的信息,引用领导和权威的意见也很有价值。如果能够通过国家认证,则对改革将是一个很好的外部激励,美国海军研究院就是一个很好的范例(见框图 8.1)。

框图 8.1 美国海军学院采用 CDIO 的过程与评估

美国海军学院航空工程系 2003 年 7 月加入 CDIO 计划,CDIO 计划为我们进行课程改革和评估提供了框架和工具。美国海军学院为美国海军和海军陆战队输送军官,因此,美国海军学院所有专业(包括航空工程专业)的学习目标和目的都要在专业院长和副校长的领导下为海军学院的使命服务。学院有一套战略教育目标来规范学院毕业生应该达到什么样的标准。所以,航空系的使命必须服从学院的使命,同时还要强调航空工程的专业特点。我们的使命是:

为海军和海军陆战队输送毕业生,他们能够成长为在海军、政府和工业界的工程师、管理者和领导者,帮助他们实现航空和航天系统的梦想。

根据我们的使命,我们系的愿景为:

专业的使命要求我们的海军军校生能够在现代团队环境下构思—设计—实施—运行复杂有效的航空系统。

我们系的使命和愿景都是采用 CDIO 培养模式后制定的。

刚开始,我们的主要兴趣是采用 CDIO 大纲进行专业评估,因为我们觉得这个计划能够较好地帮助我们达到工程技术教育认证机构(Accreditation Board of Engineering and Technology, ABET)的标准。然而,随着对 CDIO 的深入理解,我们越来越相信它远远超过我们初始评估的要求,在很多方面正是我们希望得到的。航空航天专业采用 CDIO 计划的理由可以总结为:

- 我们在毕业设计时能够期待超越"纸上设计"
- 海军学院对运行具有很高的要求,因为我们的毕业生将主要成为系统运行人员
- 要引入一个改革的机制
- 四所发起大学的经验能帮助我们设计并实施新型的航空航天专业

一旦决定采用 CDIO 大纲,下一步的问题是如何取得行政、专业领导人和教师的支持?当我们完成了 CDIO 大纲后再同现有的计划比较就很容易发现,尽管我们以前也很重视这些大纲标题内容,但我们却没有去教授这些内容。这种差异给我们引入改革和说服教师提供了动力。从利益相关者处所得到的反馈进一步明确了改革的必要性以及 CDIO 大纲和方法的优越性。

美国海军学院 D. Boden

外部参考信息的另一价值是建立基准。在某些体制下,大学共享数据;而在另一些体制下,则由政府公布大学业绩数据。顶级大学经常通过正式和非正式方式与同行基准进行比较。

激励大家承担改革责任的另一个方式是来自上级的压力,如果大学校长或学院院长要进行检查、战略规划或对专业计划进行重新评估,那么,这对大学的一个系或专业而言都是促进改革的极好机会。

除了外部激励,也可以通过构建持续改进机制的方法来形成内部激励机制,其中很重要的一点就是要避免对某件需要解决的事情采取公式化的处理方式,相反,我们应该问自己"我们怎样才能做得更好"。

新的资源是改革的一种催化剂。新的教师职位、新的建设资金、新的设备资金、

来自政府机构方面的新的项目申请机会,这些都可以为改革带来动力,尤其是当这些资源是通过竞争的方式而获得的时候更是如此。

最后,在大规模社会变革的背景下,改革的可能性更大。在美国与前苏联的竞争中,苏联发射了人造地球卫星,这是美国进行大规模教育改革的催化剂。在欧洲,最近的 Bologna 协议为高等教育的思考创造了很大的空间[3]。

8.3.2.2 上层领导的支持与参与

在文化改革中领导处于至关重要的地位,领导的承诺和积极参与至关重要。在一所大学的系或专业中,系或专业负责人必须领导改革的进程。委员会的代表或者团队的初级成员,只能发挥比较弱的作用。

正式领导必须得到专业计划认可的个人所组成的强大内部团队的支持。为了进行组织改革,领导必须清楚地表明他们对改革的极大兴趣和积极参与。内部团队可由具备创新能力的高级和初级教师组成,它除了提供有效的支持外,还应成为一个能积极响应的、能进行头脑风暴和进行策划的团队。不能把内部团队封闭起来,因为这会让其他人有一种“我们和他们”的感觉。因此,内部团队应该是多元的和包容的。

实施改革的领导者需要得到上级及更高领导层的大力支持。院长、教务长、大学校长及名誉校长均可为改革提供资源和组织上的权力。他们经常谋求机构改革,但由于与各个院系或专业的教师离得太远,不能够进行直接有效的领导。因此他们总是乐于支持来自系、专业或学院的改革提案。

8.3.2.3 建立一个愿景

为了促进改革,我们希望在小团队的帮助下,领导者能够建立一个可以解决紧急需求的愿景。这个愿景应是便于沟通的,并且成为组织工作的核心,这将把改革推进到成熟的阶段。

在大多数组织中,如高校的院系或专业组织,往往会在建立愿景的过程中产生矛盾。一方面,如果内部团队对愿景过于草率而达成一致,难免会产生一种受强制的感觉,失去了广泛的主人翁价值,而这种价值对于长期的认同是极为重要的。另一方面,如果在对愿景达成一致意见上花费过多时间的话,将会导致组织上的混乱,并且失去所有潜在的认同,领导必须把握好这个平衡关系。

我们已经有了一个清晰的愿景,即第二章所讲的工程教育应当建立在构思—设计—实施—运行产品、过程和系统的环境背景当中,而且最好是通过把学科知识与设计—实现的经验结合起来进行教育。我们已经正式地把这个愿景融入到标准 1 中。对于某个实施 CDIO 培养模式的专业,也许可以在这一前提下有个良好的开端,并顺利地建立一个愿景。或者以一个特定的组织形式作为开始,例如,通过全部都是工程师的组织形式,建立与 CDIO 愿景类似的新愿景。

8.3.2.4 对最先实施者的支持

面对问题时，有些人倾向于尝试新方法，有些人则持观望态度，而有些人则倾向于抵制改革。改革的第一批参与者通常称为最先实施者，这些人可以成为改革中非常重要的实施者，应尽早让他们参与到改革的进程当中。在可能的情况下，尽可能向他们提供各种资源，让他们开展引领性的工作或进行改革试验，并对成功的试验加以表扬，这样就有了改革的动力，使那些尚未参加改革的同行产生好奇心并愿意加入改革。

在改革初期，专业的领导者应该发现哪些人可以成为改革的最先实施者，并鼓励他们加入改革。通常，系和专业的规模都较小，这便于了解他们的态度和表现，从而很容易地发现合适的最先实施者。此外，学生也是一个很好的信息来源，他们通常能够辨别出敬业的教师，一般情况下，采用几个简单的步骤就可以明确谁是最先实施者。例如，可邀请一些校外的教育学专家来做报告或召集一个非强制性的会议，然后观察谁出席得比较频繁。总之，重要的是我们应该发现最先实施者，并把他们纳入到改革队伍当中，支持他们并祝贺他们的成功。

许多大学都设有由教育专家组成的专门机构，主要致力于研究、发展和支持教育。另一个能够帮助最先实施者的方法就是与教育服务机构进行合作，这些机构非常热衷于参加大规模的改革，而且他们本身就是最先实施者。

8.3.2.5 初期实施成功

为了引起人们对改革的兴趣并激发改革的动力，在改革初期能够获得一些显著成效是非常重要的。在学院的专业计划改革中，一般需要一个很长的计划过程，有时候可长达几年。如果教育改革是一个螺旋上升的过程，其成功的可能性会更大，因为在这个过程中，首先确定初期目标，开展试验性工作，获得结果，然后又可确定新的目标，这样，螺旋上升过程得以继续。初期开拓者所获得的积极成果通常会获得其他人的支持和关注，这些初期的成功通常是由最先实施者的团队努力得到的。

在改革过程的开始阶段，领导应当明确地制定一些可以在第一阶段或更早时间内快速实现的目标。理想的话，这些初期所取得的成功应有比较明显的效果和广泛的影响力，目的是让人们确信改革能够使教育变得更好或使教师的效率更高。下面给出我们所开发的例子：

- 修改第一年的课程使其包括一个基本的设计—实现经验。
- 修改一门高级课程，使其包含综合性强且成本较低的设计—实现的实践经验。

- 提供一个合适的会议室或比较灵活的教室作为设计—实现的工作坊,以支持学生进行动手训练和社会实践的学习。

作为从第一个阶段"有一个正确的开端"过渡而来的专业计划,及时反映它的进展和成就是非常重要的。框图 8.2 总结了金斯敦安大略省(加拿大)女王大学机械和材料工程系的领导在适应与实施 CDIO 教学模式时对这个过渡点的观察报告。

框图 8.2　加拿大女王大学采用的 CDIO 计划

加拿大女王大学应用科学学院的机械与材料工程系是加拿大所有这类系科中较大的一家,它的专业计划提供多种技术选修课,很受学生的欢迎,因为他们可以在多个不同领域找到工作。本系研究的重点是能源系统、生物机械工程、制造技术和材料。

2002 年底,麻省理工学院的 Ed Crawley 为女王大学的教师和其他一些对工程教育有兴趣的人介绍了 CDIO 方法。此后,系里几位老师到麻省理工学院和丹麦理工大学参加了 CDIO 合作者会议,以便更进一步地了解 CDIO 培养模式。他们的报告具有足够的说服力,让全系一致同意在 2003 年 12 月加入 CDIO 计划。2003 年所做的初始工作被看作是女王大学正在从事的一系列工作的重大推动,这些工作得到了学院院长的支持。与 CDIO 类似的一些课程和想法已经在该系的课程计划中使用。此外,新近完成的一体化学习中心(Integrated Learning Center, ILC)也为实施 CDIO 专业计划提供了理想的设施保障。

年度工业调查委员会的反馈、学生评估以及教师建议也都指向同一个方向,更多的是强调构思、设计、实施和运行练习,交流,团队以及其他职业能力。当然,并没有要求牺牲基本工程知识的学习和能力的培养。显然,美国和瑞典的 CDIO 行动比我们做得更多,它包含了学生、教师、校友和工业界对工程专业计划的反馈。它还包括了工程专业计划所必需的大纲和很多其他的支撑理念,而这些都能使女王大学受益。与此同时,我们也觉得女王大学所做的工作也能对 CDIO 计划有所贡献。

以下是加拿大女王大学加入 CDIO 计划之后所做的一些工作,没有 CDIO 计划所提供的动力,这些事情可能根本无法做到,或只能做到很浅的程度。

- 对 400 多个校友的调查
- 按 CDIO 标准对现行专业计划进行评估并作为基本参考点
- 在一个高年级课程中加入构思—设计内容,在另外一门课程中加入实施—运行内容
- 改善技术交流训练的方法

为了改善机械与材料工程课程,还有很多工作要做。很显然,继续参与 CDIO 培养模式使我们能与其他合作者进行更多的讨论和学习,从而发展和改善我们的专业教学。

加拿大女王大学 U. Wyss

8.3.3 第二阶段的改革——建立改革的核心工作的动力

建设改变文化的工作动力有四个关键因素:打破传统习惯、把学生作为改革的促进因素、参与和拥有感、足够的资源支持。

8.3.3.1 打破传统习惯

一旦开始改革,领导要让团队摒弃"做什么和怎样做"的传统习惯。一个成功的改革过程需要人们自发地跳出旧的思想框框并尝试新的事物。尽管大学强于学术研究、学问以及创新,但自发地实施改革并不是多数大学所擅长的。

激发灵活性的方法有多种,其中一个强有力的方法就是强调职业化。大学教师通常都是各自工程领域中敬业和卓越的专家,如果能够让教师将工程师作为职业,并把这种职业化的意识转移到教育改革上,这将成为改革的一个重要力量。可以把改革过程看成一个工程设计问题予以实现,这就提出许多问题,例如,改革有什么要求?什么技术是可用的?我们怎样创立原型?这些问题使教师的态度发生了转变。这一点将在本章讨论改革过程的第三阶段时进行详细的介绍。我们可以设想把同样的方式应用到其他领域,如果要改革医学教育,领导者会问:我们如何诊断和治愈患者——医学教育系统?

证据是改变人们观念的非常重要的工具。在大学里我们很少充分利用基于证据的方法。其他单位的领导究竟会说些什么?同等水平的大学的创新状况又如何?学校其他院系或专业正在做什么?有哪些资源是可以利用的?将这些证据汇编成册,这为以证据为基础的政策改变提供了机会。

可以通过举办牛津或剑桥式的正式辩论会,让教师对这些证据进行讨论。此时,教师不必力陈他们的个人观点,而是要在证据或其他事实的基础上,对预先确立的赞成或反对论题的立场进行陈述。个体定位的巧妙之处在于它往往可以使一方和持相反观点的另一方进行辩论。如果教师意识到他们正在扮演角色,大多数教师将会设法使自己具有说服力,甚至可能说服他们自己。

另一个使教师适应改变的一般做法是一张一弛。首先是张,即让参与者认为改革是可信的但又有些紧迫。然后让他们放松,回到不太紧迫的状态,但是比之前的状态要更进一步,这就是政治折中艺术的精髓。

8.3.3.2 学生作为改革的促进因素

学生的观点既能促进改革,又能延迟改革。我们发现,把学生放在教育改革过程的主要位置上是非常重要的。从积极方面看,学生自身是改革的强有力的行动者,他们知道什么有用,什么没用,谁教得好,谁教得不好。学生是制订改革计划和为改革提供反馈信息时的非常有价值的信息来源。如果向他们解释改革的动机和描述改革的发展方向，他们将能发挥更大的作用。一旦学生经历过专业计划改革，他们往往会给后面的实施者施加压力使之提高。

从消极的方面看，学生也许和教师一样对改革感到不适应，特别对个人未来的变化感到有威胁。克服这种恐惧的一种方法是实行滚动式改革，并在专业计划初期开始实行。采用这种方式下，高年级学生会向低年级学生提供关于未来几年专业计划将会发生的变化的建议。

在大学决策的过程中，让学生不同程度地参与其中是非常重要的。学生能在改革中扮演重要角色，可以让一些正式的学生团体参与，邀请有思想的学生加入讨论，并结合学生的专业化特点让他们在改革过程中扮演主要角色。

8.3.3.3 参与和拥有感

最终让所有的小组成员都参与改革是很有必要的，我们的经验是应该尽快让所有成员参与改革。学术专业计划是由广大教师共同实施的，其中有些并非院系或专业的正式教师。所有参与的教师对于即将在个人课程中所实施的改革，即使不热忱，也至少应该是满意的。

在院系或专业中进行改革的最初努力，其方向是成立一个由最先实施者组成的委员会，并由他们去制定改革计划。当然，这种做法有它的优点，但也可能出现排斥的情况。克服这种排斥性需要两个步骤，首先与这个团队合作，然后让这个团队去影响更大的团队。一个更好但是更难实施的方法是，让所有的团队成员组成一个全体委员会，或者至少邀请所有团队成员参加到委员会中——就像雅典的民主体制一样。如果领导必须与一个小团队一起工作，那么，这个小团体应该能够代表大团队中的各种利益，这样，在更大范围的推广过程中，将会得到所有利益团体的支持。有时候，将一个重要的任务交给对改革持怀疑态度的人去做是一个很有效的方法，如果这个人被说服了，那么他会把这些想法告诉更多的人，让其他人也接受这种思想。

在获得参与和拥有感的过程中，需要让参与者有时间进行思考和辩论。一个传统的方法是举行非正式的会议，不限时间或者允许中途退场，认真地计划时间和列出日程表，让这些团队积极参加，挑选出对讨论有积极推动作用的教师。

8.3.3.4 足够的资源支持

可持续改革需要提供必要的资源。如果不能长期稳定地为专业计划提供新的充足资源，教育改革将达不到目标。改革需要时间和过渡期的支持，这需要全体教职员工的共同参与才能实现。

这些过渡期的资源一般包括：无需教学的学期和其他教学方面的支持，如助手及其他方面的帮助。在一些大学，有可能得到学年以外的学术项目的支持，在重视工程科学和工程研究的文化当中，用于教育改革的时间应该作为教育资源投入的一部分，而不应该占用研究时间,这一点尤其重要。

关于资源我们有两个主要目标:第一,设法创造共同努力与合作的环境,由此获得开放性资源,这一问题将在下一节进行详细阐述。可将有关方法和可以共享的资源进行结合,使专业计划在转变的过程中所额外耗费的时间和精力减到最小。第二,在稳定阶段,重新配置现有资源使专业计划不需要投入新的资源。

8.3.4 第三阶段的改革——制度性的改革

促使制度性改革成功的三个关键性因素是:对教师的认可和激励、教师的学习文化以及学生的期望和对学业的要求。

8.3.4.1 对教师的认可和激励

可持续改革的座右铭是:改革与激励要协调进行。在任何组织内,有奖励才有行动。如果教育很重要,那么,专业或者院系的领导者必须努力达成对教育进行奖励的共识,并兑现诺言。通常,教育特指教育改革。改革的领导者最好能得到大学更高层领导对持续改革所进行的奖励和支持。

很多大学以教学奖的方式,在院系中推出广受认可的专业计划。这些教学奖的评选可以参照那些如教学协会或其他的在大学层面受认可的组织的具体意见。可以让那些受到尊敬的教师在大学里呼吁和讨论教育创新,并以教育协会的名义开展活动。有时候,国家工程院或其他一些权威机构也可以对教师在教育领域的贡献予以认可。

在正式的总结过程中,对教师在教育方面做出的贡献的认可和奖励是非常重要的。这意味着在年度审核中,必须审核其教育贡献。更为重要的是,在聘用、提拔和决定终生职位的时候,考察的重点应放在其教育的贡献上。此外,教育研究方面的学术性出版物应该与其他学术研究的出版物受到同样的重视。

8.3.4.2 教师的学习文化

所有大学都十分重视师生在学科专业方面的广泛的学习,然而大学的文化并不重视在专业领域以外的广泛的终生学习。实施改革的领导必须提出期望,并设定标准,即不仅在他们专业范围内的终生学习是很重要的,而且有关教育和教学的终生学习也是很重要的。

在这方面开展行动并不困难,可从观察上述有关终身学习的现象和对教师提出具体期望开始。除了学术假期之外,还应向教师提供休假和特别假期,以便教师从事专业工程活动或与教育相关的活动。院系和专业可以分发重要的相关资料,并在会议上进行讨论,就像一组研究人员讨论现有文献一样。

可以要求教师制定他们各人的职业发展计划,并作为年度总结的一部分,以此要求他们决定在下一年度中学习什么及怎样学习。如果领导能了解教师的学习需求模式，那么就能邀请校外专家为教师提供短期课程培训，或者联系包括大学教学中心等机构在内的其他大学团队为教师创造各种学习机会。

8.3.4.3 学生的期望和对学业的要求

学生是教育服务的直接顾客和受益者，诚如在所有顾客服务组织中任何变动都应该谨慎考虑顾客的期望，这包含两种形式：学生的非正式期望和正式的学业要求。

我们观察到，如同所有的第一印象一样，一个专业计划给学生的第一印象往往会决定学生对自身学习和表现的期望。这往往就是大学第一学年的第一天，或某个专业计划开始的第一天，因此在这一天中，我们应该具体而明确地向学生解释教育目标。更重要的是，必须立即确立对学生参与学习的期望标准。如果我们希望学生更加主动地学习，并对学习更加负责任，那么，在开始的第一天就应该建立起这样的制度，并将其贯彻到所有课程或所有教学单元中。

我们希望在专业计划的正式描述中将学习效果制度化，在课程或教学单元层面上，这可体现在其学习效果和学习目标上；而在更高层面上，则在学习课程或专业计划的总结或具体描述中体现。

8.3.5 大学的改革作为组织改革的案例

促进大学改革的关键因素，与促进其他类型组织成功改革的因素是不同的。例如，大家都知道，改革的开始阶段最为关键，此外，必须协调好改革的紧迫性与对需求、愿景及早期工作步骤的理解之间的关系，以便减小改革的阻力。根据这一观察，Beckhard，Harris 和 Gleicher 提出了一个公式[4]：

$$D \times V \times F > R$$

这个公式解释如下：不满意程度 D（一种对实际需要和改进空间理解程度的测量）乘以愿景 V，再乘以初期工作步骤 F，其结果必须大于改革的阻力 R。还有其他的理论框架，例如由 Kotter[5] 提出的框架总结了适用于组织改革的有关工作步骤（表 8.1）。他们都强调在开始阶段的努力，这与本章所介绍的大学改革获得成功的 12 个关键因素中的某些因素不谋而合。

表 8.1 Kotter 关于改革过程的八个阶段[5]

1 建立紧迫感
考察市场和竞争的现实状况
发现并讨论危机、潜在的危机或重要的机会
2 成立强有力的指导团体

续表

组成一个具有足够权威的群体来领导改革
鼓励这个群体以一个团队的形式展开工作
3 描绘出一个愿景
用愿景协助指导改革的方向
开发实现愿景的战略
4 沟通交流这个愿景
利用各种可能的途径将新愿景和战略传播出去
通过指导团体教给大家新的工作方式
5 授权其他人为新愿景努力
清除改革的障碍
改革严重影响愿景实现的系统或结构
鼓励敢于承担风险和非传统的思维、行为和行动
6 规划并取得一些短期的成功
规划一些可见的改善绩效的措施
使这些改善措施获得成功
7 巩固成果并推行更多的改革
利用已取得的信心来改革与新愿景不相适应的系统、结构和政策
聘用、擢升并发展能为新愿景工作的员工
将同样的过程应用于新的项目、课题和改革元素
8 将新方法制度化
明确新行为和企业成功的联系
采取措施保证领导力的发展和传承

注:蒙哈佛商学院出版社惠许引用

对大量的文字记录和组织改革的实践经验进行比较,使我们再次确信,只要我们有决心,对改革过程给予关注,敏锐地观察大学环境的独特性,就可以实现实施 CDIO 教学模式所必须的改革。框图 8.3 介绍了应用于利物浦大学的一个改革过程的模型,称为 AWAKEN 模型。

框图 8.3　AWAKEN 模式

AWAKEN 模式是利物浦大学采用 CDIO 方法时所用的一种技术。AWAKEN 模式采用 Bloom[1] 认知域、情感域和心动域分类法，旨在提出一个人性化的、民主化的以科学为基础的方法论，达到教育过程的持续适应性和灵活性。其结果是建立开放性的、柔性的、包容变化的学习机构。AWAKEN 的六步实施法采用了平衡记分卡[2] 的精髓，把握全面的愿景和战略并使它们变得更加清晰，为稳定有效地满足相关利益者的期望制定一个广受认同的、现实的行动计划。因此，AWAKEN 既是一个框架又是一个程序，它使教育周期的各个视角都得到关注、理解和管理，从而形成一个可持续的教育环境。AWAKEN 的定性和定量过程是一个既系统化又具有弹性的实施过程，使得它能够用于课程、专业、校内、校际等各个不同层次。在英国 AWAKEN 正应用于航空航天以及电子机构。

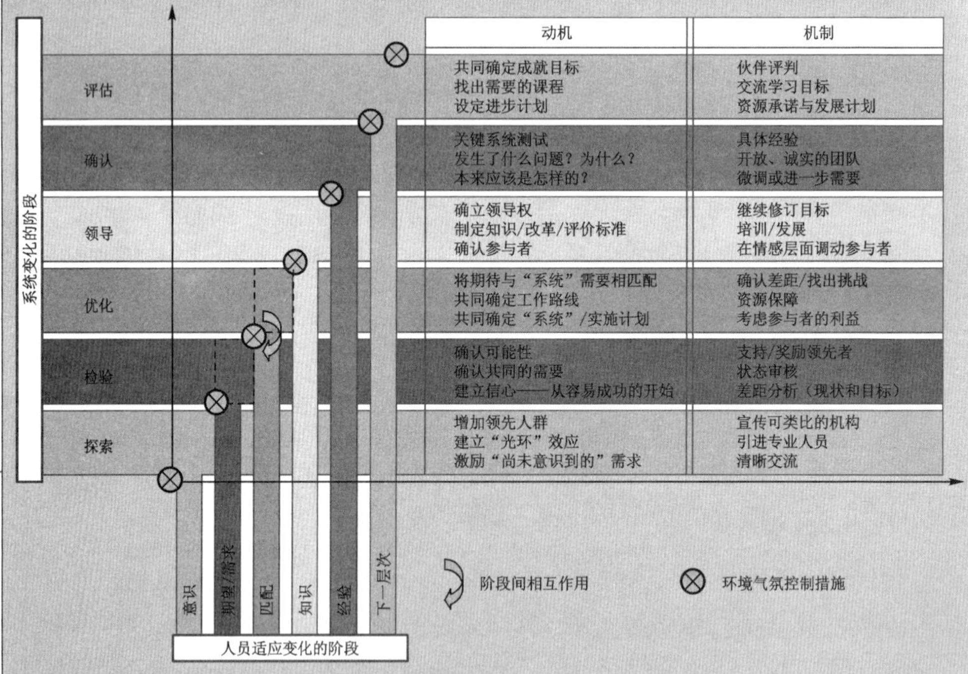

AWAKEN 模式：基本动机与机制

CDIO 环境下的 AWAKEN 模式在 CDIO 大纲的背景下将工程系的战略学习和教育目标与学院—大学—业界系统（过程）的需求，系统内教育专家（教师）、系统用户（学生）和系统的外部相关利益者（雇主）的利益相匹配。实现这一匹配最根本的挑战在于确定成功的判据和评估的方法。具体地说，关键问题是要确定对知识、能力和态度进行有效评估与自评的标准。一个可能帮助进行自评的机制是个人能力记录（Individual Competency Record，ICR）。ICR 的目的是从实际的 CDIO 系统发展与整合的阶段中找出关键学习效果（Learning Outcome，LO）。每个学生以日志、笔记的形式记录相应的学习效果，以卷案的方法进行自我指导式的学习与回顾。导师则每一到两周按照学习效果的进展对学生进行评估。

个人能力记录(ICR)范例

课程名称	课程的组成														
MATS109	所有			计划		设计		资源		制造		销售		售后	
学习效果	质量	项目管理	变化/发放管理	概念	计划	设计	工程设计	高级资源	批量资源	制造计划	制造	上市	售卖	售后服务	退出服务
材料范围	⊙														
材料分类			⊙												
CES的应用															
小组活动					⊙	⊙									
解决问题						⊙		⊙					⊙		

在Mech210中应用金相技术分析了破坏的玛莎拉蒂悬挂系统材料的性能，我们发现……

成功实施 CDIO 的一个假设标准是存在一个信心转折点(confidence transition point, CTP),当所有参与者都认同 CDIO 方法时就可以认为达到这个信心转折点了,但这个假设还有待证实。

AWAKEN 与 CDIO 信心转折点(CTP)

实施任何一项改革的最大障碍是恐惧及过去的实践。在这种规模上的改革或者转变将带来极大的恐惧和不确定性,这些恐惧与不确定性如果没有在过程中得到妥善处理就可能带来破坏性的后果。众所周知,人们的行为主要是由过去经验产生的期望所驱动的,而不是对未来景象的认知。为了消除负面影响,AWAKEN-CDIO 实施过程采用了 Jack Welch 在主持通用电气时所采用的变化对话(change conversation, CC)的策略[3]。变化对话的一个做法是以有规律的新闻快讯的方式向所有利益相关者通报工作进展,在人们心目中播下种子,说明 CDIO 是一个正确的战略,并且对机构来说是至关重要的。这样可以强化一种思想,即改革将给环境带来长期正面的文化改变。通过与工业界具有良好沟通关系的 CDIO 大纲,面向实际全身心投入对学生的培养,那么,CDIO 教学模式就能够实现其诺言。

[1] Bloom, B. S., Engelhatt, M. D., Furst, E. J., Hill, W. H., and Krathwohl, D. R., *Taxonomy of Educational Objectives: Handbook I—Cognitive Domain*, McKay, New York, 1956.

[2] Kaplan, R. S., and Norton, D. P., *The Balanced Scorecard: Translating Strategy Into Action*, Harvard Business School, Cambridge, Massachusetts, 1996.

[3] Palmer, I., King, A. W., and Kelleher, D., Listening to Jack: GE's Change Conversations With Shareholders, *Journal of Organization Change Management*, Vol. 17, No. 6, December 2004, 593-614.

利物浦大学, A. Rhoades

8.4 教师的提高和对教师的支持

在以上所讨论的关于改革成功的关键因素中,可以看出,教师的参与和热情能够极大地促进 CDIO 教学模式在工程专业计划中的实现。我们要求教师成为创新者,即要求他们的教学风格更加以学生为中心,要求他们传授大纲中所明确规定的个人、人际交往能力以及产品、过程和系统的建造能力。此外,还必须有一个支持教师自我提高的过程,使教师在这个过程中进一步提高他们在教学能力、新的评估形式、工程实践以及相关技能方面的能力。

必须在保障教师学术事业发展的同时提高他们的能力。专业发展活动应该能够提高他们晋升和连任的机会,但不能把未来的学术发展置之不顾。与上述关键因素相一致,教师的认可及激励措施在理想的情况下都应该对这个专业的发展模式提供支持。

8.4.1 提高教师的能力水平

CDIO 教学大纲应能支持教师提高大纲中所描述的个人、人际交往能力以及产品、过程和系统的建造能力。教师能力发展的性质和范围是随着每个专业和组织的资源及目标的变化而变化的。提高教师能力的实际案例包括:专业人员下到工厂工作、在研究和教育项目中与企业同行建立伙伴关系、将工程实践作为一个标准来评定教师的聘任和晋升以及在大学中引入合适的专业发展经验。提高与 CDIO 教学大纲相关的教师能力水平是标准 9 的重点内容。

标准 9——提高教师的工程实践能力
采取行动,提高教师的个人、人际交往能力以及产品、过程和系统建造的能力。

如果希望大学教师能够讲授融合了学科知识的个人、人际交往能力以及产品、过程和系统的建造能力的课程,那么,他们自己必须熟练地掌握这些能力。大多数工科教授是各自学科和领域的专家,但他们在商业和工业环境中的工程实践经验却非常有限。教师需要提高他们的工程知识和能力,以便为学生提供相关的案例并作为当代工程师的榜样。关于教师的发展和支持有以下三种基本方法;

- 聘任有工程经验的教师,或让新任教师在走上讲台之前先在企业实践一年以获取实践经验。
- 为现有教师提供教育活动如研讨会、工作坊和短训班,或者允许现任教师休假到企业进行实践。

- 招聘具有工业经验的资深教师来教授和辅导其他教师,或者从企业引入实践工程师,安排他们到大学讲课。

下面将分别讨论这三种方法。

在雇用新教师时,应考虑他们是否具备实际工程经验。如果有,这应成为评价他们背景的一个积极因素,否则。院系或专业应提供时间让教师补充这方面的专业经验。例如,一些专业计划让新聘任的教师在走上讲台之前到企业实践一年,这主要针对一些刚获得高学位就正式加入教师行列的专业人员。在企业实践一年,其目的是让新聘的教师培养关于产品、过程和系统的建造能力,同时拓宽他们的工程研究视野,而这一年的实践时间通常不计入教师的晋升评估年限。额外的好处是,当他们返回大学走上讲台时,对企业的研究需求会有更为深入的了解。专业计划在这方面必须有制度上的支持才能取得预期效果。

专业计划在鼓励现任教师在他们的课程里讲授个人、人际交往能力以及产品、过程和系统的建造能力方面也面临许多挑战。引导现任教师提高能力的方法很多,一种方法就是在大学里专门针对教师的个人、人际交往能力以及产品、过程和系统的建造能力,开办一些短期课程或训练计划。也可以利用某些比较有用的商业短期培训课程,一些比较大的企业通常都有许多内部的培训计划,并允许当地的教师免费参加。鼓励教师参与这些计划是要向大家发出这样的信息:专业的领导对这些能力非常重视,同时也愿意投入资源来帮助教师获得这些能力。

教师的休假通常安排在大学或其他政府组织,也可以安排在工业部门。再次强调,专业的领导必须确保这些时间能够用来拓展教师教授 CDIO 教学大纲的能力(第 2、3、4 部分)。否则,教师也许只是在追求他们自己的研究兴趣。

最后,专业计划应能够吸引一些在产品开发和系统建造方面经验丰富的杰出工程师。由于职业工程师通常不满足传统的聘用标准,因此,专业计划在这方面需要获得制度上的支持。一个在全国范围内得到支持的典型案例就是英国皇家工程学院所资助的“访问教授计划”(参见框图 8.4),这个计划可以让一些具备工程经验的专业技术人员到大学来,与学生和教师一起分享他们的经验。

框图 8.4　通过设计培养工程师

皇家工程学院资助了一个访问教授计划,计划的目的在于建立工业界和学术界的联系,并帮助大学以真实的职业化的方式向本科生教授工程设计。计划资助三种不同方向的访问教授:

续

框图 8.4　通过设计培养工程师

- 工程原理的访问教授
- 可持续发展工程设计的访问教授
- 集成系统设计的访问教授

访问教授计划自 1989 年开始实施，它给工程教育带来了冲击、资源和亟需的当代工业经验。当前共有 120 位访问教授执教于 46 所大学，给本科和研究生的工程教育带来了宽广的视野和实际的设计经验。这些访问教授是富有经验的工程师，他们将宝贵的经验传授给年轻的工程师。同时，这些访问教授也得到机会对自己的工作性质和过程有了更深刻的理解。

在那些需要提升设计能力、更新课程结构的大学，访问教授为提升他们的设计水平、设立新的设计教学框架和课程以及设立多学科案例和工业项目做出了巨大的贡献。这些访问教授扮演了多种角色，他们是顾问、审核员、促销员、谈判员、鼓动者、提倡者、师长、评判员，等等。访问教授计划证明了以下三个道理：

- 设计为学习工程提供了一个一体化的主题
- 多学科团队项目是一种让学生了解技术和组织复杂性的最好办法
- 参与同业界合作的这些项目的学生能够学得更多，适当的设计给了学生动力，他们会以极大的兴趣和热情学习工程科学。

英国皇家工程学院 C. Pearce (ED.)

另一个例子是在麻省理工学院所设的"实践教授"岗位，设置该岗位的目的就是要吸引一些具有杰出实践经验的专家。还有一种方法就是吸引一些高级工程师到学校来短期上岗，例如访问学者或一些助理岗位。这些资深的实践专家不仅在课堂上培养学生的个人、人际交往能力以及产品、过程和系统的建造能力，而且还能够与其他教师之间产生互动。总之，聘用资深的工程师将会使教师的整体水平得到提升。

8.4.2　提高教师的教学和评估能力

专业计划应该支持教师改善他们的一体化学习经验、主动学习和经验学习的能力以及对学习进行有效评估的能力。第六章和第七章已经对教学方法和评估方法分别进行了描述。提高教师能力的实际案例包括：支持教师参加大学内外的教师发展项目，设立论坛，让教师交流思想和最佳实践经验，在进行业绩考核和聘用过程中重点考察有效教学能力。标准 10 的重点内容就是关于加强师资队伍的教学能力和评估能力。

标准 10——提高教师的教学能力

采取行动,提高教师在提供一体化学习,使用主动经验学习方法以及考核学生学习效果等方面的能力。

如果希望教师采用新的方法进行教学和评估,那么他们需要有机会发展和提高在这些领域中的能力。通常有两种方法去实现这个任务。许多大学都有教师发展计划以及支持老师提升教学和提倡相互合作的小组。另外,如果专业计划要强调教育、学习和评估的重要性,那么,他们必须能够提供足够的资源,以便教师能够发展这些能力。

教师的转变不仅需要对课程计划进行变革,而且在教学和评估方法上也应该进行改变。相比于课程计划的改变,教师通常更害怕教学方法的改变。我们必须意识到教师存在的担心,并努力让教师减少或消除这些障碍,以便能够在课堂上实施主动学习和经验学习。Bonwell 和 Sutherland[6] 总结了以下五种主要障碍:

1. 覆盖面不足
2. 增加教师的备课时间
3. 大班上课
4. 缺乏资源
5. 教师要承担风险

覆盖面不足的主要忧虑是"无法覆盖所有的知识",这种忧虑大都可以通过强调学生的学习而不是老师的教学来加以克服。认证标准的最新变化也支持了这种观点,即主要是把重点放在专业计划的效果上,而不是专业计划的内容上。只要可能,专业计划的领导应该为教师提供一些补偿性的时间,让他们去策划和实现教学上的改革。为教师提供时间和资源,以提高他们的教学能力,其主要目的有两个:一是让教师有充分的时间对专业计划进行策划和实施改革;二是让教师明确这些改革是重要和值得的。与大学高层领导一起共事的专业计划领导需要确保整个组织是一个整体,教师在改进教学水平和评估方法上所做出的努力应纳入到晋升的考察中。

在聘用的过程中,专业领导会影响教学文化的变化。应聘的教师常会被问及他们的教育背景、研究方向以及工作经验,却很少被问及他们对教学的理解和兴趣。通过设置关于教学理念、教学经验和是否愿意尝试新的教学方法等问题,可以帮助我们判定候选人是否能够致力于 CDIO 专业计划的实施。甚至可以要求前来应聘的教师在进行传统形式的专业研讨会的同时,举行一场关于教育的研讨会。加拿大女王大学要求前来应聘的教师给一组扮演学生角色的在职教师上一堂模拟课。

专业领导也可以通过研讨会、工作坊、客串讲座等形式来邀请一些校外教育专家加入。例如,CDIO 培养模式为那些对提高自身教学水平和评估能力感兴趣的教师提供主动学习与经验学习的工作坊。此外,多数大学都有教学中心,并配备了一些教育专家,这些专家可为教师提供丰富的信息并给予大力的支持。在一些国家,他们倾向于要求新聘任的教师要通过某种培训并获得某种教育认证。丹麦理工大学给出了在大学范围内提高教师教学能力和评估能力的一个很好的例子。在这所学校,每一个新聘任的教师在第一年都需要加入这个体系(参见框图8.5)。

框图8.5　丹麦理工大学教师的教学能力培养

丹麦理工大学对新任助理教授有强制性的训练要求,包括导师制、相关教学要求、教学教案、导师对教学能力的评语以及丹麦理工大学的教学证书(UD_TU)。

这个被称为 UD_TU 的计划是由丹麦理工大学学习教研室(Learning Lab)的几个永久教师会同其他几个系的教育协调网共同承担的。UD_TU 是一种关注学生学习的实践教育,训练需要持续一年半时间,总工作量为250小时。UD_TU 以主动学习和主动研究为基础,四门课程结合了研讨和大作业。研讨课包括介绍、示例、练习和小组活动。最终的一个项目是将受训者自己所教的课程结构化,即试用新教学方法,得到学生和同事的反馈以及对效果进行评估。具体活动包括:

- 测试学生的背景
- 设立学习目标
- 规划并实施教学
- 进行促进学习的考核
- 同事评教、学生反馈
- 测试学生的理解

UD_TU 并不是专为满足 CDIO 标准而设计的,但它却在很多方面满足 CDIO 的标准,因为它旨在培养学生广泛的工程能力。更重要的是,UD_TU 的理念非常类似于 CDIO 的理念,受训者首先要构思一门课程,设计教学程序,实施教学工作,最后评估教学经验。

UD_TU 的第一门课是教学基本课程,博士生也上这门课。对于资深教师,学习教研室给丹麦理工大学的博士生导师开设了两个工作坊,还给新教师的导师开设了一个强制性的工作坊。此外,还有两门课是给教育协调员开设的。

自1999年 UD_TU 计划实施以来,100多名教师已经完成了训练,还有100多名正在受训之中。导师课程是2005年秋开始的,一个新的理论课程将于2006年开设。

丹麦理工大学 H. P. Christensen

通过有效利用教育资源,专业计划能够系统地提升教师在工程技能、主动学习和经验学习以及学生评估等方面的能力。

8.5 用于支持专业计划改革的资源

CDIO 培养模式不是一个规定,专业的领导必须进行专业计划的改革,以适应并实施 CDIO 培养模式。我们已经创立了大量的方法以及开放的资源,以推动工科专业计划在不同的大学进行适应与实施。主要的方法是基于工程设计模式的应用,而且描绘了实施改革的路线图。其中可资利用的资源包括:指导实践的建议、实施指南、教学材料以及过渡活动的描述。CDIO 培养模式也支持协调发展,举办研讨会和会议,以便进行思想交流并形成最佳实践经验的共识。

8.5.1 用工程设计的模式开发 CDIO 方法

工程设计的模式已经应用到 CDIO 教学模式的发展中,该模式对适应并实施现有的工程专业计划同样是一种有用的路线图。教育可以看作是一种服务,与其他商品和服务一样,能够将产品和系统的开发与运行方法应用于工程设计中。采用工程设计模式来发展 CDIO 专业计划有以下几点明显的好处:

- 要求工科教师体现他们的正面职业品质,包括提出需求、解决问题、开发新方法、应用质量标准等。把改革过程加入到工程设计的框架中,使教师更适应新的变化。
- 借鉴教师已经掌握的能力。像工程任务那样构建改革的进程,使他们能够应用其专业技术,例如,明确需求、建造原型和采集数据。
- 明确说明有效的学习效果,建立起课程计划开发、教与学方法以及评估计划的基础。工程设计模式是一种指导方法,CDIO 培养模式可以进行记录和整理——一个全面的目标描述、课程计划结构、转换技术以及用于持续改进的量化模型。文档记录、过程以及案例贯穿于本书的第三章到第九章的主题。

如图 8.1 所示,CDIO 培养模式的适应和实施过程与产品、过程和系统的生命周期的各个阶段紧密联系。CDIO 培养模式利用产品开发、过程开发和系统开发等技术建立教育专业计划,前提是工程教育的背景环境就是产品、过程和系统的生命周期(第二章的图 2.1 描述了在产品、过程和系统生命周期的每个阶段的基本任务和结果)。

一般的构思阶段需要考虑需求、技术、企业战略和规章制度等问题,然后再开发解决这些问题的体系架构和商业案例。构思阶段对毕业工程师的需求进行分析,设定了明确一致的学习效果,并为工程教育想出满足这些要求的概念。这一工程教育

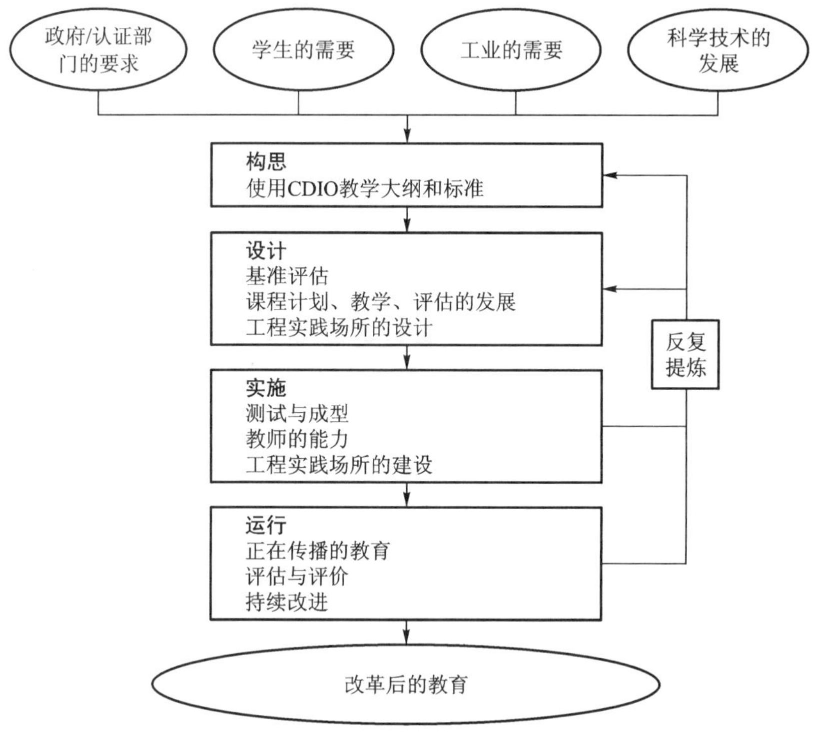

图 8.1　CDIO 教学模式的设计和发展

理念与大学和国家的发展目标及标准保持一致，而且反映科学与技术的发展。对每一个专业计划而言，构思阶段的结果是唯一的，而且要符合 CDIO 教学大纲和 CDIO 标准的要求，CDIO 教学大纲描述了工科学生的学习效果，而 CDIO 标准则给出了 CDIO 专业计划所特有的 12 项特征。

一般的设计阶段主要包括创造性设计，描述了需要建造或实现的计划、图表以及算法等。这些活动包括对现有的课程计划进行基准评估；利用开源工具为课程计划开发、课程开发、教与学方法、评估方法以及学生的工程实践场所提供帮助，这些工具可从 CDIO 网站上获得，如实施工具箱（I－Kits）、教师资源材料（IRM），它们有助于推动 CDIO 教学模式的适应与实施。

在一般的实施阶段里，可将设计转化为一种经过测试和验证的产品。新的教学工具和资源需要在各所合作大学的工程专业计划中进行试验。合作使 CDIO 培养模式可在不同教学环境下对学习效果、评估、重复、不断改善过程及材料等进行比较，并调整这一教学方法以适应不同教学背景环境下的工科专业计划。正是在这一阶段，人力资源和物质资源都得到了发展。

最后，就是一般的运行阶段，通过使用已经实现的产品来体现其应有的价值，包括系统的维护、更新及淘汰。当教育改革的培养模式经过原型和测试阶段之后，主要的专业计划改革已经付诸实施，这就进入了一个稳态阶段，此时就可以开始运行。在这个阶段,要不断地对专业计划和 CDIO 教学模式进行评估和改进,并且通过评估和评价对运行阶段提供支持。

图 8.2 详细说明了 CDIO 教学模式的转变过程。图 8.1 对这个简单的观点进行了扩展,最大程度上保留了基于产品、过程及系统生命周期等过程的主要阶段。这里的构思阶段包括两部分内容:采用构思—设计—实施—运行作为背景环境和具体地制定教学大纲。在设计阶段后面,要进行专业计划内容和资源的基准评估,以及与其他专业计划和目标进行比较。这一阶段揭示了课程计划、工程实践场所、教与学的实践、学习评估和专业计划评价等必须改革的方面。实施阶段是通过开源方法和资源来获得支持的,下面将有详细的陈述。最后就是运行阶段,该阶段包括专业计划的运行和评价。流程图 8.2 中的列与四个主题有联系,分别是课程、工程实践场所、教与学以及学生考核和专业评估。流程图 8.2 中带星号的项目代表 12 项 CDIO 标准的应用。

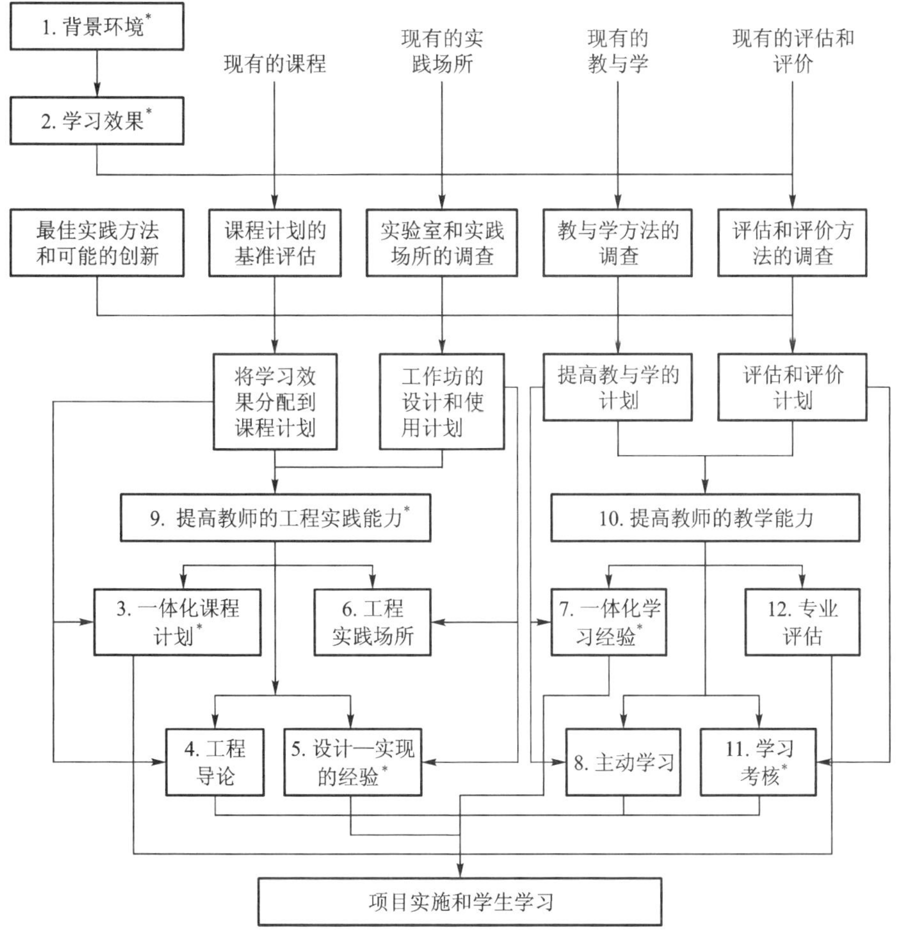

图 8.2 CDIO 教学模式的转变过程

8.5.2 开源方法和资源

CDIO 培养模式已经开发了许多资源,促进了 CDIO 教学模式的适应与实施。在某些情况下,这些材料是直接基于我们的相对经验的;在某些情况下,它们是基于 CDIO 培养模式的成员所主持的研究和学术活动的;甚至在有些情况下,它们是从其他地方的最佳实践经验中得到的。我们已经在努力尝试整合一套资源,用于对专业计划进行全面的改革。

CDIO 教学模式已经在不同的大学、学科和国家实施。这些现有的专业计划在目标、学生、财政资源、现有的基础设施、大学背景、工业需求、政府制度以及社会的专业认证标准等方面都具有多样性。为了适应这种多样性,需要将 CDIO 教学模式进行系统化,使其成为一种开放资源。专业计划材料的开放性及其体系结构的可操作性促进了思想和资源的传播与交流。

表 8.2 CDIO 培养模式的开放性资源

资源	目的	描述
CDIO 教学大纲	可为工科专业创建清晰而全面的目标和学习效果	一个关于目标描述的通用和适用于每一个工科专业的模板,包括技术知识、个人、人际交往能力以及产品、过程和系统的建造能力
CDIO 标准	区分已实施 CDIO 的专业及其毕业生,并引导采纳与实施	描述实施 CDIO 的专业的 12 个特点,包括具体内容、原理以及各个特点存在的证据
启动指南	为适应和实施 CDIO 教学模式的领导提供建议和支持	关于如何启动教育改革和发展 CDIO 培养模式的指导实践方面的建议
实现工具箱 (I - Kits)	为专业计划的适应和实施提供信息、工具、模型和模板	在课程计划、工程实践场所、教与学以及评估四个方面的指南、最佳实践经验的报告、工具和模板
教学资源资料	为教师提供共享和使用灵活的教学资源	在线的、多媒体的、包含针对指定的能力学习效果的教学建议和评估工具

续表

资源	目的	描述
发表论文和报告	证明在 CDIO 培养模式下实现的教育改革	由发展和采纳 CDIO 培养模式的合作者所撰写的期刊和会议的论文及报告
CDIO 网站	提供有关 CDIO 培养模式和当前活动的信息,并记录这些活动的发展	包含工具、资源、CDIO 标准、CDIO 教学大纲、论文以及会议信息

可以利用的资源多种多样,表 8.2 描述了这些主要资源。第一章和第三章已分别详细地讨论了 CDIO 标准和 CDIO 教学大纲。其他的主要资源包括:

- *启动指南*是专门为那些正在考虑或已经决定适应与实施 CDIO 教学模式的领导者而设计的。它给出了如何开展初期工作的实践方面的建议。
- *实施工具箱(I - Kits)*是专门为那些要策划和实施专业计划改革的工作小组准备的。这些工具箱有针对性,围绕四个主题和 CDIO 标准进行组织,包括课程计划改革和规划设计 - 实现经验所需的首要信息以及其他开始实施的基本信息。
- *教学资源材料(IRM)*主要是为教师开发的,他们必须把个人、人际交往能力以及产品、过程和系统的建造能力整合到其课程或授课单元中。这些材料在第六章中已经做了详细的描述。
- *发表论文和报告*是指由我们的合作者撰写的期刊和会议的论文及报告,以及文档的开发和最佳实践的经验等。
- *CDIO 网站*是开放性资源的在线知识库,提供 CDIO 培养模式的最新活动信息。

开发这些资源和其他资源的目的是使工科专业计划适应 CDIO 教学模式,以满足他们的具体要求。工科专业计划可以实施全部的教学模式,也可以选择特定的部分实施。

CDIO 培养模式并不是一种规定的模式。我们知道,每个专业、学校、大学、学科以及国家都有自身独特的需求。我们已经开创了一整套资源、方法和思想,能够帮助学生及其他利益相关者适应并改进工程教育。这里所参照的许多材料以及在其他章节中所列出的许多方法仍在不断的发展之中。我们承认,几乎每一个优质的工科专业计划都致力于这个改革的某些方面,并且做出了许多值得我们学习的贡献。

对于所有的大学来说,资源都是有限的。很少有大学能够在进行一场全面改革的同时,还能够保证其稳态资源的增加。如果在稳态资源不能增加的情况下,我们仍要发展 CDIO 培养模式,那么,专业计划就需要对人员、空间及时间的资源进行重新分配。有时候,大学和国家机构允许专业计划去争取额外的稳态资源。一个完善的方法往往能使专业计划在新资源的竞争中获胜。

从传统的工程专业计划到实施 CDIO 的专业的过渡阶段,需要一些额外的时间和支持。在没有额外的时间和精力投入的情况下,想要设计新的课程计划、发展新的学习经验、重新分配工作空间和开发评估工具,这几乎是不可能的。我们创建了前面提到的资源,其努力的目标就是要使这一过渡阶段达到最短,但这仍要做出很大的努力。

8.5.3 并行发展合作的价值

我们已经注意到,全世界的工程教育家都面临着类似的问题。在更为广泛的专业能力中,许多潜在的问题都源于两个主要目标之间存在的冲突:既要掌握深厚的基础知识,又要掌握广泛的专业能力。其他的问题则比较一般,如在工程项目中如何对学生进行分组以及如何对这些项目小组进行考核等。对于任何一个专业或院系而言,以一种严谨的方式解决普遍存在的问题都是一个挑战,更不用说对整个教育进行改革了。这些问题所涵盖的领域以及它们在世界范围内的普遍性表明,向着共同目标一起努力,有组织地解决这些问题是有价值和有意义的。国际 CDIO 培养模式使我们能够发展和实施一种具有普遍性和容易适应的教育模式。国际合作的价值在于:

- 为实施 CDIO 的专业发展创造更稳定和更普遍的起点。例如,通过调查和基准研究,对利益相关者的期望和不同大学及国家的组织机构条件进行了比较。
- 在共同目标的结构框架内分享方法和想法。
- 创造一套可转移的资源,包括实施工具箱(I - Kits),启动指南和教学资源材料(IRM)。其他大学可以利用这些资源去推进 CDIO 教学模式的适应与实施。
- 使 CDIO 标准的主要特征更加突出。

相互合作的方式还有另一种主要好处。一起工作能够看清别人正在做什么,可以使各个大学朝着共同的目标发展,通过友好的竞争,可以激励我们的雄心壮志。这种合作方式为相互合作的大学采纳 CDIO 培养模式提供了强有力的依据。在相互竞争的大学里,对方的成功也为自身的改革提供了强大的说服力和推动力。

为促进互动,CDIO 培养模式发起了一系列活动,包括:

- 能够表达各种重要思想的工程实践场所。
- 区域性会议,该会议让同一地区的大学走到一起,共同交流思想并开发新的方法。
- 年度国际会议,该会议让全世界的教育家聚集到一起,交流他们获得的主要学习内容和成就。

CDIO 培养模式欢迎您参加所有这些活动,同时也祝愿各专业在发展工程教育中做出贡献。

8.6 小结

CDIO 专业计划的转变过程涉及院系或专业中的所有教师,这是因为它重新设置了教学环境和重组了教学过程。本章给出了 12 个成功的主要因素,这些因素促进了组织的改革,并提供了许多关于工程专业计划方面的例子,介绍如何把这些因素融入到改革的过程当中。本章还强调教师能力的提高以及对教师支持的重要性,为那些愿意在工程教育中实施 CDIO 培养模式的专业,说明如何利用现有专业计划的优势以及如何使用网站所提供的开放资源。在下一章,将讨论基于 CDIO 培养模式 12 条标准的专业计划的评估架构。

讨 论 题
1. 你采用了什么策略进行改革?这些策略与本章所提出的建议一致吗?
2. 在提高教师能力方面,采用了什么样的政策和鼓励措施?取得了什么样的效果?
3. 在你的大学里,你能明确用于支持教师在提高教学和评估能力方面的人员、专业计划以及资源吗?
4. 你是如何使用 CDIO 培养模式所提供的这些资源的?

参考文献

[1] Rudolph, F., *The American College and University: A History*, The University of Georgia Press, Athens, Georgia, 1990.

[2] Bush, V., *Science The Endless Frontier*, U. S. Government Printing Office, Washington,

D. C. ,1945.

[3] *The BolognaAccord.* Available at http://en. wikipedia. org/wiki/Bologna-process.

[4] Gleicher, D. , Beckhard, R. , and Harris, R. , Change Model Formula, 1978. Available at http://www. valuebasedmanagement. net/.

[5] Kotter, J. P. , Leading Change: Why Transformation Efforts Fail, *Harvard Business Review*, March – April, 1995.

[6] Bonwell, C. C. , and Sutherland, T. E. , "The Active Learning Continuum: Choosing Activities to Engage Students in the Classroom", in Sutherland, T. E. , and Bonwell, C. C. (Eds.), *Using Active Learning in College Classes: A range of options for Faculty*, New Directions of Teaching and Learning, No. 67, Jossey – Bass, San Francisco, California, 1996.

第九章 专业评估

P. J. Gary

9.1 引言

在前几章中,我们描述了 CDIO 专业计划的特征。首先,我们应该*教什么*:学习效果不仅要包括学科内容,而且应该包括个人、人际交往能力以及产品、过程和系统的建造能力。接下来我们谈到了*如何教*:要有一个将知识和能力培养整合为一体的教学计划;要有足够的实践场所,这些场所是为提供 CDIO 设计—实现经验而特别设计的;要有同教与学和能力评估相匹配的考核机制。在第八章中我们讨论了如何改进教学方法、提高教师的相关能力。在本章我们将讨论衡量一个改革是否成功的三个重要问题:

- 如何知道一个专业成功地应用了 CDIO 方法?
- 怎样帮助未达到标准的专业使其得到提高?
- 实施 CDIO 改革的效果和影响如何?

这些是任何一种专业评估都要回答的问题。我们将专业评估定义为判断一个专业的整体有效性的一个过程,判断的基础是这个专业在朝其既定目标方面有哪些具体的进步。依据评估的构架和理念,专业评估可以有不同的形式。对 CDIO 专业计划的评估主要依据输入—过程—输出这样一个判断模型。*输入*包括人员访查、设施的可用性和利用率、资源的充足性和利用率等;*过程*包括教学、考核和评价的方法;而*输出*则是指学生既定的学习效果和专业的整体成果。

我们通过考察一个专业完成其既定目标的指标来判断其整体质量。判断一个专业整体质量的方法是考察其在本书中所给出的 12 条标准方面所取得的进步。因为这些标准包括了输入、过程和输出,并且在一定程度上也包括了效果和影响,所以,基于 CDIO 标准的专业评估可以给专业主管领导提供数据,从而判断这个专业是否达到了目标,是否有效地运行,是否合理地利用资源,是否在整体上有所改变。

我们的评估方法是采用“基于 CDIO 标准的专业评估”来表达的,此方法与专业评价的判定模式一致,在这个语境下,一个标准就是专业的一个特征,而满足 CDIO 标准的证据可从多种渠道通过多种定性和定量的方式得到。当评估结果有规律地反馈到教师、学生、管理者、校友以及其他利益相关者时,就为本专业的决策和持续改进提供了基础。

基于 12 条 CDIO 标准的专业评估方式与通过专业认证等其他国家的评估方法是一致的,这种一致性来自于目的的相似性。两种评估都需要确定标准,需要收集证据以判定是否满足标准,都需要有相应的改进计划。然而,国家认证标准通常会设立满足标准的最低要求,而我们则有意将 CDIO 的标准设得很高。因此,所有专业,即使质量最高的专业也可以用它们作为持续改进的基础。

在本章中我们将讨论如何应用基于 CDIO 标准的专业评估来判断一个专业是否成功地应用了 CDIO 方法。因此,我们将找出一些主要问题,用来判断这些标准是否得到实施。我们还将考察各种收集和分析数据的方法,帮助我们来回答这些主要问题。另外,还将给出有代表性的专业的数据采集和分析的案例。我们将评估结果和持续改进的过程联系起来,并对尚未达到标准要求的专业提出改进建议。最后,我们将看看哪些事实与证据能说明 CDIO 改革的整体效果和影响。

9.2 本章目标

本章希望读者能够:

- 认识基于标准的专业评估方法的特征
- 找出能指导专业评估的主要问题并使它们和 CDIO 的标准相一致
- 描述能衡量一个专业质量的各种方法
- 给出基于标准的专业评估的案例
- 强调专业评估和持续改进的关系
- 对一个实施了 CDIO 改革的专业的整体效果和影响进行评价

9.3 基于标准的专业评估

评估一个专业的概念架构取决于进行此项评估的目的和理由。比如,一个目标导向的评估着眼于一个专业的目标,并考察此专业是否达到了这些既定的目的、目标和效果。与此相对照,虽然一个无固定目标的评估将会着眼于最终的效果,但它并不考察结果是否达到任何既定的目标。自然主义方法则广泛考察人本因素和在特定的背景环境下的运行过程。判定模式的评估,如专业认证,则考察是否符合标准要求,并且往往着眼于输入和过程。管理导向的评估则更多着眼于与决策者相关的问题，将问题局限于特定的范围内，这些问题通常更着重于结果及整体效果和影响[1]。

CDIO专业评估以判定模式为主，兼有目标导向模式和管理导向模式的元素。与很多认证模式类似，判定的依据为输入和过程。教师的资质和水平、现代工程工具、实践场所等都属于输入；教学、咨询和招生等则属于过程。专业评估则只需要考察这些输入和输出是否符合关于这些输入和过程的标准。近年来认证模式将其考察范围扩大到包括最终结果。与目标导向模式类似，基于标准的专业评估着眼于是否达到专业目的和特定的学习效果。管理导向的模式，如林雪平大学实行的平衡计分法[2]引入了战略规划、资源调配以及对效果和影响的衡量等元素，这些都使得CDIO评估超出了单纯的判定模式和目标导向模式。

任何一个着眼于明确的准则、标准和过程的评估都可称为基于标准的评估。这与以上介绍的判定模式、目标模式和管理导向模式等三个模式有着共同的理念和特征[3]。一个专业的标准描述了它的目标和对成果的要求，它们是这个专业对于其所服务的人群的预期结果，它们所涉及的是这个专业对学生所提供的学习经验的全部累积，包括学生的学习效果、活动以及毕业时可以达到的最终结果。尽管大多数结果是预先设定的，但也可能有很多结果不是预设的。

除了结果外，基于标准的评估也会审查取得这些结果的过程。过程评估系统性地考察专业教学活动并考察这个专业是如何运行以达到其目标的。这些过程可能包括招生、学生咨询、报到、学生帮助服务、教与学、实习以及就业等。考察这些过程有助于解释最终结果并判断这个专业是否办得成功[4]。

在一定程度上，基于标准的评估也会考察这个专业带给所有参与者的各方面的整体效果和影响，这种效果和影响通常是长期效果的一部分，可能包括更广的社区乃至社会。对此类效果和影响的考察可从人的能力、操守、男女平等以及生产效率等方面着眼。此类研究可能需要跟踪毕业生的整个职业生涯才能对改革的长期成效作出合理的判断[4]。

在用CDIO框架评估一个专业时我们收集证据来检查过程和结果，并在一定程度上也检查输入和长期效应。总的来看标准1和6涉及输入，标准2确定学习效果，标准3、4、5、7、8、9、10和11则着眼于过程。尽管这些标准并没有直接规定长期效果和影响，但我们的评估常常会考察学生未来的计划、校友在各自领域的贡献以及本专业对区域、国家和国际工业的影响。标准的最后一条，即标准12，是专业评估本身，即一个CDIO的专业总是系统而全面地收集和分析资料从而得到持续改进。

标准12——专业评估

是一个对照12条标准评估专业，并以继续改进为目的，向学生、教师和其他利益相关者提供反馈的系统。

基于标准的专业评估指明并考察广泛的问题,用多种手段收集和分析资料来判断本专业的运行,以达到持续改进。所以,它是一种系统性的评估。现在我们来探讨如何将这个系统性的评估应用于CDIO专业评估中。

9.4 CDIO标准和相关的主要问题

专业评估基于我们所制定的12条标准,在详细讨论专业评估过程之前我们先说明这些标准的理由和结构。在本书中这些标准从第二章开始引入,并作为第三章到第八章的主题进行了讨论,附录B也列出了这些标准,并描述了关于每一标准的理由以及能证明达到标准的例证。

9.4.1 CDIO标准的原理与组成

CDIO计划发展并采用了一套标准。现代工程产品、过程和系统通常是复杂、高附加值的,而现代工程师需要在团队的环境中,从事这样的产品、过程或系统地构思、设计、实施和运行。因而,现实要求我们的毕业生应具备在这样的环境下从事这样的工作的能力。CDIO标准为专业目标与具体的教育输入、过程和结果之间架起了一座桥梁,它能指导一个专业教育如何进行,并试图回答关于工程教育的几个中心问题:

- *当工科学生毕业时,他们学到的全部知识、能力和态度应该有哪些?掌握的水平如何?*
- *我们如何能更好地保证学生学习到这些知识和能力?*

有必要了解本标准究竟是什么而不是什么。它是一套满足特定要求、达到特定目标的指南;是根据我们对世界教育经验研究所得到的实施规范;它旨在为教育改革提供支持,使我们的教育符合利益相关者的要求;它同国家认证系统相兼容,且同时为国际上相同专业间的比较提供了一个标杆;此外,本标准是专业评估和持续改进的基础。

本标准也用于区分按照完整的CDIO方法运行的专业和仅仅部分应用这个方法的专业。专业主办者、校友、工业界等主要利益相关者需要一套标准来判断如何才算是实施了CDIO的专业,从而将CDIO毕业生与其他毕业生区分开来。本标准的制定就是为了回应这一要求。这12条标准中有7条是实施CDIO的精华所在:

- 标准1　背景环境
- 标准2　学习效果
- 标准3　一体化课程计划

- 标准 5　设计—实现的经验
- 标准 7　一体化学习经验
- 标准 9　提高教师的工程实践能力
- 标准 11　学习考核

其余的标准 4 工程导论、标准 6 工程实践场所、标准 8 主动学习、标准 10 提高教师的教学能力、标准 12 专业评估等 5 条标准是补充性的，它们是优良教学实践的体现，但不是足以区别 CDIO 教育和其他教育的必要特征。

这套标准没有包含工程专业教育的所有组成部分，它省去了一些通用的输入和过程，比如教师在本行业的资格、学生咨询辅导、教室设施等。这样的限制是为了有意突出这些特点，使专业目标的愿景更加明确。因此，这套标准中没有任何一条特属于参加 CDIO 计划的任何一员。世界级高质量的工程教育具备这些标准中的一些输入、过程和结果，顶级的工程教育就具备得更多，而无论一个专业的初始质量如何，这套标准总是能够提供持续改进的指导。

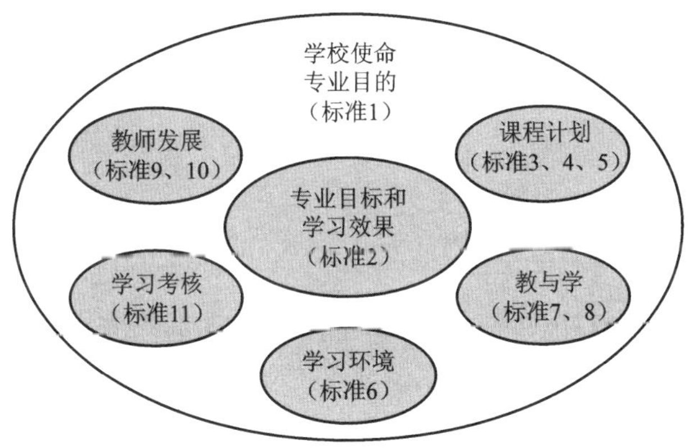

图 9.1　专业评估及其标准

专业评估的组织可以与传统的专业评估一致，12 条标准的要求如图 9.1 所示，专业评估着眼于专业的学习效果和达到这些效果所经的过程。这些标准可以分为一个或几个不同的方面：专业的使命、目的、课程计划、教和学的方法、学习环境、学习考核方法及教师发展。专业评估本身也是其中的标准之一。

9.4.2　与标准相一致的主要问题

在规划评估时，对每一个重要的方面都要提出一些主要问题，表 9.1 提供了相对于每条标准的主要问题，这些主要问题是从对 CDIO 标准的描述中衍生出来的。

表 9.1　相对于每条 CDIO 标准的主要问题

主要问题
学校使命与专业目的
标准 1　背景环境
• 学校的使命和专业目的在什么程度上反映了 CDIO 的原理，即是否将产品、过程或系统的构思、设计、实施和运行作为工程教育的背景环境？
• 技术知识和能力的教学实践中在多大程度上把产品、过程或系统的生命周期作为工程教育的框架或环境？
学习效果
标准 2　学习效果
• 在个人、人际交往能力以及产品、过程和系统的建造能力方面具体而详细的学习效果在什么程度上与专业的目的一致？是否经过利益相关者的验证？
• 专业的利益相关者是怎样帮助确定每项学习效果需要掌握的程度或能力水平的标准的？
课程计划
标准 3　一体化的课程计划
• 个人、人际交往能力以及产品、过程和系统的建造能力的学习效果是如何整合到课程计划中的？
• 课程计划的设计在何种程度上做到各学科之间相互支撑，并且将个人、人际交往能力以及产品、过程和系统的建造能力的培养明确地整合到教学计划之中？
标准 4　工程导论
• 工程导论在给学生提供基本实践框架，培养他们的产品、过程和系统的建造能力，并引导他们在发展个人和人际交往能力方面的效果如何？
• 工程导论在多大的程度上激发了学生对本专业核心工程学科的兴趣和动力？
标准 5　设计—实现经验
• 课程计划中是否包含至少两个设计—实现项目？其中一个是初级水平的，一个是高级水平的。
• 在课内计划和选修相关课程活动中，学生有多少机会参与产品、过程和系统的构思、设计、实施和运行？
教与学
标准 7　一体化学习经验
• 有没有一体化的学习经验帮助学生在取得学科知识的同时培养他们的个人、人际交往能力以及产品、过程和系统的建造能力？
• 一体化学习经验如何在学科学习的背景环境中融合工程学科问题？
标准 8　主动学习
• 在 CDIO 的背景环境下，主动与经验学习的方法如何帮助学生达到专业效果？
• 在教与学的环节中可多大程度上采用基于学生直接参与的思考和解决问题的方法？

续表

主 要 问 题
学 习 环 境
标准 6　工程实践场所
• 实践场所和其他学习环境怎样帮助学生进行动手和直接经验的学习?
• 学生有多大机会接触现代工程软件和实验室以发展他们从事产品、过程和系统建造的知识、能力和态度?
• 实践场所是否以学生为中心? 是否方便、易进并易于交流?
学 习 考 核
标准 11　学习考核
• 如何将学科知识,个人、人际交往能力以及产品、过程和系统的建造能力的考核结合到专业培养之中?
• 这些学习效果是如何衡量并记录的?
• 相对于专业目标学生取得了哪些成绩?
教 师 发 展
标准 9　提高教师的工程实践能力
• 支持和鼓励教师提高他们的个人、人际交往能力以及产品、过程和系统的建造能力的活动是如何得到鼓励和支持的?
标准 10　提高教师的教学能力
• 有哪些措施可以提高教师在一体化学习经验、运用主动和经验的学习方法以及考核学生等方面的能力?
专 业 评 估
标准 12　专业评估
• 是否存在运用 CDIO 的 12 条标准进行系统化评估的过程?
• 评估结果以怎样的方式反馈给学生、教师以及其他利益相关者以促进专业的持续改进?
• 专业的整体效果和影响怎样?

在收集证据回答这些主要问题时,需要记住四个与证据相关的因素:

- 对每一个重要方面,要如何判断是否获得成功? 即一个成功案例应该是怎样的?
- 能表明一个专业在某个主要方面做得好的例证。
- 能说服利益相关者的例证。
- 如何将例证进行总结,对不同利益相关者群体用具有说服力的方式进行展示。

总的来说,判断一个 CDIO 专业计划是否成功就是依据这 12 条标准。一个专业如果有证据显示能够满足这些标准,它就是一个成功的 CDIO 专业计划。不同的利益相关者群体会强调这些标准中不同的部分,但至少有一个利益相关者群体会认为所有的标准都很重要。本章的后面将举例说明具有代表性的 CDIO 专业计划是如何对每一个主要问题的符合度进行衡量的,现在我们讨论收集和检验评估资料的方法。

9.5 专业评估的方法

当主要问题确定之后,最重要的事情就要确定采集信息的来源,以及如何在专业的有限资源内采集信息。有效的专业评估需要运用多种方法对专业教育各方面的信息进行多点采集。这里介绍一些专业在进行质量评估和计划持续改进时所用的方法,包括文件审查、访谈、调查、教师工作体会备忘录、专家考察和不同学习时期的分析等。此外,CDIO 网页上的评估部分还有很多应用这类评估工具的范例。

9.5.1 审阅文件

在执行这些标准时,应对每一步的计划和行动都作文字记录。比如,专业的使命、学习效果、课程计划和课程大纲等都要存档,以便记录专业的发展;记录对现有设备、教与学方法和考核方法的分析,将有助于总结出最有效的教学实践经验和可能的创新之处;记录专业教学的运行能指导其不断提高和改进;对学生成绩作分析作报告和有针对性的评估能知道一个专业是否达到了它的目标。文件审查过程强调建立和保留专业档案的重要性。在我们现有的实践中这些文件是用于内部审查的,而不用于外部交流。

9.5.2 与个人和专题小组面谈

正式文件无法展现一个专业的全貌,从个人访谈和小组访谈中可以获得一个专业对其学生以及其他利益相关者的影响。访谈的一个优点是可以问开放式的问题。我们对新生和毕业生进行访谈可以得到重要的信息,也从教师访谈中得到关于他们所采用的教、学以及考核的方法。小组访谈可以得到更全面的信息,因为小组交流会产生更多的问题和回应。有些 CDIO 专业计划用小组访谈的形式来评估课程教学,每个期末由学生、老师和课程负责人组成的小组对每一门课程进行审查。由主要利益相关者组成的小组访谈也用于确定专业的目标,第三章就介绍了这种小组访谈的例子。

9.5.3 问卷调查

问卷调查和访谈所问的是相似的问题,然而,问卷调查的效率更高,因为可以在同一时间向多个人采集大量的信息,而且可以从大量的样本中采集到具有统计意义的数据。问卷可以通过人工、邮寄、电邮或者网站等方式进行回收。CDIO 专业计划曾通过对主要利益相关者进行问卷调查来确定 CDIO 大纲,对学生进行问卷调查来评估教师和课程教学,也可对毕业生进行问卷调查。

9.5.4 教师工作体会备忘录

教师在工作体会备忘录中总结他们在课程教学和考核过程中的经验。备忘录涉及如下内容:

- 学习效果和达成目标的标志
- 个人、人际交往能力以及产品、过程和系统的建造能力是如何融入课程教学中的
- 能够说明教学方法有效性的例证
- 今后的改进计划
- 将要分享此备忘录的人员名单

将一个专业中的这些单个的备忘录汇总就可以成为证明这个专业成功运行的又一个证据。教师还可以和专业领导或主管教学的领导讨论工作体会备忘录与其他课程和教学相关的问题。

麻省理工学院的老师从 1999 年开始书写教师工作体会备忘录,备忘录的价值在于提供了一种工具,让教师在学期进行的过程中以及在教学经验记忆犹新的时候记录下他们的教学和拟议中的改进措施。这一做法对改进专业教学做出了很大的贡献。这些备忘录的年度总结也是在区域性和国家性专业认证时的宝贵材料。

9.5.5 校外专家的专业审查

聘请与本专业没有直接利益关系的人进行独立评估是非常有益的。可以要求外审专家就类似于表 9.1 中的问题进行审核。在外审专家到来前,系里的相关人员要准备一些总结材料:

- 专业评估计划
- 专业介绍
- 关于本专业的长处、短处和按 CDIO 标准所作的自评报告
- 本专业的利益相关者所关心的问题

校外专业评审通常包括区域性或国家性认证、学校审查、颁证审查和专业学会的评级

审查等。例如,在瑞典,每个专业都要接受瑞典国家高教署的审查,本章后面的框图9.2介绍了瑞典高教署最近的一次审查。

9.5.6 不同学习时期的分析

在不同学习时期的分析比较中收集的资料是按时间顺序分类的,资料的采集可以按学生的届别分组。可对某届学生按入学后每一设定的间隔进行调查,也可对不同届的学生在相同的学习阶段进行调查。访谈和问卷调查是对不同学习时期进行分析的比较常用的方法。林雪平大学应用物理与电子工程专业提供了一个很好的、可用作不同学习时期分析比较的例子。他们在学生入学时和毕业时进行调查来检验学生对专业的期望值和满意度。本章后面的框图9.1介绍了他们的调查情况。

9.6 按CDIO标准评价一个专业

当可靠和有效的资料收齐并分析完后,这些资料就可以回答早先提出的关于专业评估的那些主要问题。如前所述,专业评估是按CDIO的12条标准进行的,与大多数的判断模式的评估方法相似,确定一个专业是否满足给定的标准可以通过自评来进行。我们按5级评分衡量一个专业对于每一条标准所作的计划、实施和执行的情况。图9.2和表9.2给出了一套衡量准则,这套准则对每条CDIO标准的计划、实施和执行的衡量并不是线性的。这些准则在设计上偏重于计划并且允许有不同的实施和执行的风格。每个专业每年至少要用这12条标准自评一次。

表9.2 自评给分标准

得分	描述
0	没有专业范围的实施计划或试点
1	有粗略的专业范围的实施计划并有课程范围或专业范围的试点
2	有基本完整的专业范围的计划并在课程范围和专业范围内有典型实施
3	有完整的专业范围的计划并按计划在课程和专业范围内实施
4	有完整的专业范围的计划并按计划在课程和专业范围内全面实施,有持续改进过程

除了数值评分外,每个专业都要给出一些例证作为评分的依据,这些例证也是判定专业教学提高的依据。因为自评具有很强的主观性,刚开始参与创立CDIO的几所大学都反对将不同学校的得分进行比较,因为自评的主要价值在于帮助专业实现持续的改进。然而,近期还是对到2005年5月为止的12个专业的自评评分和例证描述进行了比照,目的在于让CDIO专业计划参考判断CDIO的整体效果和影响,表9.3列出了这些评分和相应的描述。这个表直

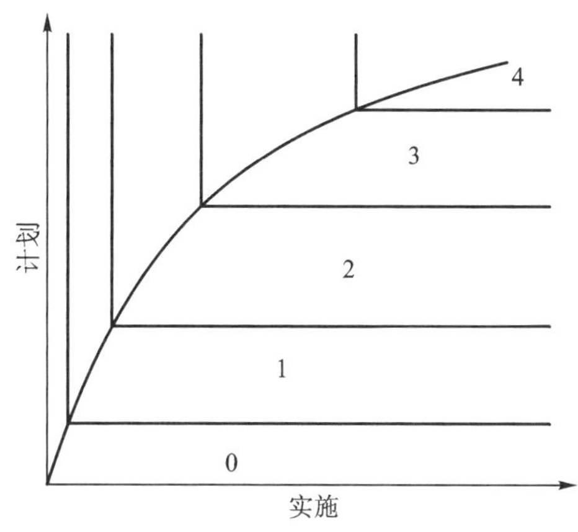

图 9.2 自评评分标准图示

接来自具有代表性的专业的自评报告，可以用作一个专业确定其对每一标准进行评分的参考[5]。基于这些案例，将来会编制更多正式的评分规则，以方便专业自评。

表 9.3 12 个 CDIO 专业计划的自评评分和相应的例证描述

得分	相应的例证
	标准 1 背景环境
0	(没有专业得 0 分)
1	CDIO 方法作为系里教育发展计划的一部分
2	有一个强调产品生命周期的多学科交叉的实施计划，已完成布置工作，明年开始实施
3	有完整的以 CDIO 理念为基础的课程计划，经学术委员会批准，尚处于实施的第一年
4	产品、过程和系统的生命周期成为专业教育管理的运行环境，在专业目标文件中有明确规定
	标准 2 学习效果
0	(没有专业得 0 分)
1	征求过专业利益相关者的意见，但没有按照 CDIO 大纲进行问卷调查
2	有详细的前三年的专业学习效果，后阶段的课程目标仍待审查
3	已经按 CDIO 大纲作了利益相关者调查，正在整理专业学习效果
4	已经制定了经利益相关者认定的 CDIO 大纲
	标准 3 一体化课程计划
0	(没有专业得 0 分)

续表

得分	相应的例证
1	正在制定一个多学科交叉的课程计划,计划中包含了个人能力和人际交往能力的要求
2	项目性的课程整合了各种能力的培养方案,课程计划中的其他部分还在拟订中
3	有要求整合技术知识与能力培养的计划文件
4	一体化课程计划已经全面实施,每门课程都有培养某些特定能力的计划
	标准4　工 程 导 论
0	(没有专业得0分)
1	有基于问题的学习项目,强调产品和系统的建造能力的培养,并引入个人能力培养
2	已将CDIO的某些元素植入一年级的课程中,下学年开始一个全新的导论课程
3	一年级有两门课和一个项目作为导论课程
4	第一学期的导论课程已经实施,并且已经上传到CDIO主页的I-Kit
	标准5　设计—实现的经验
0	(没有专业得0分)
1	(没有专业得1分)
2	课程计划中有一系列的设计—实现课程和选修课程
3	新计划中包含四个设计课程(每年一个);第二年和第四年的项目是设计—实现项目
4	除导论课以外有两门设计—实现课程;第四年共有11门课程
	标准6　工程实践场所
0	场地不够;实验室有安全问题;工程工具及设备陈旧;场所并非以学生为中心,使用起来也不方便
1	现有场所不够;计划下年增加
2	已有一些用于C—D—I—O的场所,新的场所在建设中
3	实验和工作场所能满足大多数高级设计实现经验的要求
4	实践和实验场所专为C—D—I—O设计;这些场所对满足专业目标贡献显著
	标准7　一体化学习经验
0	(没有专业得0分)
1	(没有专业得1分)
2	一年级普遍应用一体化学习方法
3	有为学生提供一体化学习经验而设计的项目;项目整合了对学科知识的学习经验

续表

得分	相应的例证
4	用工业实际问题作为设计项目和高级设计—实现项目;工业合作伙伴参与提供学习经验。
	标准8 主动学习
0	(没有专业得0分)
1	(没有专业得1分)
2	虽然有些课程应用主动学习方法,但还有待更多的努力
3	用实验活动、设计活动、实验性学习项目和自评等方法促进学生的主动学习
4	Muddy 卡、概念问题、个人反馈系统、互相提问等方法应用于以讲授为主的课程,项目和实验学习应用于基于项目的课程
	标准9 提高教师的工程实践能力
0	(没有专业得0分)
1	学校的师资培训部门将进行新的教师培训
2	有3天的工作坊让教师为适应新的培养方案进行研讨,主要集中于个人能力和人际交往能力的培养
3	招收有 CDIO 经验的教师,派教师到工业界工作,让教师到工业实践中进修
4	(没有专业得4分)
	标准10 提高教师的教学能力
0	(没有专业得0分)
1	学校的教学和教师发展中心正在拟定培训计划
2	学校的教师发展中心提供培训课程,新教师必须修读
3	学校有促进教师教学能力提高的实验室等资源;教学能力是教师能力考核的一部分
4	师资培训计划超25年;派教育专家参加 CDIO 会议
	标准11 学习考核
0	(没有专业得0分)
1	虽然已在毕业设计(论文)的考核中应用综合考核方法,但还需要更完整的计划
2	考核方法是在课程内的各个方面进行的,包括口试、学生互评项目、演示和总结报告等
2	考核方法是在课程内的各个方面进行的,包括口试、学生互评项目、演示和总结报告等

续表

得分	相应的例证
3	以项目为基础的课程中将课程考核目标和项目考核目标分开;项目考核是主要的考核模式
4	考核方法与学习效果一致,并经系主任和外审专家审核;考核方法包括口试、演示、学生互评和总结报告等
	标准 12　专业评估
0	专业评估时有时无,且不完整
1	专业评估处于计划阶段
2	有内部质量控制系统,计划以 CDIO 标准进行审核
3	入学调查、强制性评估、毕业调查、国家高等教育评估等
4	完整的评估系统,包括课程评估、学生不同学习时期的期望和满意度分析、入学调查、校友调查等

实际上,导致专业评分差异最大的因素是一个专业参加 CDIO 改革或开始工程教育改革的年数。表 9.3 列出的 12 个专业中有四个是 CDIO 改革的创立专业,还有加入 CDIO 不到两年的三个专业。从自评报告中可以发现如下趋势:

- 刚开始改革时改革主要集中在培养理念和课程计划上。
- 改革的第二年或第三年后新的教、学和考核方法开始引入。
- 尽管 CDIO 专业计划从开始就实行评估,但全面的系统性评估需要几年后才能进行。

总结所有 CDIO 行动成员的自评报告的方式为合作成员之间相互合作做出了榜样。

9.7　专业的持续改进过程

基于 CDIO 标准的专业自评除了能获悉专业的现状和进步外,还能帮助制定持续改进计划。通过对输入、过程和成果进行相关的审查,可以把不满足标准或缺乏质量的部分全都找出来。图 9.3 表达了持续改进过程的四个阶段:

- 输入
- 过程
- 成果

- 改进

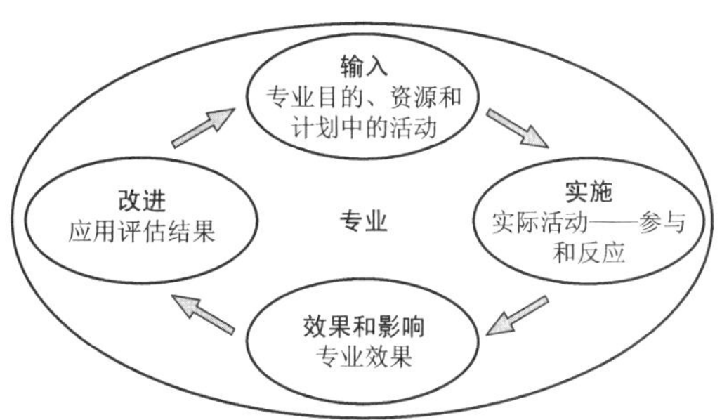

图 9.3 专业持续改进过程

框图 9.1 林雪平大学不同学习时期的专业评估

1997—1998 学年林雪平大学应用物理与电子工程专业（Y－专业）管理委员会进行了一项研究，研究的目的在于调查学生在以下几个方面的经验：

- 他们刚进入 Y－专业时的期望
- 课程安排和不同学习阶段的学习环境
- 这个专业是怎样为他们的职业生涯做准备的

调查结果对改进教学计划和改善专业教育都有极大的价值和意义，这个项目后来将调查扩大到 1998—1999、1999—2000、2000—2001 以及 2001—2002 学年的学生。

该研究的设计是这样的：

- 发问卷给每一个受调查年级的全部学生，一年级做 2 次，2～5 年级每年 1 次，毕业一年后做 1 次
- 在每个年级访谈 10 人，5 男 5 女，这些学生会在一年级时被访谈 2 次，2～5 年级时每年 1 次
- 学生毕业一年后进行电话访谈
- 对教师进行访谈

持续不断地将调查结果反馈到专业管理委员会。结果，Y－专业改善了多个方面的工作，包括设法吸引并留住传统习惯上不选该专业的学生。研究报告和会议论文都刊登在 Y－专业的主页上。解读这些研究结果时有一个重要发现，专业教育的结果不可能从专业的目标或入学标准或学生的期望去预测，它是个人、学校和政治因素的复杂的相互作用的结果。在这次对不同学习时期的研究中，每届学生入学时的经验都不相同，因此，调查的目标也会不同，对结果的解读需要联系当时的时间和实际情况的背景环境，并反映各种行为中的有意和无意的结果。

林雪平大学　E. Edvardsson-Stiwne

检查输入阶段时，要看专业的使命、目标、是否有合适的资源以及教职工的质量等。检查过程阶段时，要看过程的效率和有效性，包括教学、咨询、学生考核以及其他活动等。检查成果阶段时，则着眼于结果的分析，包括短期的学生学习效果和对利益相关者、对社区和对学科专业的长期的效果和影响等。要将前三个阶段的考评结果用于专业的改进才能算是一个完整的专业评估过程。收集分析资料，将资料用于改进，再分析收集资料，这个循环不断地重复。

为了说明如何将专业评估的资料用于持续改进和决策的方法，框图 9.1 描述了林雪平大学不同学习时期的研究[6]。这个研究的目的在于得到关于该校应用物理与电子工程专业真实可靠的信息，以使该专业更吸引学生，尤其是吸引那些在传统习惯上不选该专业的学生群体。

9.8 CDIO 专业计划的总体影响

如第一章和第二章所述，CDIO 改革明确的目标是改进工程教育，隐含的目标就是要培养更多的工程师。在明确的目标上要培养学生能够：

- 掌握扎实的技术基本知识
- 在产品、过程和系统的创新过程中领先
- 理解研究和技术发展对社会的重要性和战略影响

在隐含的目标上，CDIO 改革希望能使工程教育更加有效，能更加打动学生，从而吸引他们报考并从事相关的工程专业。

一个基于 CDIO 标准的专业评估提供了例证，证明专业教育在整体上能够成功达到其目标，同时也证明 CDIO 专业计划具有更为广泛的效果和影响。专业评估评价一个专业的输入、过程和效果，也评估专业在每个标准上的进步。鉴于 CDIO 改革从采用 CDIO 理念到明确与学生学习相关的输入、过程以及效果需要很长的时间，现在确定各 CDIO 专业计划对其利益相关者的整体效果和影响还为时过早。然而，已经有了一些初步的结果。

9.8.1 输入、过程和短期效果的初步成果

几年来我们都在收集和分析与本章开始提出的主要问题相关的资料，通过多种数据收集方法我们得到了如下关于输入和过程的初步结果：

- 自评报告表明所有参加 CDIO 改革的专业都开始或已经完成了重新设计培养计划和考核学生方法的工作，并致力于提高教师的能力。

- 自评报告和实地考察都表明学生在参与 CDIO 实践方面有长足的进步。
- 课程评估报告和教学备忘录表明教师们已广泛应用各种教学和考核手段。

我们应用评估手段记录下每一项进步,其目标是全面实施 CDIO 的输入和过程的标准。此外,已有初步证据显示 CDIO 专业计划正在朝着改善教育、吸引和留住学生学习本专业等目标前进。

- 自评报告显示,所有参与 CDIO 的专业都采用了包括以构思—设计—实施—运行为背景环境的使命宣言,都参考了利益相关者的调查结果而制定其学习效果目标。
- 对毕业生进行的年度调查表明他们取得了预期的知识和能力。
- 学生的自评报告显示他们对于具有设计—实现的经验和促进学生之间交流学习的实践场所感到非常满意。
- 没有证据显示由于整合个人、人际交往能力以及产品、过程和系统的建造能力而使学生的基础知识或技术基础受到削弱。
- 不同学习时期的研究表明,报考的学生增加了,而不及格率下降了,对于传统上不选择工程专业的学生尤其如此。另外,学生对学习经验的满意度增加了。

9.8.2 长期效果和整体影响的研究

CDIO 的 12 条标准关注于输入、过程和短期效果,并不特别关注长期的效果和影响。长期效果不容易衡量,并且需要长时间的观察才能得到有意义的数据。对 CDIO 的评估也可以包括关于学生毕业后的未来和职业规划,这样的数据可以反映学生的态度的改变和踏入职业生涯初期的表现,这些可以侧面反映 CDIO 对他们的长期影响。在更长的期间上,可以调查校友对他们领域的贡献以及在地区、国家和国际上对本专业的影响。现阶段对这样的评估作有意义的讨论还为时过早。

对 CDIO 影响的评估可以从其应用的广度上来进行。最近瑞典采用 CDIO 标准对全国 10 所大学的科学、技术和工程专业进行了评估,框图 9.2 总结了由瑞典国家高等教育署(Högskoleverket)用 CDIO 标准所作的评估[7]。这次评估和此后的调查表明,CDIO 标准对专业的改进具有广泛的适用性。

如前所述,以 CDIO 标准为基础的评估并不足以对一个专业的所有主要问题做出全面的评价,瑞典的例子也证明,还需要采集其他相关数据来补充 CDIO 标准。

框图 9.2　瑞典国家高等教育署(HSV)和 CDIO 专业评估

瑞典国家高等教育署(HSV)是负责对瑞典国内大学进行评估的政府机构,每六年对大学的课程和专业学位进行一次评估,也对大学新开的学士、硕士和博士学位申请进行审核。

2005 年对普通工程(civillingenjŏr)专业学位进行了评估。这些是 4.5 年制(从 2007 年起改为 5 年制)的综合工程专业,大致相当于硕士或欧洲的 Diplome-Ingenieur 学位。它们分布在瑞典 10 所大学的约 100 个专业,几乎包括科学和工程的所有领域,如工程物理、机械工程、信息工程和工业工程等。评估问题分为学校层面的和专业层面的,在评估过程中 HSV 决定另外增加一个总体专业评估,以便:

- 补充对基本问题的调查,以获得关于一个学校和其专业的更完整的评价
- 为外评小组人员提供额外的评估和分析的工具
- 为受评学校提供今后进行持续改进的工具

CDIO 的标准和其相应的评价尺度就被选作这一工具。为了适应具体的评估,对标准作了一些修改。在各专业的自评结束后,对专业管理人员进行了问卷调查以确定用 CDIO 标准作为专业评估的基础是否合适[7]。

问卷调查和面谈结果显示,CDIO 标准是有益的,并且适合于广阔的范围,实施这些标准有利于提高专业的质量。调查同时显示,这些标准的最重要的优点是给专业系统的发展提供了基础。同时也有人担心强调个人、人际交往能力以及产品、过程和系统的建造能力会导致学科和工程研究能力的重要性的降低。为了消除这一担忧,可以在对专业进行整体评估时,在 CDIO 标准之外再加上一些其他的关键问题,也可以再加上一些其他工具作为补充。HSV 的报告全文可以在他们的网站上获得。

J. Malmqvist, K. Edström, S. Östlund, S. Gunnarsson

9.9　小结

CDIO 标准在评估专业和修订课程计划时具备几个方面的优点,它们是基于 CDIO 专业计划的需求、目标和方法,并且是根据学术研究和最佳实践而制定的。它们针对专业评估的输入、过程和成果的主要问题提供了一个框架,可以用在各种专业、学校以及不同的学术文化环境中。在无需新增资源的条件下,自评过程就可以启动持续改进的工作,并且可以定期进行。此外,标准也可以指导新专业的发展。它们不是为专业评估而制定的,它们强调一个专业在构思—设计—实施—运行环境下的某些特质。标准的主要问题和与之相应的评分标准让每个专业得以了解自己的现状,找出可能改进的地方,规划改革并以世界同类专业为标杆来衡量自己。

然而,应用基于标准的专业评估也存在问题。进行有效的专业评估的主要挑战

来自于两个主要方面:如何采用各种评估方法从学生、教师、专业领导、校友等主要利益相关者处获取信息来判别一个专业的成绩;如何记录这个基于评估的结果及持续改进的过程。多数专业都会从学生、教师、资源等利益相关者那里获取信息,其挑战是如何分析和总结这些信息,使它们对决策者有所帮助。

我们自2000年10月开始采用这种基于CDIO标准的专业评估。新加入CDIO的专业在开始改革时也使用这一评估方法,并制定2~5年的目标。在瑞典,高等教育评估机构使用这套标准作为他们评估方法的一部分。这套标准也与美国、加拿大、英国和南非等国家的专业认证标准相一致。由于这套标准强调专业的持续改进,它可作为专业认证的补充。一个专业每年至少要进行一次自评,找出在每条标准上的一些具体问题,以达到专业的整体改进。

至此,我们详细地检查了CDIO专业计划的主要特征、CDIO专业计划的设计和演进方法以及实施和评估方法。我们展示了CDIO专业计划在计划、实施和评估等各个阶段的具有代表性的案例。在本书的最后两章中,我们将回顾历史环境下的工程教育改革,并展望未来工程教育的发展。

讨 论 题

1. 如何应用CDIO标准的框架评估你自己的专业?
2. 你根据什么样的数据或证据进行工程教育改革的决策?
3. 如何应用评估结果去帮助你改进课程计划和教学,提高教师和学生的满意度,改进学习环境?
4. 实施CDIO对你们学校的主要影响是什么?

参考文献

[1] Worthen, B. R., Sanders, J. R., and Fitzpatrick, J. L., *Program Evaluation: Alternative Approaches and Practical Guidelines*, 2nd ed., Longman, New York, 1996.

[2] Kaplan, R. S., and Norton, D. P., *The Balanced Scorecard: Translating Strategy Into Action*, Harvard Business School Press, Cambridge, Massachusetts, 1996.

[3] Stake, R., *Standards-Based and Responsive Evaluation*, Sage Publications, Thousand Oaks, California, 2004.

[4] Weiss, C. H., *Evaluation*, 2d ed., Prentice-Hall, Upper Saddle River, New Jersey, 1998.

[5] Brodeur, D. R., *Report on the Self-Evaluation of Twelve CDIO Programs*, Unpublished report, 2006.

[6] Edvardsson Stiwne, E., *The First Year as Engineering Student—The Experiences of Four Cohorts of Engineering Students in Applied Physics and Electrical Engineering in Linköping University*. Paper presented at the 1st International CDIO Conference, Kingston, Ontario, June 2005.

[7] Malmqvist, J., Edström, K., Gunnarsson, S., Östlund, S., "Use of CDIO Standards in Swedish National Evaluation of Engineering Educational Programs", *Proceedings of the 1st Annual CDIO Conference*, Kingston, Ontario, June 2005.

第十章
工程教育的历史回顾

U. Jφrgensen

10.1 引言

我们在进行工程教育改革时,应该对工程教育的历史环境有所理解。在过去的150年,教育机构在培养工程师的能力和职业形象中扮演了主要的角色。在这期间,什么是工程教育的正确方法是一个长期讨论和争议的话题。工程教育的组织方法、工程教育与科学教育的关系曾经历了巨大的变化,工程技术和技术专业同样也经历了剧烈的变化。尽管有这些变化以及从20世纪60年代后期开始关于工程教育角色问题的争议,工程学校关于工程教育的基本哲学和工程课程的核心内容结构却保持了令人吃惊的稳定。几十年以来工程教育的课程和教学方法只是进行了谨慎的改革,其中主要的改革是解决工程技术的种类增加和由此引发的学科课程出现拥挤的问题。

到20世纪90年代,美国和欧洲都进行了有组织的行动,提出二次世界大战后所发展起来的工程教育是否同实际需要相匹配这样一个基本问题,包括现代工程教育中缺少实际能力的训练,工程教育教给学生的科学知识和赋予学生的分析能力与实际工业中要求他们成为创新设计者和未来技术创造者的工程师能力相比较缺少相关性。由于强调科学知识和以技术为中心的学科结构,工程教育变成了对技术熟练的协作工人的培养。然而,很多人认为工程教育中缺少了对知识和广泛的创新能力的培养,而这种能力是能够应对现代技术变化的,是具有创新设计能力的工程师所必备的。

许多教育改革已涉及这些问题,并且制定了改革计划去克服这些问题。有的针对课程计划或教学方法,有的根据新的技术发展出一整套新的工程专业,还有的将工商、管理和组织学与工程相结合或强调工程的创新设计。有些改革计划得到了如美国国家自然科学基金等政府机构的资助,有些则衍生于致力推进欧洲统一教育系统的博洛尼亚进程(Bologna Process)。然而,大多数的改革都局限于当地、地区或国家的实验和改革。而CDIO改革是一个多国的、开放的、广泛的和全面的方法。

当代工程教育所面临的问题可能根植于现代技术的多样性。在不同的社会环境下应用已有的多样性技术,就进一步增加了工程教育之间的差别,这种多样性不仅给如何定义工程能力带来了新的困难,还给工程院校在保持其统一性、工程自身的形象以及职业准备教育的标准化方面带来了新的挑战。尽管存在技术的复杂性和多样性,工程界和精英工程院校在保持教育机构的统一性方面还是做得很好,这种统一性主要表现在共同的工程核心课程计划上。然而,工程自身形象的形成和构造统一的工程形象的政策,则无论是在作历史回顾时还是在进行工程教育改革时都需要严肃考虑的问题。工程自身的形象在工程教育的改革和变革的讨论中起至关重要的作用。

一些对工程教育情况比较熟悉的人提出批评观点,指出工程教育改革的必要性[1-2]。另一些人则对工程师在社会上的成就持肯定的观点,并支持继续传统的、以科学为基础的课程计划[3]。在他们眼里,可以用完全不同的方法获取技术和自然科学知识[4]。但是,他们的学说与普遍认为的工程科学是应用科学的观点是互相矛盾的。然而,他们也没有就技术对于社会和机构的依赖性提出批评性的意见。不幸的是,即使是工程院校和职业学会也支持科学和技术之间的紧密联系,他们认为自然科学是工程的核心基础。当代自然科学和工程科学的发展模糊了二者之间的界线。“技术科学”的新思路正在逐渐得到认同。它的特点在于强调科学和技术之间的联系,而不认为任何一方比另一方次要[5]。这种新思路承认技术对科学成就的贡献,从而改变了关于自然科学和技术的基本观点。

一个基本的问题是,这些批评所指出的问题究竟是需要通过剧烈的变革才能解决,还是像从前经常发生的那样仅仅是一时的危机,并且那种危机终究会过去的。关于技术驱动改变和创新的观点已不像20世纪70年代那样遭到批评了,与此同时,工程实践自身却出现了构思和应用技术的危机,社会和工业界提出推动改革的要求。

本章将CDIO改革置于工程教育的历史环境中,寻迹工程实践、机构变化、工程自身形象的形成和技术发展等现代工程教育的环境。目的在于强调历史环境的复杂性,而不是从工程教育历史环境的演变来证明CDIO改革产生的必然性。本章首先描述了民用工程(非军用工程)教育的设立,并勾勒出工程教育的模式,以此反映出工程师的多种身份形象和社会对工程师角色的印象。然后描述了工程在工业和社会发展中的角色,而这一角色又怎样构造出传统的工程专业和由此而生的国际通用的工程学科。第三节强调了二次世界大战后当更多的工程学科加入传统的自然科学之后所产生的向工程科学的转化。全章的讨论凸显了近几十年来工程教育对实践能力培养的淡化,这种淡化源于社会对手工技术和熟练工匠需求的减弱,而这些人曾经是工程教育的重要生源。最后,通过对当代新工程学科、学校以及技术领域的专业数量的爆炸的描述引出将来到底什么才算是工程核心课程的争议。

10.2 本章目标

本章旨在让你能够：

- 认识工程教育的历史变迁和学校差异
- 认识关于工程经验和实践应该如何在工程教育中得到体现的争议
- 理解工程教育对工程职业形象形成的贡献
- 解释近年来各种改革行动的原因
- 评价以解决工程问题的能力为核心的工程教育和以自然科学为工程核心课程基础的工程教育之间的争议
- 受到激励,致力于在实践中探索能够培养学生工程能力的新方法

10.3 工程教育的起源

自19世纪正式出现工程教育以来,关于理论和实践之间的矛盾就从来没有停止过。美国学者曾用钟摆来比喻这些年来工程教育的重点在理论为主还是实践为主之间的反复变化[6]。对工程院校作一个详细的研究会给我们展示出这样一个完整的谱系,谱的一端是以实践、熟练程度和手工工艺为基础的工程教育,另一端则是完全以科学为基础的工程教育。欧洲国家的许多不同的学校在很长时间都处于这个谱系的极端位置。

工程作为一个职业出现于19世纪,土木工程(或民用工程)是最先出现的,它是从致力于武器、防御和基础设施的军事工程中脱离出来的[3]。早期的工业基于实践操作和手工工艺,并因此衍生出了技术学校。而工程则是基于技术而发展的,并应用系统的和分析的方法来进行,这与法国的"polytechnique"的理念相类似[7]。1792年巴黎综合理工学院(École Polytechnique)成立,发展并推广了这个理念,开启了民用工程教育的新时代。在19世纪上半叶,这个理念传遍了欧洲和美国,从而建立了一个新型的高等教育模式。与此同时,军事院校,如美国的西点军事学院,也受到了"polytechnique"的分析方法的理念的强烈影响。这种结合实践和理论的教育方法在欧美国家催生出了全新的工程技术和工程教育的组织机构。我们今天所见到的,在全球有着明确定义和统一形象的职业曾有过艰难和颇具争议的历程。现在我们回顾一下工程教育在法国、北欧、英国和美国的演变。

10.3.1 法国的工程教育

在法国,工程教育机构是根据法国政府机构和工业结构而发展的[8],受

"polytechnique"理念的影响,"grande écoles"一直是法国国家教育的核心,这为建立工程师培养标准提供了理想的基础。并且,工程师服务于政府机构,他们为成长中的城市和工业提供了必需的运输、能源、通信等基础设施。在这种环境下,技术科学被看作应用科学,这是基于这样一种假设:数学理论和科学的普遍原理能成为改善技术的基础,将当时以实践和熟练经验为基础的技术提升到更高的水平。

随后,也设立了一些其他的工程学校,其中一些专门用来满足当时新兴工业的需要,如采矿和机械工业,它们为农业和工厂提供新的技术设备。尽管工程教育中包括了实践训练,工业需求也影响了课程的内容。这些工程学校基本保持了其精英结构和理论训练。

10.3.2 北欧的工程教育

在北欧,工程教育结构按招生和培养方法主要可以分为两种模式。第一种模式是"fachhochschulen",是一种基于实践的模式,从熟练的产业工人中招生。这类教育从19世纪末开始出现,主要是给手工业学徒出身的工人补充从制图到微积分之类的一些理论知识[9]。第二种模式是类似于大学的学术性工程教育,与大学自然科学教育的区别在于不太专于某个自然科学学科,这类学校通常称为"technische hochschulen",20世纪后期又称为"technïsche universitätes"。另外,在德国和斯堪的纳维亚还有很多符合当地传统的技术学校。这两种模式的基本区别在于是否坚持要求熟练的操作能力这样一种传统。一种模式从熟练工人中招生,而另一种模式直接从高中毕业生中招生。这两种不同的生源模式使得这两种模式训练出来的工程师有截然不同的职业形象。

第二种模式从工程大学对技术发展的贡献中得到社会的认同。而"fachhochschulen"类的大学则由于他们强调技术质量这一传统,从而具备工业生产中的实际工程能力和应用技术的能力,最终取得社会的认同[10]。学术化训练出来的工程师在过去50多年中对社会基础设施和机构的建设做出了贡献[11],其中有些人在化学和电子学诞生后对新兴工业的产生和发展做出了贡献。然而,在19世纪实践化训练出来的工程师在机械工业和采矿工业的发展中占据了主导地位。尽管德国是最早倡导在工程院校进行理论训练,并在大公司内设立研发机构的国家,德国工程师对工业创新的贡献主要还是来源于实践经验和系统实验,只有一小部分是源于科学知识[12]。

10.3.3 英国的工程教育

英国演变出了一种很不一样的模式,工程被认为是成长于实际的、熟练的工艺,因此被排除于大学和科学之外。尽管技术教育以理工学院(polytechnic)的形式得以建立,但类似于社会的阶级结构,政府和工业界的领导权由大学毕业生所控制,工程被认为是一种二等的职业——重要但基于实践能力。这种分化在很长时间内使工程教育远离大学教育。

在英国,除了上述的工程教育的独特特点和工程职业的实际形象以外,英国的认证体系也使其工程教育与统治欧洲大陆的德法工程教育体系形成了重要的差异。在欧洲,政府的委员会通过对教育专业的审核来定义工程师的资格,而英国的认证体系则强调实践能力和工程经验,并认为工程能力同大学所给予的学术能力具有不一样的性质。英国的认证体系在一定程度上也被美国所复制。

10.3.4 美国的工程教育

在美国,机械工程和土木工程是最早开始的工程领域,伴随着工业化的进程,美国涌现出了各类机械厂和农业机械产品,相应的工程教育也就应运而生。伦斯勒理工学院(Rensselaer Polytechnic Institute)于 1824 年成立,这是美国最早的工科院校。尽管其名字类似"plytechnique",伦斯勒理工学院却更强调学生的实践和工、农业经验,较少强调数学和科学。这也为美国的工程教育模式设立了先例,此后几十年内所设立的学校也基本上沿袭了这种高级学徒的模式。19 世纪中期出现的农机学院和赠地学院,包括 1861 年成立的麻省理工学院,更强化了这种与工业实践紧密结合的教育模式。该模式主要侧重于实际知识和车间实习,很少要求教师进行独立研究。

到 19 世纪末期,美国的工程教育者们,如罗伯特·特斯通(Robert Thurston),意识到欧洲体系的长处,也开始提倡在课程中增加数学和科学内容,而这种意识正好与当时工程界与日俱增的,希望与医学和法律职业要求平等的职业地位的要求相契合。特斯通也强调研究,很多活动就是在研究工作的名义下进行的,这通常是一些模拟农业活动的工程实验[6]。

尽管引入了新的内容,但从 20 世纪二三十年代到第二次世界大战,美国的工程教育大体上保持了面向工业实践的教学。与此相对照,欧洲的学校在如哥廷根的费利克斯·克莱因(Felix Klein)等人的领导下已经开始将科学和理论的方法应用于工程问题[6]。在同一时期具有欧洲教育背景的美国知识分子将以科学为基础的工程训练引入美国,克莱因的学生冯·卡门(Theodore von Kármán)就是其中之一。

无论是在美国工程教育中,还是欧洲的 polytechnic 或 fachhochschulens 中,实践训练都对工业和社会中技术的应用和发展起到了决定性的作用,这些院校促成了工程在社会中作为一种专业性职业形象的形成。尽管现代工程教育也在强调实践的重要性,但现代正规化的工程教育的焦点已转向理论的、以科学为基础的训练。刻意塑造一个不同于熟练技工和学徒制的教育形象导致工程教育成为以学术训练为传统的高等理工教育。

10.4 工程和工业发展

19 世纪初,成立了很多以土木和机械工程为基础的工程院校。它们的毕业生进入政府机构或创立各类公有或私有的公司,致力于基础设施的建设,包括运输系统、道路、桥梁、港口、运河、船舶、排水、供水以及煤气的生产和供应等。工程师对社会进步的贡献在于他们是现代社会物质支柱的建设者。而后,因为对新机构、新知识和技术基础设施的贡献,使他们的身份得以扩展并成为创新者和系统建设者[2]。为了论证大型基础建设的合理性,决策者需要可信的数据,这种需要也符合了正规的、以科学为基础的培养趋势。对发展的论证的需要也促进了层级官僚制技术机构的产生。技术官僚的产生能够支持,甚至促进政府政策的制定,这也正好符合因大型基础建设项目而产生相关的基本知识结构这一规律。例如,汉斯 · 克里斯蒂安 · 沃斯泰德(Hans Christian Oerstedt)就描述了法国理工学院同政府官僚机构的角色之间的联系。他于 1829 年设立了 Polyteknisk Lœreanstalt,即如今的丹麦理工大学。沃斯泰德认为理工学院的教育与德国的政治科学教育和丹麦的 staatswissenschaft[13] 有着紧密的相似关系。

军队组织以及使用军队工程师的大型基础建设也对大型公司内的工厂系统产生了深刻的影响[14-15]。这些公司从军队建制中学到了组织的阶级制度以及统一性和标准性的必要性。运用科学的管理原理和标准化的诉求也使生产力得以提高,并实现了对生产过程和劳动力的持续控制,这些原理很快成为了工程管理的核心元素。

关于理工教育到底应该基于数理训练,还是应该基于技术图纸和实验室实践能力的训练的争论从一开始就很激烈。当以数理为基础的新理工教育模式的大多数毕业生去从事新技术基础设施,如供水系统、排水系统、供气管道以及电力系统等方面的实际工作时,争论变得更加激烈。理工毕业生也从事通信、运输的基础建设工作,如运河、铁路以及电报、电话和无线电等能将城市、地区乃至国家联系起来的新式通信设施。

与此相比,早期机械厂的发展和早期的技术成就则主要是由实践型技术人员的努力而取得的。这些人在机械、化工工业中获得了实际经验。他们也会到其他地方访问交流,通过交流和海外工作,他们取得了新的技术和知识。返回后,他们将所学到的新知识或创新性技术转化为图纸和说明,并用其制造新的机器。这是知识和新技术转化的一种常见的方式[16]。国家期刊通常是新技术的传播者,丹麦理工大学首任机械教授乌尔辛(Ursin)所主编的 Polyteknisk Tidsskrift 就是其中之一。

在工业发展的早期,技术院校培养了很多发明者,他们发明了新机器、工具和新的生产系统。直到 19 世纪末期,从有经验的工人中培养的工程师在这些发明中起到了重要的作用[11]。他们得以发挥作用是因为他们能进行合理的实验组织、过程记录,并且具有在过去技术发明中的成功经验[17]。尽管工程学科的分类在各国都大致相同,具体的工程实践方式在不同国家可能因为传统,尤其是工程科学对工程实践的理论贡献的不同而呈现较大的差异[18]。到 19 世纪末,石油工业的研究和创新对化工工业和能源分布系统的贡献使得学术研究和以学术训练为基础的工程师变得重要起来。这样,石油和电力技术的发展导致了高等技术院校角色的转变,这一转变在北欧显得尤为突出。

很多在这一时期设立的技术院校都以土木、机械、化工和电力这四大工程为课程结构的主干。工程院校仍然以培养学生解决实际工业问题为主,学术研究也很难同工业咨询区别开来。电力工程却是个例外,在这个领域理论教学和工业技术的发展的联系要比其他领域紧密得多。即便如此,很多学校还是要求电力工程的学生学习基本的工程能力,如力学、工程制图和测量等。这些要求无法解释课程与专业需要的关系,只是反映了早期土木和机械工程教育曾是工程教育的标准。

在工程发展的历史中,很多工程门类由散例集锦似的"百科全书阶段"发展成为更为抽象的、以理论为基础的"科学阶段"[19-20]。后一阶段增加了模型描述的应用,包括数学描述和一般化归纳。然而,在这一转化的过程中,通常用于解决具体技术问题的实践经验和知识就丢失了。其结果是基于零星工程经验的技术通过完整的理论和模型记录下来,与此同时,这一转化又使这些理论与能够实际应用的工程实践和经验愈行愈远[21]。

10.5 科学作为工程的基础

为了理解今天的状况,我们必须考虑工程教育最重要的历史转折——以科学作为工程的基础。这一变化源于第二次世界大战中公共和军事工程研究经费的增加。为工程建立科学基础的过程在美国和欧洲产生了一些以理论为导向的精英大学和高等技术院校。刚开始,课程计划中高度数学化的课程和描述性的、松散的技术课程之间还有一段距离。早期的争议导致了技术科学相对于自然科学而言属于二等的或应用性的状况。至少在欧洲,如果没有具有自然科学背景的大学教师的支持,早期的技术院校是不能授予博士学位或讨论科学问题的。然而,随着更多的注意力集中在创新上,以及科学和技术之间的关系变得越来越紧密,在技术科学发展的新时代这方面的争议减少了。

10.5.1 美国的发展

美国工程教育的分水岭是第二次世界大战,麻省理工学院是这次转变的领导者。战前,在物理学家、院长卡尔·坎普顿(Karl Campton)的领导下麻省理工学院采用了以科学为基础的工程教育。年轻教师万奈华·布什(Vannevar Bush)将他的研究方向从供电网的电路模拟转向以科学为导向的计算机的研究,并成功地获得了私人基金的资助[22]。1940 年布什成立了国防研究委员会,这是位于华盛顿的一个重要的联邦战时研究机构。尽管工程师在战争期间做出了卓越的贡献,但曼哈顿计划却使物理学家走到了最前台。具有战略眼光的工程领袖们也意识到了工程师要想获得尊敬就应该紧密地效仿科学家。

10.5.2 欧洲的发展

在欧洲,尤其是在法国和德国,精英院校中以科学为基础的工程训练具有悠久的历史传统。战后,各种科学委员会和大型政府研究项目的设立戏剧般地增加了包括技术性大学在内的研究活动。这些研究旨在将第二次世界大战中发展出来的技术应用于和平用途。相应地,工程教学的方法也发生了改变。19 世纪上半叶,普通大学或理工学院中设有一些自然科学课程,有些课程仅仅在理工学院中设立。所以,有时普通大学的学生还会到理工学院去修读某些课程。当自然科学课程在传统大学中全面开设以后,自然科学也逐渐被看作应用科学的基础。

20 世纪上半叶,理工大学还必须为得到社会的承认而斗争。社会之所以接受它们是因为这些学校是以科学为基础的,但是人们仍然怀疑它们是否能够进行独立的科学研究,或者说它们仅仅是进行有限的实验,从而取得一点技术改进或技术应用。这种怀疑可以从技术性院校授予博士的权力中体现出来。如同其他国家一样,在德国和瑞典关于什么才能被称为科学成就、谁才有资格做出判断是非常具争议的问题。然而,尽管有很多关于工程科学特性的讨论,工程科学仍然被认为仅仅是应用自然科学。这种争议随着技术或工程科学被逐渐视为科学的特殊领域而终止,一些工程院校也开始给它们最优秀的学生颁发博士学位[24]。

10.5.3 战后的发展

二战后在美国以科学为基础的工程教育的发展是与当时急剧膨胀的政府研究基金的支技而同步的,各种基础研究的资助使得研究和教育偏离了原先以实际应用为主的方向。在高速空气动力学、半导体电子学和计算机科学等一些领域的成功,证明了在实验室环境下进行的数学和物理学研究能够开创新的技术领域。这些年,旨在提高功率、高度和速度等性能的军事研究目标也有助于提高科学研究的手段。电学的工程学科也不再局限于电力和电动机,大量的研究放到了电子、通信理论和计算机等方面。正如历史学家布鲁斯·瑟利(Bruce Seely)所指出的[6]:

理论研究比以应用为目的的试验项目要重要得多,发表论文和取得资助取代了专利发明和工业经验成为考核教师的标准。到20 世纪60 年代中期,美国多数工科院校都完成了向分析和科学方向的转变。

即使到今天,很多学科如机械、能源系统、电子、化工、工程施工、卫生和土木工程等依然是以技术活动来命名的,这些学科在其开创初期都有相对应的具体问题或工业。然而,随着以科学为基础的研究和教学的要求变得越来越强,这些实际问题和工业都慢慢地失去了它们早期的重要性。要求的变更导致了更多抽象的、以科学领域定义的课程的出现。

战后几十年中崛起的系统化的工程和思维被看作是普适性的工程工具[22],系统科学包括控制理论、系统论、系统工程、运筹学、系统动态学、控制论等。系统科学使工程师能够应用新型的计算机模拟工具[25]建立小型或大型的分析模型系统。技术从实用管理工具如系统工程,延伸到技术形式主义如控制理论,再到更为数学形式的运筹学等。工程领域正在进行广泛的开拓,也许终有一天这些工具能为超出基本自然科学原理的所有工程问题提供理论基础。20 世纪 50 年代的系统工程可能仅仅是狭义的分析和组织分类学,而到了 20 世纪八九十年代,新的系统工程则把注意力放到了技术及其相应于社会和工业环境的关系上。这种对自然科学和技术科学的关系和理解的新思维说明了工程作为技术科学是在科学和技术的社会学环境下发展起来的,这也正好反映出这些科学之间的紧密的、复杂的相互关系[26]。

10.6 实践能力和经验的减少

创立研究型大学作为工程大学的理想、精英模型同样对工程教育的教师成分和招聘产生影响。以研究经费支撑教师职位意味着传统上招收的具有工程背景的教师职位将逐渐被有工程科学成就的人员所替代或填补。这种变化将导致所有教、研职位都转向具有学术背景的人员。校内外都有反对这种变化的声音,而校内的反对声音主要来自教学和实验室人员。同研究一线人员相比,他们的工作往往被看成是日常的和琐碎的。

10.6.1 技术学校的转化

在欧洲,应聘工程教师职位要求具有博士学位。这使得招聘范围变窄了,使得具有工程经验的人员很难满足招聘的起码要求。新获博士学位的人员大都从事政府研究基金资助的工作,越来越少的博士到工业实验室和实际工程中去工作。尽管博士学位的要求也可以被工业实践中的创造性成就所替代,但实际上大学还是很难找到具有实际工程经验的人员。今天,学术职位的招聘要求申请者提供已发表的研究论文或著作,这一门槛加上大学和工业界的收入差距,减少了大学中具有资格的熟练工程师的数量。

工程教育基础的改变,加上以科学为基础的技术教育的扩张,不仅导致了研究经费的变化而且导致了传统工程职业学校的课程计划的变化。尽管有各种不同的名称,英国的理工学院(polytechnics)、德国的 fachhochschulen 和丹麦的 teknika 曾经都具有同样的特征,即从熟练工人中招生,给他们补理论训练课程,以保持工业应用为目标。因此,这些学校都继承了以实践知识和能力为主的特征。学生主要来自建筑工地、机械车间和工厂的学徒。20 世纪 60 年代这些学校的课程计划得到扩充,很多工程科目都在广度和学制的长度上扩展了。一般来讲,这些变化包括从技术大学搬过来的数学和自然科学科目,并保持了原有的以实践为导向的原则。这导致了政府成立专门委员会讨论实践工程教育的结构问题[27],同时也凸显出平衡学术与实践的矛盾,以及这些学校是否应当继续为工业培养以实践为基础的工程师的问题。

与此同时,手工学徒工和熟练工人训练的减少也导致理工学院生源的减少[28]。从前这类工程教育可以完全由传统的小手工工业来提供。随着工业规模的扩大,劳动力的训练方式也发生了改变。随着具有专一机械操作能力的劳动力的增加,具备传统实践工程训练所要求的广泛能力的劳动工人越来越少。这种变化导致 20 世纪 90 年代学生生源的彻底改变。今天,技术学校的生源都一样,学习的内容也趋同,因此也就无法区分两类不同的技术院校了。

10.6.2 工业界的反应

工业界对于当今技术教育局面的反应显示出工业界对是否应保留具有实践能力的工程师的不确定性。工业界不愿意负担劳动力的基本能力训练。更普遍意义上的不确定性是,到底哪些实践经验才是工程工作所需要的。工程研究证实了将正规的理论同制图、实验、模型和比照推理能力相结合的重要性[16]。这些能力不仅仅依赖于一线技工的实际经验,而且依赖于工程师的实践经验。其他方面,比如工业组织的日常运作经验,可以从非工程师的工作经验中取得。虽然工程院校招收有实践经验的学生的可能性也许为零,但对工程实践能力的需求依然存在[29]。

10.6.3 回归实践

在 20 世纪 70 年代,一系列的技术和政治事件开始改变技术的发展进程及其社会环境,从而导致这个钟摆又向实践这极摆动。石油危机、现代环境运动以及美国取消超音速运输等都显示技术不可能严格地按照其自身的规律发展了。在 20 世纪 80 年代,美国发现自己处于竞争危机之中,有人指责工程研究过于重视功能和军事研究,而不是致力于其他更加工业化的用途。麻省理工学院的研究报告《美国制造》[30]指出,设计与制造没有得到与工程科学相同的学术资源和知识认可度,因此,美国在消费品的制造方面已落后于日本和德国。同时,冷战的结束也意味着像军事研究那样的大量资金投入可能再也不会出现了。到 20 世纪 90 年代,技术教育机构纷纷转向工业界寻求资助。随着新资金的介入,研究的导向转到了产品设计、产品研发和创新研究,更多的着眼点转到了工程实际问题。

狭窄的仅以科学为基础的教学,缺乏实践兴趣和能力所带来的问题也在技术院校内部受到了指责[31]。自20世纪70年代开始,有些专业尝试采用以项目和基于问题的工程教育实验,并在20世纪90年代进行了广泛地推广。他们试图从教育学和教学方法的角度来进行探讨。在丹麦和德国有几所激进的学校甚至将以项目为导向的学习方法作为它们的教育品牌,声称这样的项目既能照顾到工程方法和解决问题能力的多学科要求,又能整合工程中理论和实践方面的要求[32]。

早期的工程实践重视现场操作训练和工作组织的实际问题,而新的工程形象则凸显出工程任务的复杂性,包括项目的组织和沟通交流、专业咨询的角色、处理创新设计的能力和社会问题的需要[33]。这些新的重点并没有消除对实际经验的要求,制图、想象、建模和动手等能力仍然是必要的,但是仅仅具备这些传统的能力已无法满足实际工程训练的需要,新的重点迫使人们重新定义工程实践,并将学徒模式摒弃。

10.7 学科大量增加和学科边界模糊化

随着20世纪下半叶的技术发展,以及工业、工程教育和研究机构对工程研究的大量投入,使得技术知识体得到了巨大的增加。新的技术领域和技术科学学科数量激增[34],各种工程专业的差异给工程教育带来了巨大的压力。这种压力来自如何既能紧跟技术发展的前沿又能给予学生足够广泛的知识。在很多学校,这种压力导致开设了很多新专业。这些专业中有些是与某些特定的行业或工业相关的,它们需要工程师具备某些特定的知识。向特定行业发展的要求导致了专门技术知识的培养和宽口径的工程知识培养之间的紧张矛盾。需要专门技术知识的行业包括公路工程、造船、卫生工程、采矿工程、发配电工程、海洋工程、航空学、微电路工程、环境工程、生物工程、多媒体工程、风能机工程等等。

10.7.1 学科大量增加的解决办法

这些专业导致技术科学学科的数目和范围的增加。有些学校,如麻省理工学院和丹麦理工大学,将课程计划分为不同的模块,由学生自己选择他们的教育结构。而有些学校则以增加专业的数目来应对。还有的学校在规定核心课程之后让学生通过选修课程将自己的专业局限在某个方向。以项目为导向的教育方法改革也宣称能够在较少的理论知识和学科结构的环境下增强学生对工程的理解,提高解决问题的能力。还有一种特别的应对方法,就是从根本上质疑工程教育的概念,加大工程科学的教学,减少实验课程,弱化同工业界的联系。

10.7.2 技术与自然边界的模糊化

技术所扮演的角色要求使用多学科方法,这也挑战以科学为基础的分析性处理问题的方法。这种要求导致新的工程教育分支的出现。例如,在环境工程领域,传统的卫生工程是以对排放水的监测、化学分析和处理技术为基础的。但是基于洁净技术的工业及产品供求链管理的发展,导致新的、不同于早先卫生工程的新思维的出现。从前将自然看作废物的受体,现在工程师必须意识到自然已经有了巨大的变化。我们的环境知识必须要包含产品生产过程和化学物质的设计,并将其作为我们持续地设计自然的一部分。技术与自然边界的日益模糊导致了一系列伦理和政治问题,也成为工程学的核心问题。

另一个例子是房屋建筑工程,这些工程不仅需要满足社会和美观的要求,还需要满足用户在建设阶段和使用阶段提出的种种要求,因此,有好些改革希望打破传统的建筑师和工程师的界限。很多工程学院聘用不同学科的教师,例如从工程师、建筑师到社会学家,希望以这种多学科的融合来解决学科分离所带来的问题。尽管有这种努力,房屋建设还是与城市规划分离了,结果导致一些房屋建筑学科更注重结构理论而不是房屋的功能和设计。与此同时,功能、用途、可适应性以及与用户的交流就落到了建筑师的肩上。然而,建筑师却更关心美学问题。从这个例子可以看到工程院校中以学科为主导的文化,而这种文化也决定了科学研究和新学科产生的方向和方式。

10.7.3 新技术的影响

现代生产的复杂性和基础设施的重要性都在持续地增长,而技术在社会中的角色却发生了转变。为满足产品消费者的要求,技术的焦点转移到了产品功能的集成和特色设计上。传统的生产过程并没有消失,但出现了咨询、设计、市场等行业的新工作。这些新的工作要求从业者具备新的个人和职业能力,并为知识体系创造出新的学科[35-36]。自 1990 年以来,一些学校开展了新的教育模式,强调工程设计能力,并在课程计划中引入社会科学,包括技术学、客户群体学、市场分析等。进行类似改革的学校包括荷兰德尔夫特大学(Delft University)、美国伦斯勒理工学院(Rensselaer Polytechnic Institute)、丹麦理工大学(Technical University of Denmark)、挪威科技大学(Norwegian University of Science and Technology)、英国克兰菲尔德大学(Cranfield University)等。新技术的多样性发展衬托出技术科学的局限性[31-37],它并不能涵盖工程的所有方面。

技术知识的增长和多样性给大学带来持续更新的压力和难以确定应该保留和发展哪些工程领域的困难。许多领域和分支已经走过了它们的发展期,尽管其相应的工业可能还在雇用大量的工程师,但其技术已不是研究经费支持的重点,工程师市场的需要也不足以让工程院校开设或保持这个专业。对工程教育来说,这就意味着可能会失去技术知识的一个重要的领域。

技术在社会中的角色问题并不是在 20 世纪 90 年代才首次出现的,但在这个时期这一问题引起了对工程教育基本性质的关注。人们关注工程教育内容和工程教育本身对技术发展的冲击。这种关注反映在对公路规划、农业化学、核电厂以及自动化等一系列问题的争论上。这种关注质疑了在技术发展中知识的角色。一些评论要求在课程计划中加入人文的内容,如伦理、历史、哲学以及社会科学学科[38]。这种观念假定工程学生通过与不同角色人员的接触以及对社会、伦理的讨论之后再面对技术的挑战时会更有准备。然而,多数工程教育满足这种要求的做法仅仅是在既有的工程和科学课程以外简单地加入新的课程,并没有进行课程的整合,其结果会导致原先已有的课程的拥挤现象更为严重[39]。

技术的发展也导致了技术学科之间边界的模糊。实际上近年来对工程的基本性质,甚至工程本身的存在性的认知都受到了质疑。以前曾明确定义的工程学科如土木工程、机械工程、化学工程和电气工程等都变成了两个或多个学科的混合体。例如土木与环境工程、航空与航天工程、电子工程与计算机科学、材料工程与科学等。新专业如生物工程、生物材料也反映了这种变化[1]。今天,许多大型工程院校都设有十个以上的不同的工程专业。

技术的改变也从其他很多方面改变了工程的面孔。由于计算机和互联网的出现,工程研究和设计也发生了改变。算法曾经是基本能力之一,现在已被植入了自动设计软件;大型项目的参与者之间可能从未谋面,但他们却通过数码通信进行协调工作;一个过去可能仅由少数白人男性担任的工作今天可能由不分种族、国家、性别的人来承担。今天,一个公司可能在自动化和新技术的帮助下在全球范围内进行工程工作。采用固定边界的工程教育已经遭到新技术领域以及那些将技术列入课程的普通大学的强力挑战。

有很多学科和方法同技术和工程实践密切相关。例如制药学、建筑学、计算机科学、信息技术、环境学、生物技术、纳米技术和技术管理学等。这些专业领域本身并不见得属于工程学范畴。在一些领域,技术科学的新视角可能使科学和技术之间产生新的联系。生物技术和纳米技术的新领域就模糊了科学与技术之间的边界,并导致在自然科学中产生了数学工程和纳米技术之类的学科。事物总是在不断地发展,新专业人士、工业家、政治家都可能质疑技术是否只是工程师的专利?工程是否还继续是创新的主要源泉?这种变化被称为膨胀性离析(expansive disintegration)[1],它一方面反映技术、专业和学科数量的膨胀,另一方面反映曾经具有统一职业特征的工程形象的分化。这种转变终将从根本上挑战工程院校的角色。

10.8 当代的挑战

工程师在技术和创新过程中的角色常常被认为是理所当然的。即使是那些面对未来的研究报告也没有对当前工程教育的基础问题提出挑战,而是期望工程学具备解决社会和环境问题的能力[23]。创新理论给予人们一个新的视野,展示出创新发展的广阔领域。考虑到技术应用的社会性，技术将会变得更为复杂，对社会能力的要求会变得更高。所有这些都表明工程教育需要改革。从另一个角度来看，过去十年中创新的发展导致了一种变化，这种变化可能使工程在未来创新中所扮演的角色不再占据中心地位。现在政策和管理层面也加入了创新的过程中，这也就扩大了创新的范围，并将焦点从寻求技术发展和突破转化到市场需求、战略问题和技术的应用等更为广泛的课题上。

10.8.1 新的工程职业形象

20世纪初期，工程师具有社会责任，被看作是现代社会物质结构的建设英雄，现在这个英雄形象逐渐被较为世俗的工业服务者的形象所取代。工程师的形象变化反映了他们在技术创新的方向和内涵方面影响力的下降，表明工程师在提高企业利润过程中影响的减弱以及角色地位的下降[13-36]。

这个形象与当代工程师的自我身份认同并无区别。一个工程师的能力描述可能包括：具有一定的工程科学知识和解决问题的能力，并能将他们的知识用于新问题的解决中。描述的焦点可能集中在解决问题的能力上，而不是在认知和定义问题的能力上[37]。这个问题是塑造不同工程师形象的关键：到底是将工程师看成创造者和设计者，还是将他们看成分析者和科学家。尽管关于工程师的历史纪录和未来的战略报告将他们描述为创造者和设计者[23]，但在现实中他们似乎更接近于在实验室和现代技术工业中的分析者和科学家。

关于工程师解决问题能力的讨论隐含了一种假定，即他们是在应用已有的有限的工程科学知识去解决确定的技术问题。这个假定并不能回答他们是否有能力在真实的社会和技术环境中处理问题。这个过程中所遇到的问题是没有被预先定义过的，并且往往需要将知识重新组合以寻求新的答案。简单地在交叉学科方向扩大科学基础，在课程计划中加入社会科学和人文内容可能不会得到满意的结果。仅在课程计划中加入新的内容既不能改变工程实践，也不能将知识更好地整合起来[1]。工程的新形象取决于对以下问题的回答：

- 哪些能力是处理创新、社会技术问题以及设计能力所必需的，并且是工程教育需要提供的？
- 如今认知和解决工程问题的意义是什么？如何在工程教育中得到反映？

10.8.2 培养工程师新的教育模式

从20世纪70年代起，一些工程院校开始进行工程教育改革，强调在模拟实际工程中解决问题及项目管理的能力。然而，这些改革并没有提供完整的答案，这种做法是基于对科学在创新和技术应用中所扮演的角色的一种新的理解。这种做法强调了要将相互独立的技术科学和社会科学相结合的一种要求，而工程实践以其特有的知识和工作程序将社会、实践和技术等各方面有机地结合在一起[24]。有必要重新审视当前工程教育中的学科知识，并考虑如何对这些知识的内容和结构进行改革。

一种观点认为单一的工程概念已经不合时宜，今后工程教育将不可避免地变得更加多样化。将工程教育融入普通大学教育[1]是另外一种具有诱惑力的想法，即减少专业核心课程，转而列入更多的工程科学课程。然而，在大学里给学生这样一种广阔的科学基础的做法无法满足为学生提供职业能力、实际知识以及工程能力的要求。一些以科学为基础的新工程专业也不能满足要求，还有可能使学生更加远离工程实践。大多数技术学科是以单一课程的形式出现的，它们往往是针对特定的技术问题的解决而不是实际应用。尽管课程的内容与在相应的工程领域解决问题的实践已经没有多少相似之处，但设置这些课程是基于这样一种假定，即假定它们会对学生的整体工程能力的形成有所帮助[40]。

长期以来，工程教育的争论总是重复同样的议题，例如实际能力和理论知识的平衡问题。然而，一个多世纪以来，尽管议题相同，争论的内容已经发生了巨大的变化[41-42]，相关的实际能力已经不是同一回事了。同样的，由于技术的发展，更高级的工具、计算机和模拟手段的出现，相应的理论基础早已面目全非。任何改革都需要培养同当今的工程教育相匹配的实践能力。

另外一个没有解决的问题是专门知识和普通知识的平衡问题。专门知识和能力的实际内涵总是随时间变化的，科学前沿的扩展使得新知识、新能力成为必要。当技术革新的前沿移动时，原来的知识和能力可能已经变成了标准的工程程序、技术标准、标准部件、标准设计理念，并已经由计算机工具或模拟所取代。尽管一个工程领域的所有课程都由一些共同的理论基础所支配，但在新的工程领域和学科扩张过程中到底哪些学科才是真正核心的或基础的？

新型的工程教育需要回答以下这些问题：

- 未来工程课程的核心内涵是什么？
- 哪些能力的培养必须安排在课程计划中，哪些可以在毕业后的工作过程中积累？
- 从抽象知识到实际应用之间的逻辑顺序是什么？

“知识的自然顺序”是从抽象的、一般的学科理论开始直到应用结束。从教育方法的角度来看，这样做不是一个好的课程计划。相反地，应认清学习过程在知识体中所扮演的角色，创造一种工程认知，以克服课程计划安排中将知识看作理所当然的问题。工程教育改革需要回答这里提出的挑战，以新的角度进行分析、理解技术知识和工程职业实践。

10.8.3 用 CDIO 方法应对当代教育的挑战

从本章的历史回顾中我们找到了当代工程教育持续争议中的几个重要挑战,CDIO 的关键元素回应了这种历史挑战,这些元素包括:

- 课程计划不仅强调给定专业领域的数学、自然科学、工程科学和技术知识,而且包含了解决技术问题的个人、人际交往能力以及产品、过程和系统的建造能力
- 一个核心信念,那就是个人、人际交往能力以及产品、过程和系统的建造能力必须在真实的工程实践和解决问题的过程中取得
- 一个将工程科学、工程学科知识和工程实践能力整合为一体的工程教育方法

CDIO 改革重新将焦点集中在工程教育史上几个重要的问题,其他的改革行动可能将焦点放在不同的科学和工程学科课程计划上,或放在实践教学和理论教学的平衡上,或者放在以项目为基础的学习的角色上。而 CDIO 改革则创造了一个协调各个元素的方法,共同应对来自现代复杂的技术社会中工程要求的挑战。

10.9 小结

本章我们已经阐明美国和不同的欧洲国家的工程职业和工程教育具有不同的发展历史,指出了工程在不同国家的社会和工业中所扮演的角色,以及它们对工程教育的影响。正规的工程师训练是在军事基础设施的应用和实际建设者的创造性的激励下产生的,目的在于促进工业和民用建设的发展。此后的发展强调科学在工程训练中的角色的重要性。学科的科学理论知识与在技术创新中所积累的实践能力和知识的关系一直以来都是工程教育中争论的焦点,并且仍然是当代工程教育中的挑战。

工程教育在不同国家的实践中形成了不同的教育结构,主要体现在对学生入学前的背景要求的不同,以及将理论与实践、车间工作等实践环节相结合的方式的不同。在美国,以一种工程教育模式为主导,工程教育中理论和实践的平衡像在两极间摆动的钟摆。而在欧洲,两种不同类型的工程教育模式同时共存。

随着工程科学的出现,尤其是第二次世界大战以后,工程的核心元素就超出了传统的自然科学领域。与此同时,学科专业数目的增加导致工程教育更专注于理论的、以科学为基础的工程教育,而将工程的创造性和工程领域中的一些经验和程序抛在一边。

工程教育已经面临专业过多,以及由此产生的课程计划中学科拥挤的问题。与此同时,新技术领域和当前工程教育之外的专业又创造出新的问题,而这些问题又很难和技术问题加以区别,从而使得职业边界变得非常模糊。加上工程师的形象慢慢偏离"创造者"而朝"技术工作者"的方向移动,这两个因素一起给工程未来的形象和内涵提出了挑战。

本章以关于现代社会工程的知识基础及其对工程教育核心课程的影响的几个问题结束,指出了重新评估工程教育的组成的必要性,考察如何将实际能力和经验与理论训练和工程教育课程计划的核心元素相结合。

讨 论 题

1. 本章介绍了工程教育历史上的一些争议,请列举你们学校或你们专业团体中类似的争议。
2. 你如何给本国的工程教育分类?在理论与实践要求的平衡上有没有一个占主导地位的模式?是否有多种模式?
3. 如果一个工程专业仅仅依赖科学和工程学,你是否看到它的局限性?技术的社会问题应如何整合到课程计划中来?
4. CDIO 方法可以在哪些方面改变工程教育改革的进程?

参考文献

[1] Williams, R., *Retooling: A Historian Confronts Technological Change*, Cambridge, Massachusetts: MIT Press, 2003.

[2] Hughes, T. P., *Networks of Power: Electrification in Western Society*, Baltimore, Maryland: John Hopkins University Press, 1983.

[3] Auyang, S. Y., *Engineering: An Endless Frontier*, Cambridge Massachusetts: Harvard University Press, 2004.

[4] Vincenti, W. G., *What Engineers Know and How They Know It: Analytical Studies from Aeronautical History*, Baltimore, Maryland: John Hopkins University Press, 1990.

[5] Ihde, D., and Selinger, E., *Chasing Technoscience: Matrix for Materiality*, Bloomington, Indiana: Indiana University Press, 2003.

[6] Reynolds, T. S., and Seely, B. E., "Striving for Balance: A Hundred Years of the American Society for Engineering Education", *Journal of Engineering*

Education, Vol. 82, No. 3, 1993.

[7] Kranakis, E., *Constructing a Bridge: An Exploration of Engineering Culture, Design, and Research in Nineteenth-Century France and America*, Cambridge, Massachusetts: MIT Press, 1997.

[8] Crawford, S., "The Making of the French Engineer", in Meiksins, P., and Smith, C. (eds.), *Engineering Labour: Technical Workers in Comparative Perspective*, London: Verso, 1996.

[9] Gispen, K., *New Professions, Old Order: Engineers and German Society*, Cambridge: Cambridge University Press, 1990.

[10] Manegold, K., "Technology academized: Education and training of the engineer in the nineteenth century", in Layton, K. E., and Wiengard, P., *The Dynamics of Science and Technology: Sociology of the Sciences*, Dordrecht: D. Reidel Publishing, pp. 137-158, 1978.

[11] Nørregaard, G., *Teknikumuddannede ingeniørers betydning for den danske industri* (Engineers from Technikum and their impact on Danish industry), Copenhagen: Ingeniør- Sammenslutningen, 1955.

[12] Hård, M., *Machines are Frozen Spirit: The Scientification of Refrigeration and Brewing in the 19th Century—A Weberian Interpretation*, Frankfurt, Germany: Campus, 1994.

[13] Wagner, M. F., *Det polytekniske gennembrud-Romantikkens teknologiske konstruktion 1780-1850*, Aarhus: Aarhus Universitetsforlag, 1999.

[14] Roe-Smith, M., *Military Enterprise and Technological Change: Perspective on the American Experience*, Cambridge, Massachusetts: MIT Press, 1989.

[15] Nobel, D. F., *America by Design- Science, Technology and the Rise of Corporate Capitalism*, Oxford: Oxford University Press, 1977.

[16] Ferguson, E. S., *Engineering and the Mind's Eye*, Cambridge Massachusetts: MIT Press, 1992.

[17] Hård, M., "The Grammar of Technology: German and French Diesel Engineering, 1920-1940", in *Technology and Culture*, Vol. 40, No. 1, 1999, pp. 26-46.

[18] Hård, M., *The Practice of Research: Behind the Scenes of Engineering Science*, paper forthcoming.

[19] Latour, B., *Science in Action- How to Follow Scientists and Engineers Through Society*, Cambridge, Massachusetts: Harvard University Press, 1987.

[20] Jørgensen, U., *Fremtidige profiler i ingeniørarbejde og-uddannelse*, (*Future profile*

in engineering work and education), Copenhagen: IDA, 2003.

[21] Gibsons, M., Limoges, C., Nowotny, H., Schwarzman, S., Scott, P., and Trow, M., *The New Production of Knowledge—The Dynamics of Science and Research in Contemporary Societies*, London: Sage, 1994.

[22] Mindell, D., *Between Human and Machine—Feedback, Control, and Computing before Cybernetics*, Baltimore, Maryland: John Hopkins University Press, 2002.

[23] National Academy of Engineering, *The Engineer of 2020: Visions of Engineering in the New Century*, Washington, DC: National Academy Press, 2004.

[24] Seely, B., "The Other Re-engineering of Engineering Education, 1900-1965, *Journal of Engineering Education*, July, pp. 285-294, 1999.

[25] Hughes, A. C., and Hughes, T. P., *Systems, Experts, and Computers: The Systems Approach in Maganement and Engineering, World War II and After*, Cambridge, Massechusetts: MIT Press, 2000.

[26] Juhlin, O., and Elam, M., "What the New History of Technological Knowledge Knows and How It Knows It" in Juhlin, O., *Prometheus at the Wheel: Representations of Road Transport Informatics*, Linköping, Sweden: Tema T, Linköping University, 1997.

[27] Finniston, M., *Engineering Our Future. Report of the Committee of Inquiry into the Engineering Profession*, London: Her Majesty's Stationery Office, 1980.

[28] Lutz, B., and Kammerer, G., *Das Ende des graduierten Ingenieurs*? (*The end of the 'craft-based' engineer*?), Frankfurt: Europäische Verlagsanstalt, 1975.

[29] Cohen, S. S., and Zysman, J., *Manufacturing Matters—The Myth of the Post-Industrial Economy*, New York: Basic Books, 1987.

[30] Dertouzos, M. L., Lester, R. K., and Solow, R. M., *Made in America—Regaining the Productive Edge*, Cambridge, Massachusetts, MIT Press, 1989.

[31] Seely, B., "A Swinging Pendulum: The Place of Science in American Engineering Schools, 1800-2000" in Jørgensen, U. (ed), *Engineering Profession and Foundations of Technological Competence* (forthcoming).

[32] Kjersdam, F., and Enemark, S., *The Aalborg Experiment—Implementation of Problem Based Learning*, Aalborg: Aalborg University Press, 2002.

[33] Henderson, K., *On Line and On Paper, Visual Representations, Visual Culture, and Computer Graphics in Design Engineering*, Cambridge, Massachusetts: MIT Press, 1999.

[34] Wengenroth, U., *Managing Engineering Complexity: A Historical Perspective*, paper for the Engineering Systems Symposium at MIT, 2004.

[35] Sørensen, K. H., "Engineers Transformed: From Managers of Technology to Technology Consultants", in *The Spectre of Participation*, Oslo: Scandinavian University Press, 1998.

[36] Schön, D. A., *The Reflective Practitioner: How Professionals Think in Action*, New York: Basic Books, 1983.

[37] Bucciarelli, L. L., *Designing Engineers*, Cambridge, Massachusetts, MIT Press, 1996.

[38] Beder, S., *The New Engineer, Management and Professional Responsibility in a Changing World*, The University of Wollongong, 1998.

[39] Downey, G., "Are Engineers Losing Control of Technology? From 'Problem Solving' to 'Problem Definition and Solution' in Engineering Education", *Chemical Engineering Research and Design*, Vol. 83, 2005.

[40] Knorr Cetina, K., *Epistemic Cultures—How the Sciences Make Knowledge*, Cambridge, Massachusetts: Harvard University Press, 1999.

[41] Björck, I. (ed.), *Vad är en ingenjør?* (*What is an engineer?*), report from the NyIng project, Linköping Tekniska Högskola, 1998.

[42] ATV, *Ingeniørernes nye virkelighed—roller og uddannelse*, (The engineers new reality, roles and education). Lyngby, Danmark: Akademiet for de Tekniske Videnskaber, 2000.

第十一章
展　　望

S. Gunnarsson

11.1　引言

CDIO 改革以一体化的和实用的方式回应工程教育的历史和未来的挑战。改革计划从两个国家的四所大学开始，迅速扩展到其他大学。最初仅包括机械、汽车和电子，但现在 CDIO 已应用于化工、材料和生物工程等专业。这个模式已经用于一些大学所有专业的工程教育改革活动中，并已成为一些国家工程教育改革和评估的一个模板。参加 CDIO 国际合作的院校已超过 12 个国家的 22 所大学，几乎覆盖了世界各大洲。参加的学校中有研究型的也有教学型的，有规模小的也有大的，有公立的也有私立的，还有传统上只对特殊人群招生的。在北美、北欧、英国和爱尔兰以及南非还设立了 CDIO 区域中心，在区域内提供经验交流和应用实施的支持。设立了以网站和每年一度的国际会议为代表的各种资源和论坛，帮助传播和发展 CDIO 改革。

CDIO 改革可能会发展得更加广泛和多样化。例如，可应用于那些还没有覆盖到的其他工程教育、研究生教育乃至非工程教育。CDIO 方法在设计上具有很好的可塑性和适应性，能够应对可预见的未来各种工程教育改革的要求。我们和大家一起来完成这个演化过程。本章将讨论工程教育未来的挑战，描述 CDIO 将如何应对这些挑战。

11.2　本章目标

本章将帮助你：

- 认识持续推动工程教育变革的因素，以及 CDIO 将如何应对相应的变革要求
- 讨论 CDIO 潜在的发展和广泛的应用

11.3　改革工程教育的动力

工程教育以有组织的专业课程计划为依托，其主要目的是为社会和工科学生提

供最新的、高质量的学习机会。要保持并不断地改善质量就要对推动工程教育发展的关键环境因素有所了解。工程教育变革的最主要的动力包括：

- 科学突破和技术发展
- 国际化、学生的流动能力以及适应能力的要求
- 工科新生的能力和态度
- 关于吸引不同性别、人群的问题
- 政府和多边政策及计划

应该有一个机制保证能及时了解变革的要求，并有有效的方法来计划和实施工程教育的改革。第八章描述了如何进行变革，第九章给出了进行专业评估和改进的案例、工具和技术，而第三章中所讨论的 CDIO 教学大纲本身也是监督变革要求的一种有用的工具。

11.3.1 科学突破与技术发展

很显然，科学和技术的发展是工程教育发展和改善的有力推手。课程计划内容必须根据学科发展及时更新，新兴领域也必须融入。有几种办法能使课程计划与科技和工业发展保持同步，其中之一是保证教师有足够的研究工作，他们可将研究成果及时引入课堂。另一种办法是设置一种机制，将工业的最新发展引入到课程中来。我们可以招聘有工业经验的教学、研究人员，可以邀请工业界人士参与专业教育的实施和管理，这样就可以同工业发展保持更为紧密的联系。

技术发展也对专业的设计、发展和组织甚至地域分布产生影响。在很多工业国家，制造业已经转移到劳力相对便宜的国家。如果工程研究、设计和发展也追随制造业的脚步，这一变化将从根本上改变对工程师和他们的专长的需求，自然地，最终将影响到工程教育。

CDIO 方法从几个方面保持工程教育与科技发展同步。如第六章介绍的 CDIO 标准 7，即一体化的学习经验，强调通过工业合作伙伴将真实世界的问题引入工程教育。第二章介绍的 CDIO 教学大纲也是一个跟踪工业需求和发展的工具。利益相关者的反馈，尤其是活跃于工业实践的人群的反馈能够最直接地反映工业发展对工程教育的需求。最后，同时从事教学和科研的教师能够更及时地将科学突破和技术发展反映到教学中去。第八章介绍的标准 9 将讨论提高教师的工程实践能力，即鼓励这种实践、科研和教学的结合。

11.3.2 国际化、学生的流动性和适应能力

随着国际化的发展，工科毕业生必须准备接受国际交流，经常出差、远程合作交

流等将成为工作生涯中日常工作的一部分。因此,这就意味着教育将变得越来越国际化,同时也要求国际认可的学位。过去 20 年来学生的流动性已经发生了巨大的变化。例如,欧洲的"Erasmus"、"Socrates"等学生交流计划使得学生的流动性大大增加。学生的流动性和适应性也是博洛尼亚进程(Bologna Process)的一个重要方面。统一的高等学校结构大大增加了学生在各大学之间的流动机会。框图 11.1 给出了博洛尼亚进程[1]在瑞典和英国的实施要点。

在北美,教育的国际流动已有悠久的传统。例如在加拿大,最大的国际学生生源来自中国、印度和中东。他们通常用四年时间在本国取得学士学位,而这正好和加拿大工程教育认证署(CEAB)[2]所要求的学制相吻合。在美国,越来越多的工程专业要求学生至少在国外学习一年。在世界范围内,包括智利和澳大利亚,各国国家高等教育系统都在考虑大规模的结构调整以适应学生的流动性要求。

框图 11.1 博洛尼亚进程在瑞典和英国的实施

博洛尼亚进程是欧洲 40 个国家为了统一高等教育结构所做的努力。博洛尼亚宣言包括六个对高等教育的行动计划:

- 一个能够很容易阅读和比较的计分系统
- 一个以二级学位为基础的教育系统
- 一个可以积累和转换的学分系统
- 学生、教师和研究人员的流动性
- 质量保障方面的合作
- 欧洲特色的高等教育

进程的目的是使欧洲的高等教育能够共同向一个更透明的结构发展,而其中有些国家是以学士、硕士、博士三级学位为基础的。

迄今尚未对三级系统的目标达成一致的协议,作为一个建议,《都柏林标准》(Dublin Descriptor)要求[1]:

学士学位标准

- 具备建立在中学知识之上的学科领域的知识和理解,对这个知识掌握的深度要达到高等教科书的水平要求,有些方面能够对学科的前沿有所了解
- 应用他们的知识和理解,而这种应用显示出职业的方法和能力,这些方法和能力往往通过他们在领域内的某些操作、分析和解决问题的能力展示出来
- 具备收集和解释他们学科领域的信息的能力,并根据这些信息作出社会、科学或伦理方面的判断
- 能与专业和非专业人士进行信息、思想、问题和解决问题的交流

续

框图 11.1　博洛尼亚进程在瑞典和英国的实施

- 具备一定的学习能力，并能够自主地继续学习

硕士学位标准

- 在学士水平的知识和能力的基础之上展示出更进一步的知识和理解，而这些知识和理解力通常是以研究为基础的原创性的发展或应用的基础
- 能够在本学科领域内以及较宽的范围内(或多学科范围内)应用他们的知识和理解来解决新的或不太熟悉的问题
- 能在复杂环境下综合应用他们的知识和理解，具备在信息不完整或受限制的环境下形成判断的能力，包括判断在应用这些知识时对社会和伦理责任方面的影响
- 能够向专业人士和非专业人士阐明他们的结论，以及支持这些结论的知识和理由
- 具备自主地继续学习的能力

博士学位标准

- 对一个学科领域有系统的理解，掌握本学科研究的方法和技术
- 能以完整的学术方法进行构思、设计、实施和展开研究
- 通过大量的研究工作对知识的前沿做出原创性的贡献，有经过独立评审的论文在国内或国际刊物上发表
- 能够批判性地分析、评估并提出新的、复杂的概念
- 能够与同行、学界和一般社会人员交流他们的专业
- 能在学术和职业环境下对技术、社会或文化进步起到推进作用

对一个特定的国家而言，将工程教育纳入博洛尼亚体系的努力取决于实行博洛尼亚进程之前这个国家的目标和组织结构。例如在瑞典，工程教育体系包括三年的学士学位(Högskoleingenjör)和五年的硕士学位(Civilingenjör)。Civilingenjör 具有悠久的传统，是瑞典的一个很强的品牌。所以，政府建议实行三级学位制之后保留这个学位。瑞典大学面临的挑战是找出适当的形式使 Civilingenjör 同三级学位制能够共存。

---

[1] Joint Quality Initiative Group, *Shared 'Dublin' Descriptors for the Bachelor, Master and Doctoral Awards*, Dublin, 2004.

林雪平大学 S. Gunnarsson，查尔摩斯工业大学 J. Malmqvist

在英国，尽管"Master"一词可能引起误解，但工程硕士学位(M. Eng.)具有良好的品牌形象。四年的工程硕士学位曾经被认为是本科第一学位，比三年的工学学士学位的学习内容更深、更宽。这并不是取得学士学位后再学一年，或 3+1，而是 4+0。然而，现在人们认为

> 这应该被看作是直通第二级的硕士学位。工程硕士学位已经与第二级研究生教育,即理学硕士(Master of Science)共存。而在英国理学硕士通常要求在工学学士或理学学士后的第二级上进行12个月的学习,而不是其他地方要求的24个月的学习。英国所面临的挑战是如何将这三个学位(工学学士、理学学士和工程硕士)和博洛尼亚进程要求的博士前的两级学位的关系协调好。在英国学生可以在四年内达到第二级学位通常被看作是具有一种优越性,任何3+2的提议都会遇到阻力。
>
> **利物浦大学 P. Goodhew**

认证的趋同化也是国际化的一个转变机制。像华盛顿协议[3]一类旨在促进职业证书之间相互承认的国际协议也使得各种认证机制趋同。美国工程技术认证机构(American Board of Engineering and Technology)的认证标准[4]的变化影响了很多国家的认证系统,也吸引了很多专业申请认证。在欧洲,有一个与博洛尼亚进程相呼应的计划,要建立一个共同的工程教育认证系统,这个计划称为欧洲工程专业和学生认证项目(Accreditation of European Engineering Programmes and Graduates 或 EUR-ACE)[5]。这个项目已经被欧洲委员会正式批准。这个项目的目标是建立一个能与现有的一些欧洲认证系统相容的认证系统[6]。

CDIO改革支持国际化和国际流动性,因为它提供了一个成熟的国际模式,一个可以对学习效果进行比较的基础以及一个可能共同进行认证的基础。满足博洛尼亚进程和认证标准可能是将来对所有专业的要求。然而,满足认证条件只是表层的、形式上的要求。CDIO改革向真正的国际化教育迈进还需要更进一步。这种国际化教育采用了由世界顶尖大学研发出来的实用的模式。在一个CDIO专业计划中,CDIO教学大纲规定的学习效果目标和认证标准之间有着紧密的联系。在第三章我们比较了CDIO的大纲和ABET EC2000认证标准3(见表3.3)。另外还有一个例子可以证明CDIO与国家认证标准间的相关性,那就是2005年瑞典工程教育专业的认证。瑞典高等教育署(Swedish Agency for Higher Education 或 HSV)采用CDIO标准作为瑞典所有提供工程教育的大学的自评报告的一个核心内容(见第九章框图9.2)。

11.3.3 工科新生的能力和态度

工程专业新生的能力和态度是在内容上和组织上改变工程教育设计的重要推动力量。教育系统是社会环境的一部分。因此,社会态度的改变也会影响工程教育。很多工业国的年轻人对科学技术的兴趣已经下降,学生学习工程的兴趣和动力也随之降低。学生对科学和技术的态度对中学阶段课程的重要性也会产生重要影响。

此外,许多国家面临越来越多的困难,例如新生的知识水平和背景经验不足,这在数理专业方面已是公认的事实[7]。有一件重要的事,就是要倡导学生在上大学前积累一些实践能力和技术知识。这些能力和知识可以从一些活动和生活经验中获得,比如装拆电器、做些用具、修补器具或编写软件等。这些在过去的学生中比较常见的知识和能力能够帮助学生获取理论知识,因为他们能将理论和实际联系起来。

要倡导这件事就需要从小学、中学到大学的各级学校系统做出改变。在大学里,导论课程引导学生进入社会的科技角色,给学生一点工程经验以提高他们的学习动力。实际动手和设计—实现学习活动给学生具体的经验,将实际应用同数学和物理的抽象模型联系起来。这种经验会使工程在形式上更加有趣,从而吸引更多的学生选择并保持对这一职业的兴趣。设计—实现经验已经作为中小学课程的一种拓展,能进一步加强学生进入大学学习工程时的动力。

11.3.4 性别考虑和拓宽生源的问题

纵观全世界,教育家和政府都有强烈的兴趣让更多的妇女和历来很少涉足工程界的人进入工程领域。工程被看作一种可以提升个人能力的职业,它将对社会福祉产生正面影响。因此,各国都希望工程教育能对所有的合格人群开放,无论他们的背景如何。

CDIO 改革一直以来都在这方面进行努力。例如,我们曾经研究与性别相关的问题是如何在各专业中体现出来的。调查显示,我们需要找到一些成功的榜样。此外,经验表明,应用案例、项目任务以及其他一些学习方法会使工程专业有更广泛的吸引力。

很多国家都在进行关于如何影响年轻人对工程的态度的讨论,他们的态度受到一些内部和外部因素的影响。工程教育的结构、内容和组织方法本身是其中的一些重要因素。当前,有两所学校的调查显示,女生和传统上不选工程专业的学生,如果在一年级经历过设计—制造项目,他们就更有可能完成他们的工程专业的学习。

11.3.5 政府和多边协议项目

工程教育的发展在从教师个体到国家乃至国际等不同的层面上进行。上一层的决策就给下一层设置了界限。在欧洲,框图 11.1 所示的博洛尼亚进程即是多边计划的一个很好的例子。当在全欧洲层面的多边协议达成之后,各国(原文为“大学”,从上下文看应为“国家”,译者注)就要据此对自己的教育系统做出一些决策,每个国家层面的原则就是每所大学制定计划的起点。而当一所大学的战略计划确定之后,每个专业就要制定具体的专业培养方案和课程配置。

CDIO 在多个方面支持这种计划和协调。专业发展着重于最后的两个层面,即专业计划与课程层面。我们的资源没有针对某一特例的要求,因而具有很好的柔性,可以很容易地根据当地、本专业的环境进行剪裁。而 CDIO 方法的共性可使国际比较与合作变得简单。

11.4 CDIO 方法的未来发展

CDIO 改革仅是工程教育改革的一个代表。如第二章所述,世界各国的很多大学和大学合作团队都在寻求改善工程教育的方法,第二章表 2.1 列出了五个这样的合作团队。我们尊敬并赞赏这些广泛的改革努力。与一些改革不同的是,CDIO 的主要注意力不在教育研究。采用 CDIO 理念的专业应用经过证明的、能够促进工程和科学教育的方法,而这些方法也正在促进教育学术研究的发展。我们将教学改革的设计和实施的经验记录下来与其他工程教育者一起分享。我们的理想是与其他合作者、改革者以及研究者一起继续发展 CDIO 方法,我们希望将我们的发现传播得更广。在这一节讨论如何将 CDIO 用于更多的专业,乃至研究生教育和非工程教育。

11.4.1 应用到其他工程学科

初期的合作者来自于机械工程、汽车、航空及电力工程。这些专业具有不同的系列产品,所以,CDIO 文件中的案例、术语和思维或多或少的偏向于这些专业。然而,为了使 CDIO 方法具备一般性,就必须令其不仅能在如土木、化工等传统的工程领域内应用,而且还要能在如生物工程、纳米工程等新兴工程学科内应用。向新的领域扩散是所有新、老合作者的一个工作目标。

为了实现在新的工程领域中应用构思—设计—实施—运行的目标,我们需要回答以下问题:

- 标准 1 以产品、过程和系统的生命周期为教育环境,是否能够被一般化地应用于其他领域?
- 在实施 CDIO 过程中所采用的教学方法和课程计划在应用到以下不同的工程领域时是否有所区别:
    - 其他传统工程,如土木、海洋和软件工程等
    - 基础科学和工程学科,如材料科学、生物工程、纳米工程以及应用物理等
    - 工业工程、制造工程和工程管理等
- 是否允许一个专业部分地应用 CDIO 的理念,如果可以,那么需要满足标准中的多大比例才可以被称为实施了 CDIO 的专业?

11.4.1.1 对产品、过程及系统全生命周期的背景与环境的通用化

标准 1 要求“将产品、过程和系统从开发到终结的生命周期,即构思、设计、实施和运行,作为工程教育的基本环境”,这一基本原理的描述本身就是源于 CDIO 最初

发起的几个专业。“系统”、“产品”和“实施”等术语对于如土木、化工等专业感觉不是很通顺。专业培养的计划者还可以对这些术语进行诠释,而对于其他利益相关者来说,可能不是很乐意这样做。然而,对一个特定的专业来说,完全可以描述设计和实施的具体东西而同时保持 CDIO 理念的初旨。例如,对土木工程来讲,可能用“建筑”而不是“产品”。这样,他们对标准 1 的说法就可能变成“基本原理可以培养学生满足建筑工业的需求,即能够进行建筑的规划、设计、工程组织、建造、运行和维护”[8]。

如果标准 1 中所使用的术语可以根据具体的使用环境而改变,其他的改变就可能随之而来。这些改变可能包括其他标准中的术语,还有如 CDIO 大纲的第四节,“在企业和社会环境下构思、设计、实施和运行系统”等。

11.4.1.2 教育学方法和课程计划上的差异

将 CDIO 应用于一些在设计—实现环节上与产品和系统开发性质截然不同的专业时,就需要一些比术语改变更深层的变化。例如,在生物工程中设计实施的过程就很难用目标来描述,也许说达到物理、化学和生物学原理所给定的极限更为合适,很难将整体问题分解为一些可以部分解决的问题之后再集成起来。事实上,林雪平大学就将如何在生物工程专业应用 CDIO 原理作为一个关键的挑战。框图 11.2 描述了他们的生物工程专业的实践。

框图 11.2 林雪平大学工程生物学的构思—设计—实施—运行

林雪平大学(LiU)的工程生物学从 1996 年开始创办。这是一个五年制的专业,前三年主要学习数学、物理、化学、生物和工程学。工程学的课程主要包括编程、电子、自控和信号处理。第四年主要是专业方向课,共有八个专业方向可以选择,其中包括生物信息学、微系统与生物传感、蛋白工程等。

2004 年,工程生物专业委员会制定了一个计划,要加强本专业的工程方面。CDIO 模式是这个计划的一个重要的组成部分。采用 CDIO 的第一步是 2005 年开设了一门导论课程,与此同时,开始制定专业课程的学习目标。与每个专业方向相应的项目会稍迟引入。

在导论课程以及随后的项目课程中,一个关键的问题是如何贯彻设计—实现的理念。对 CDIO 大纲和标准中的“产品、过程和系统”的解读需要非常小心。在导论课程的第一版中设计了一些对生物过程的测试和检测的项目作为系统的设计和实现,类似于初始 CDIO 专业计划中的应用,但仍然是在工程生物学的范围内。

林雪平大学 S. Gunnarsson

有些创新的方法将 CDIO 设计—实现经验应用于生物工程专业。例如,在分子生物水平上的设计—实现经验可以安排为,通过变异控制对某种微生物的某些蛋白的功能进行修饰[9]。这种学习方式可以要求学生先设计一个修饰基因序列,并预测对蛋白结构产生的后果。下一步就是制备包含此修饰基因的质粒,并以此质粒转染一个细菌,然后将此细菌进行培养,产生重组细胞蛋白。最后,应用生化方法检验这个蛋白功能或经过基因修饰的细菌。为了加强这个学习经验的效果,要求学生做好实验记录,随时记录下全部实验过程。

其他专业也有类似于生物工程的 CDIO 方法。加拿大女王大学的机械与材料工程专业已于 2007 年秋季引入生物医学工程方向。在利物浦大学,这种方法也被用于材料科学与工程专业,更详细的描述见框图 11.3。

框图 11.3 利物浦大学材料专业的构思—设计—实施—运行

利物浦大学材料科学专业三年制的学士教育和四年制的硕士教育正在按 CDIO 标准进行全面改革。应用这两个计划的学生同其他工程专业(机械、航空航天、土木以及产品设计)的学生在一年级有 94% 的课程是相同的。每个专业在一年级都有一个小的特色课程,课程的目的是介绍一些子学科的内容。对于材料的学生,这门课程要求学生以团队的形式设计出一种材料分类法,这种分类法具备一个"产品"的主要特征,当然也需要应用系统性的方法。

所有一年级学生都要以 5 ~ 6 人为一组进行二次设计—实现—试验的练习。所以,与 CDIO 目标的符合度相当高。在二、三、四年级,材料专业的学生在一个多学科的工程系内能够得到多方面的好处,他们是 CDIO 活动中理想的团队队员,因为他们可以对材料应用方面做出很好的贡献。例如,在一个以"车门"为题材的基于问题的课程中,学生团队需要对一个钢制的车门的设计进行改良(重量、抗变形、价格)。他们必须要进行产品设计、材料选择、试验(包括实际试验和软件模拟试验),并且需要应用个人能力,如公司类型的报告、谈判协商技巧等。迄今,所有这些活动都受到学生的欢迎。

利物浦大学 P. Goodhew

11.4.1.3 选用与实施部分 CDIO 方法

参加 CDIO 改革的合作成员都将以实现所有 12 条标准作为其目标。然而,有的专业可能会觉得有些标准对他们有用,而其他一些则不太有用或受限于具体环境。这样就带来一个问题:要采用多大比例的标准才能被称为"实施了 CDIO 的专业"? 事实上,并不存在"成为实施 CDIO 的专业"或"退出实施 CDIO 的专业"的标杆。然而,很难想象一个实施了 CDIO 的专业可以不接受标准 1 或它的某种变异形式,即承认将产品、过程或系统的生命周期作为工程教育的基本环境。第九章还将其他六项标准作为 CDIO 的主要特征,其余的五项标准则被看作补充性的,能帮助我们更好地进行实践。

对于不完全采纳 CDIO 方法的专业,可以取用任何一个有益的部分。此时,CDIO 就变成了专业发展和教学支撑体系的一个工具。例如,一个不接受产品生命周期作为教育环境或不认为设计—实现经验是关键角色的专业可以从系统化的专业规划方法中受益。着眼于系统化的规划和文件记录方式、引入利益相关者、同伴比较和现代学习场所是新的、有益的方式和方法。

11.4.2 在研究生培养中实施

CDIO 是为进行本科工程教育而创立的。但在其他地方,尤其是欧洲,有广泛的兴趣将其扩展到硕士研究生教育。逐渐地,旨在培养项目管理、交流能力和研究能力的博士计划也开始出现,特别是培养“工业博士”的计划。为了回答这种理念如何应用于三级教育系统,我们应该关注于核心的问题,而不是实施的细节。一个实施了 CDIO 的专业在职业工程的环境内提供教育,这个教育的特征是由利益相关者来设定目标,通过一系列学习活动实现目标,并且根植于一个各学科相互支撑的一体化的学习计划中。

11.4.2.1 以工程师职业角色为背景环境

很明显,这个问题对学士教育和博士教育是不一样的。多数的学士教育是要培养工程师,而多数博士教育是要培养研究者,硕士教育则既有研究导向又有工程导向。为了适应各种变化,教育环境的叙述就可能需要从“专业工程师的角色”普遍化为“专业人士的角色”。这样,一个培养计划就可以决定它的培养导向是研究型的还是工程型的。那么,某一培养计划的教育环境就可能定义为“X 专业是研究型的,学生在一个研究的环境下学习如何思考、分析和解决问题,培养偏重于知识的制造而非产品的制造”[8]。这种修改将导致相关 CDIO 标准的改变,如下所述,标准中的很多条文仍然是适应的。

11.4.2.2 利益相关者设定教育目标和以合理的学习环节实现目标

这个问题引出 CDIO 大纲中哪些可以适用于硕士和博士计划,哪些不适用?此外,还需讨论“在硕士和博士水平上,需要哪些更高的要求”?

我们从范围开始讨论。大纲的第二和第三节列出的知识和能力对于研究者来说同样是非常重要的。很明显,研究者也需要有个人能力,如解决问题、实验、发现知识和系统思维等。人际能力对于研究工作来说也是同等重要的。当今的研究通常是以国际合作的形式进行的,合作能力很重要。为了取得研究资助不仅需要好的设想,而且需要好的交流能力。在一个以研究为导向的专业,交流能力的学习目标可能更偏向于与研究相关的事情上,比如撰写论文和研究申请等。第四节是关于构思、设计、实施、运行的,其下面的具体条文或多或少地对硕士和博士计划有益,这取决于实际情况。一个以产品研发为主的专业可能会应用所有的条款,而物理专业则可以一条都不采用。不管是否采用大纲的条文,总有撰写专业培养目标和课程目标的工具可用。

下一个问题是学士、硕士和博士毕业后的能力目标的区别。对于硕士水平来说,哪些能力会得到提高?CDIO 改革还没有研究过这些区别,有待进一步研究。通过更进一步的研究,博洛尼亚进程可能会给出一些国际公认的指导原则,说明学士、硕士和博士各自应该具备哪些特征,主要是在高层次的目标上进行比较,包括技术知识和交流能力等[1]。也有可能这种国际公认的目标仅仅是抽象的,具体的专业目标需要由各专业的利益相关者去制定。

将 CDIO 方法应用于一个与学士专业密切相关的硕士专业时,需要考虑学习经验的顺序。具体地说,标准 4 的*工程导论*和标准 5 的*设计—实现经验*明确说明了课程计划中学习经验的类型。如何为在学士阶段没有这种经验的学生提供这样的经验将是一种挑战。这些学生可能已经具备很好的技术知识,然而相应的个人、人际交往能力以及产品、过程和系统的建造能力却可能较差,有可能需要对这些学生提供某种形式的额外的学习经验。

11.4.3 工程教育以外的应用

CDIO 的原理可以用于大多数高等教育专业。在其最抽象的形式下,这个方法可以保证:教育应该在一种实践的环境下进行;学生应该在一系列给定的知识、能力和态度上达到一定的效果;而这种效果是由利益相关者的反馈确定的;要以一体化的形式,选用适当的课程计划和教学方法达到预期的学习目标;对学生和整个专业的目标要进行有效的评估,并将进展反馈给师生,以此作为持续改进的基础。试问哪个专业不会从此系统的应用中受益呢?

在更细一点的大纲的层面,设定了工程专业所需要达到的学习目标,这些目标可以很容易地转换到绝大多数的专业。第一节“技术知识和推理能力”可以很容易地转化为“学科知识和推理能力”。第二、三节“个人和人际的知识和能力”几乎对所有高等教育的专业都是相同的。将第四节关于产品生命周期的描述“在企业和社会环境下构思、设计、实施和运行系统”修改为“应用知识造福社会”即可将这一节一般化(见第三章,图 3.7)。类似地,可将标准 1 的“背景环境”修改为“在实践环境下的教育”。

有些专业是可以直接应用产品、过程和系统的概念规定学习目标的。如建筑学、医学、教育学和工商管理学等。建筑学的过程与工程的过程非常相似,只是更多地偏重于美学和视觉设计。将 CDIO 应用于这个专业是最为直接的。事实上,因为更多地强调经验学习,很多建筑学教育可能将构思、设计、实施和运行看作工程教育向建筑学教育靠拢。

标准 1 将产品、过程和系统的研发应用生命周期看作工程教育的背景环境。工程上对产品、过程和系统通常有较为清晰的定义,但是这些概念在其他领域可能根本不存在。例如,在医学教育和教育学教育中,这个环境是指对病人或学生的服务或服务的改善。将服务的概念引入大纲和标准中就可以将CDIO的理念从工程教育扩展到这些领域。工商管理是另一个潜在的应用者,但是需要将产品、过程和系统的概念加以引申或修改。以工商管理专业对战略、组织、产品和服务的定义来看,CDIO方法的大部分理念都是可以应用的。

如果一个专业的职业实践中并不制造产品、过程或系统,应用CDIO理念时就需要在其最抽象的定义上做文章。在社会科学、人文、艺术和科学等领域应用时,需要考察诸如"从业人员的真实实践环境是怎样的?","谁是这个专业的利益相关者?"等问题。

11.5 小结

本章讨论了工程教育未来所面临的挑战,以及CDIO改革怎样帮助我们来应对这些挑战。我们讨论了科学突破、技术发展、国际化、学生的流动性和适应性要求、新生的背景和态度、性别问题和扩大参与度的问题、政府政策和计划等。最后,探讨了如何将CDIO方法应用于更多的工程专业、研究生教育乃至非工程教育的可能性。

我们以这样的一句话作为本书的开头:"工程教育的目的就是要提供这样一种教育,它能使我们的学生成为成功的工程师,即具备技术知识、社会意识并具有创造性倾向的工程师"。这种知识、能力和态度的结合是至关重要的,它能帮助我们提高生产力、创业能力,并在基于日益复杂的技术和可持续发展的产品、过程和系统环境中达到卓越。提高本科工程教育的质量和性质是我们不可推卸的责任。

我们相信CDIO改革能帮助我们完成这一任务。它直接回应了"等待塑造"的工程学生的迫切要求,从目标上规定了学习必须要基础和能力并重。CDIO改革已经发展出了系统、实用的教学、培养方法以及相应的考核工具。

我们相信没有绝对的标准可以告诉我们什么事情必须怎样做,所以我们设立了一个开放的资源库,让这个方法能为其他人所参考。我们提供了一套可供具体专业采用的资源和方法,并希望这些资源能吸收大家的贡献,持续增长。

我们预计CDIO改革在今后的几年内将融汇世界各国成功的工程教育改革试验,我们将继续采纳这些成功的理念,改善对学生的教育,使他们能够在日益复杂的技术环境下建造可持续发展的产品、过程和系统,这对我们的未来是至关重要的。

讨 论 题

1. 你觉得今后几年工程教育将如何发展?20年后呢?
2. 今后20年中,科学、技术和工商业的哪些发展会对工程教育起到最深刻的影响?
3. 根据本书所给出的理念,你希望自己的专业有怎样的改变?

参考文献

[1] The Bologna Process. Available at http://europa. eu. int/comm/education/policies/educ/bologna/bologna_en. html.

[2] Canadian Engineering Accreditation Board, Canadian Council of Professional Engineers. Available at http://www. ccpe. ca.

[3] Washington Accord. Available at http://www. washingtonaccord. org.

[4] American Board of Engineering and Technology, *Criteria for Accrediting Engineering Programs Effective for Evaluations During the 2000-2001 Accreditation Cycle*, 2000. Available at http://www. abet. org.

[5] Accreditation of European Engineering Programmes. Available at http://www. eurace. org.

[6] Augusti. G., *Accreditation of Engineering Programmes: A Pan-European Approach.* 33rd SEFI Annual Conference, Ankara, Turkey, September 7-10, 2005.

[7] Irandoust, S. et al., *Att lyfta matematiken—intresse, Lärande, kompetens* (Lifting Mathematics—Interest, Learning, Competence), SOU2004:97, 2004. In Swedish.

[8] Malmqvist, J., Enström, K., Gunnarsson, S., Östlund, S., "*Use of CDIO Standards in Swedish National Evaluation of Engineering Educational Programs*", Proceedings of 1st CDIO Conference, Kingston, Canada, 2005.

[9] Franzén, C. J., Private communication, Department of Chemical and Biological Engineering, Chalmers University of Technology, Göteborg, Sweden, 2005.

附录A
CDIO 教学大纲

1 技术知识和推理

1.1 相关科学知识

(由具体专业确定)

1.2 核心工程基础知识

(由具体专业确定)

1.3 高级工程基础知识

(由具体专业确定)

2 个人能力、职业能力和态度

2.1 工程推理和解决问题的能力

2.1.1 发现问题和表述问题

评估数据和问题表象

分析假设和偏差源

把握总体目标、分清事情的主次

制定解决方案(包括建模、求解析解和数值解、定性分析、实验、不确定性分析)

2.1.2 建模

应用假设简化复杂的系统和环境

选择并应用概念性和定性模型

选择并应用定量模型与模拟

2.1.3 估计与定性分析

估计量级、范围、趋势

应用实验验证一致性和误差(范围、单位等)

展示解析解的一般性

2.1.4 带有不确定性的分析

提取不完整和不清晰的信息

应用事件和序列的概率统计模型

工程成本效益分析和风险分析

讨论决策分析

安排裕量和储备

2.1.5 解决方法和建议

综合问题的解决方案

分析解决方案的关键结果和测试数据

分析并调整结果中的偏差

形成总结性建议

评估解决问题过程中可以改善的地方

2.2 实验和发现知识

2.2.1 建立假设

选择需要验证的关键问题

建立需要测试的假设

讨论对照和对照组

2.2.2 查询印刷资料和电子文献

选择文献检索的策略

应用图书馆工具(在线检索、数据库、搜索引擎等)检索并获取信息

主要信息的整理与分类

信息的质量和可靠性甄别

提取信息中重点和创新的内容

找出尚未解决的研究问题

列出参考文献

2.2.3 实验性的探索

制定实验概念和策略

讨论当人为实验对象时应考虑的问题

构建实验

执行实验规定和实验步骤

进行实验测量

分析和报告实验数据

对照已有模型比较实验数据

2.2.4 假设检验与答辩

讨论数据的统计有效性

讨论所用数据的局限性

形成由数据、需求和价值支持的结论

评估知识发现过程中可以改善的地方

2.3 系统思维

2.3.1 全方位思维

识别并定义一个系统、系统行为和系统单元

应用跨相关学科的方法,保证对系统的全方位理解

认识系统的社会、企业和技术的背景环境

识别系统与外界的交互作用和对系统行为的影响

2.3.2 系统的显现和交互作用

讨论为定义系统和系统建模所需的抽象化

识别系统所表现的行为和功能特性(意向中和意向外的)

识别系统单元间的重要接口

认识系统随时间的演化

2.3.3 确定主次与重点

找出并区分与系统整体相关的全部因素

找出整体系统中的驱动因素

解释为解决驱动问题所进行的资源分配

2.3.4 解决问题时的妥协、判断和平衡

找到系统的紧张关系和用妥协方法去解决问题的因素

选择并使用解决问题的办法,通过平衡各种因素消除紧张关系,优化整体系统

对比性描述系统在生命周期内的灵活解和最优解

评估系统思维过程中可以改进的地方

2.4 个人能力和态度

2.4.1 主动性与愿意承担风险

看到主动采取行动的必要性和机会

讨论一个行动所带来的利益和风险

解释启动项目的方法和时机

以适当的行动展示开拓新生事物的领导才能

采取明确行动,做出结果,总结工作

2.4.2 执着与变通

有自信、有激情、热爱事业

强调努力和紧张工作,关注细节的重要性

展示具有应变能力

愿意并且能够独立工作

愿意与他人合作,考虑和接受各种观点

能接受并正面对待批评

平衡个人生活和职业工作

2.4.3 创造性思维

具有概念化和抽象化能力

具有综合和通用化能力

解释发明过程

讨论创造性在艺术、科学、人文与技术中的作用

2.4.4 批判性思维

分析问题

选择逻辑论点和解决方法

评价支持证据

找出有矛盾的观点、理论和事实

找出逻辑谬误

验证假设与结论

2.4.5 了解个人的知识、能力和态度

描述个人的能力、兴趣、强项与弱点

讨论个人的能力范围以及在自我改善主要弱点方面的责任

讨论知识的深度和广度的重要性

2.4.6 求知欲和终身学习

讨论继续自我教育的动力

展示自我教育的能力

讨论个人的学习风格

讨论与导师建立关系

2.4.7 时间和资源的管理

讨论任务安排的主次

解释任务的重要性和/或紧迫性

解释有效地执行任务

2.5 职业能力和态度

2.5.1 职业道德、正直、责任感并勇于负责

展示个人的道德标准和原则

具有敢于为坚持原则而承担风险的勇气

了解职业道德要求之间产生冲突的可能性

理解和接受出错,但犯错者必须承担责任

实事求是地承认合作者的工作

对工作尽职尽责

2.5.2 职业行为

讨论职业举止

解释职业礼仪

认识国际惯例和人际交往习惯

2.5.3 主动规划个人职业

讨论个人职业发展的愿景

说明职业人际关系网络

认识自己所具备的职业能力范畴

2.5.4 与世界工程发展保持同步

讨论科学新发现可能带来的影响

描述新技术和创新对社会和技术发展的影响

讨论对现有工程实践和技术的熟悉程度

解释工程理论与工程实践的联系

3 人际交往能力:团队工作和交流

3.1 团队工作

3.1.1 组建有效的团队

了解团队形成的步骤和生命周期

解释任务和团队工作过程

分清团队的作用与责任

分析每个成员的目标、需求和特征(工作风格、文化差异等)

分析团队的强项和弱点

讨论团队工作在保密、问责和主动性方面的基本规定

3.1.2 团队工作运行

选择目标和议程

实施计划和组织有效会议

执行团队基本规定

实施有效交流(聆听、合作、提供和接受信息)

进行正面和有效的反馈

实现项目的规划、安排和执行

形成问题的解决方案(创造性和决策能力)

谈判并解决冲突

3.1.3 团队成长和演变

讨论阶段性小结、评估和自评的策略

认识保障团队运行和成长的技巧

认识使团队内每个成员成长的技巧

解释团队交流和写作策略

3.1.4 领导能力

解释团队的整体目标和具体目标

实施团队工作的过程管理

实施领导并展示组织风格(指导、教练、支持、授权)

解释提高积极性的方法(激励、榜样、认可等)

对外代表团队

描述指导和咨询

3.1.5 形成技术团队

描述在不同类型的团队中工作

- 跨学科团队(包括非工程人员)
- 小型团队相对于大型团队
- 远距、分散、电子化环境

展示与团队成员的技术合作

3.2 交流

3.2.1 交流的策略

分析交流环境

选择交流策略

3.2.2 交流的结构

提出逻辑和具有说服力的论点

建立概念间合理的结构和关系

选择相关、可信和准确的有利证据

采用简练、明了、精确和清晰的语言

分析修辞因素(如考虑听众的偏好等)

理解跨学科和跨文化的交流

3.2.3 书面的交流

展示文章内容的连贯性和流畅性

以正确的拼写、标点符号和语法写作

对文件格式化

展示技术写作能力

使用不同的写作风格(非正式和正式的备忘录、报告等)

3.2.4 电子及多媒体交流

能制作电子演示材料

认识电邮、电话留言和视频会议中的工作惯例

应用各种电子表达形式(图形、网页等)

3.2.5 图表交流

能画草图和正式图纸

制作表图

解释正式技术图纸和图像效果

3.2.6 口头表达和人际交流

能够使用适当的语言、风格、时间和流程准备报告和相应的支撑媒介

应用适当的非语言交流方式(手势、眼神接触、姿态)

能有效回答问题

3.3 使用外语交流

3.3.1 英语

能够阅读、理解技术文献

能够书面、口头清晰表达观点

3.3.2 其他区域工业国的语言

3.3.3 其他语言

4 在企业和社会环境下构思、设计、实施、运行系统

4.1 外部和社会背景环境

4.1.1 工程师的角色与责任

接受工程职业的目标和角色

接受工程师的社会责任

4.1.2 工程对社会的影响

解释工程对现代文化下环境、社会、知识以及经济体系的影响

4.1.3 社会对工程的规范

接受社会及其代理人对工程进行规范

认识法律和政治系统规范和影响工程的方式

描述职业学会如何发放执照和建立标准

描述知识产权是如何产生、利用和保护的

4.1.4 历史和文化背景环境

描述人类社会的多样性和历史以及文学、哲学和艺术的传统

与语言、思想和价值观的讨论相适宜的论述与分析

4.1.5 当代课题和价值观

描述当代重要的政治、社会、法律及环境课题和价值观

确定当代价值观形成的过程以及个人在这些过程中的作用

定义知识的扩展和扩散的机制

4.1.6 发展全球观

描述人类活动的国际化

认识各种文化中的政治、社会、经济、工商和技术行为习惯的相似和差异处

认识国际上企业间和政府间的条约和联盟

4.2 企业与商业环境

4.2.1 重视不同的企业文化

认识各种企业文化中成功的过程、文化和指标系统的差异：

企业、相对于学术机构、相对于政府、相对于非营利和非政府机构

市场驱动相对于政策驱动

大型相对于小型

集中相对于分散

研发相对于运行

成熟相对于成长，相对于创业

长远发展相对于快速发展

有组织的劳动力的参与相对于无组织的劳动力的参与

4.2.2 企业战略、目标和规划

表述企业的使命和规模

认知企业的核心竞争力和市场

认识研究和技术开发的过程

认识重要联盟和供应商关系

列出财务和管理的目标和指标

认识财务计划和财务控制

描述与利益相关者的关系(与所有者、雇员、顾客等)

4.2.3 技术创业

认识到技术创业的机会

认识能创造新产品和新系统的技术

描述创业融资和组织

4.2.4 成功地在一个组织中工作

定义管理的功能

描述组织内各种角色和相应的责任

描述功能组织和项目组织的角色

描述如何在等级化组织中有效地工作

描述组织内的变化、动态过程和演化

4.3 系统的构思与工程化

4.3.1 设立系统目标和要求

识别市场需求和机会

找出并分析顾客需求

确定由新技术或潜在的需求所带来的机会

解释决定需求的背景环境因素

确定企业目标、战略、能力和联盟

确定并区分竞争者和比较信息

分析伦理、社会、环境、法律、法规的影响

解释影响系统、系统目标和现有资源因素变化的可能性

解释系统目标和要求

识别表示目标和要求的语言/形式

解释初期目标(基于需求、机会和其他影响)

解释系统性能指标

解释要求的完整性和一致性

4.3.2 定义功能,概念和结构

确定必要的系统功能(以及系统的行为指标)

选择系统的概念

利用合理的技术水平

分析概念间和概念重组后的取舍

区分高层次的构架形式和结构

讨论将构架形式分解为单元,给单元赋予功能并定义单元间的接口

4.3.3 系统建模和确保目标实现

找出技术性能指标的合理模型

讨论实施和运行的概念

讨论生命周期价值和成本(设计、实施、运行、机会等)

讨论各种目标、功能、概念和结构间的取舍以及收敛所需的迭代

4.3.4 开发项目的管理

描述项目的成本、绩效和进度的控制

解释适当的项目转折点和审查

解释配置管理和文档

以基线为比较标准进行表现分析

定义项目挣值过程

讨论资源的估算和分配

认识风险和替代方案

描述发展过程可能的改进

4.4 设计

4.4.1 设计过程

为系统目标和要求导出的每个单元或元件选择要求

分析备选设计方案

选择初始设计方案

在产品开发中使用样件和实验品

在约束条件下实施适合的优化

进行迭代直至收敛

综合最终设计

能适应需求的变化

4.4.2 设计过程的分段与方法

解释系统设计不同阶段(如概念设计、初步设计、详细设计)的工作

讨论适应特定开发项目的过程模型(自上而下模式、螺旋模式、并行模式等)

讨论单一、平台和衍生产品的设计过程。

4.4.3 知识在设计中的利用

利用技术和科学知识

实践创造性和批判性思维并解决问题

讨论领域中现有工作以及标准化和设计的再利用(包括反求工程和再设计)

讨论设计知识的获取

4.4.4 单学科设计

选择合适的技术、工具和过程

解释设计工具的标定和验证

对备选方案的量化分析

实施建模、模拟和测试

讨论设计的分析改进

4.4.5 多学科设计

识别学科间交互作用

找出约定和假设的差异

解释学科模型成熟程度的差异

解释多学科设计的环境

解释多学科设计

4.4.6 多目标设计(DFX)

展示基于以下目标的设计:

性能、生命周期成本和价值

美学和人本因素

实施、验证、测试以及环境的可持续性

运行

维护性、可靠性和安全性

鲁棒性、演化、产品改良和退役

4.5 实施

4.5.1 设计实施过程

阐述实施过程的表现、成本和质量的目标和指标

明确实施系统的设计

4.5.2 硬件制造过程

描述零件的制造

描述由零件装配成组件

确定公差、可变性、关键特征和统计过程控制

4.5.3 软件实现过程

解释将高层组成部分分解为模块设计(包括算法和数据结构)

讨论算法(数据结构、控制流程、数据流程)

描述编程语言

实施低层设计(编程)

描述系统构建

4.5.4 硬、软件集成

描述电子硬件中的软件集成(处理器的尺寸、通信等)

描述软件与传感器、传动器和机械硬件的集成

描述硬件/软件的功能和安全性

4.5.5 测试、证实、验证及认证

讨论测试和分析的程序(硬件相对于软件,可接受性相对于合格性)

讨论证实系统性能达到要求

讨论验证性能达到客户要求

解释达标认证

4.5.6 实施过程的管理

描述实施的组织和结构

讨论采购、合作和供应链

认识实施成本、表现和进度的控制

描述质量和安全保障

描述实施过程可能的改进

4.6 运行

4.6.1 运行的设计和优化

说明运行表现、成本和价值的目标和指标

解释运行过程的架构和发展

解释运行(和使命)的分析和建模

4.6.2 培训与操作

描述职业化操作的培训:

模拟

指导和计划

程序

认识为消费者操作提供教育

描述操作过程

认识操作过程的相互作用

4.6.3 支持系统的生命周期

解释维护与物流

描述生命周期性能和可靠性

描述生命周期价值和成本

解释反馈协调系统的改进

4.6.4 系统改进和演变

定义预先计划的产品改进

基于运行中观察到的要求进行改进

认识演变性的系统升级

认识由于运行必要所产生的偶然性改进和解决办法

4.6.5 弃置与(产品或系统)生命终结问题

定义生命终结的问题

列出弃置选择

定义生命终结时的残余价值

列出弃置的环境考虑

4.6.6 运行管理

描述运行的组织和结构

确定合作者和同盟

认识运行成本、表现和进度的控制

描述质量和安全保障

定义生命周期管理

认识运行过程可能的改进

附录B

CDIO 标准

背景

一项旨在改革本科工程教育的重要国际项目于 2000 年 10 月发起，目前这个称为 CDIO 工程教育改革的项目已扩展到全世界，它包括了各种工程类专业的教育。该项目的愿景是为学生提供一种强调工程基础的、建立在真实世界的产品和系统的构思—设计—实现—运行（CDIO）过程的环境基础上的工程教育。CDIO 改革的三个总体目标是让学生能够：

- 掌握深厚的技术基础知识
- 领导新产品和新系统的开发和运行
- 理解技术的研究与发展对社会的重要性和战略影响

CDIO 改革开发了 套资源，专业培养可利用这些资源来实现上述目标。这些资源支撑课程计划的制定，该课程计划建立在相互支撑的多种学科基础之上，让学生在这些学科的学习经验中融入个人、人际交往能力以及产品、过程和系统的建造能力。让学生们能够在教室里或现代学习实践环境中体验丰富的设计—实现经验、主动学习和经验学习的体验。本文件描述作为这些资源之一的 CDIO 的标准。想要了解更多关于 CDIO 工程教育的信息，请登录以下网址 http://www.cdio.org。

CDIO 的标准

2004 年 1 月，CDIO 改革采用 12 条标准来描述满足 CDIO 要求的专业培养。这些标准旨在回应课程计划的制定者、校友、工业界中想要知道如何认证 CDIO 专业的人士以及 CDIO 专业培养的毕业生。因此，这些 CDIO 标准可用来定义一个 CDIO 专业所应具备的突出特点，作为教学改革和评估的指引，设立世界通行的实施 CDIO 的基准和目标，并提供持续改进的框架。

CDIO 的 12 条标准分别考察专业培养理念（标准 1），课程计划的制定（标准 2、3、4），设计—实现经验和实践场所（标准 5、6），教与学的新方法（标准 7、8），教师提高（标准 9、10），考核与评估（标准 11、12）。这 12 条标准中有 7 条是最根本的，因为这 7 条标准（用 * 号表示这些基本的标准）体现了 CDIO 专业培养与其他教育改革的不同之处。另外5条反映了工程教育的最佳实践,作为补充标准可丰富CDIO培养的内容。

对以下列出的每个标准,*描述*解释标准的具体含义,*理由*陈述设置本标准的原因,*证据*列举可用以证明符合本标准的文件和事例。

标准1——背景环境*

采用这样一个基本原理,此原理将产品、过程和系统生命周期的开发与运用——构思、设计、实现、运行——作为工程教育的背景环境

描述:CDIO专业是基于CDIO的基本原理,即产品、过程和系统的生命周期的开发与实现是适合工程教育的背景环境。构思—设计—实现—运行是整个产品、过程和系统生命周期的一个模型。构思阶段包括确定消费需求,考虑技术、企业战略和法规,以及制定概念、技术和商业计划。第二阶段,即设计阶段则主要集中在完成具体的设计,即描述实现设计的计划、制图以及算法。实现阶段,则是把设计的内容转化为实际的产品、过程或系统,包括制造、编译、测试和产品认证。最后阶段是运行,利用实现了的产品或过程来取得预期的价值,也包括系统的维护和进化以及退役。

把产品、过程或系统的生命周期当作工程教育的背景环境是因为,它可以将技术知识和其他能力的教、练、学融为一体化文化构架或环境。当全体教师明确转向CDIO培养,且专业领导长期坚持CDIO理念的改革时,即可认为CDIO原则已为本专业培养所采用了。

理由:新工程师应能在现代的基于团队协作的环境中构思—设计—实现—运行复杂的、高附加值的产品、过程或系统。他们应能在工程组织中参与工程过程并对工程产品的开发有所贡献,这是职业工程师所应具备的基本素质。

证据:

- 在使命宣言或相关负责单位的文件中明确表明本专业是基于CDIO理念的专业培养
- 教师和学生都能够解释将产品、过程或系统的生命周期作为工程教育背景环境的原则

标准2——学习效果*

是具体、详细的学习效果——与专业目标一致,并得到利益相关者验证的个人、人际交往能力,产品、过程和系统的建造能力以及学科知识

描述:把这些知识、能力和态度等列为预期的工程教育的结果,即CDIO教学大纲中

的学习效果。这些学习效果详细规定了学生毕业时应学到的知识和应能具备的能力。除了对技术学科知识(第一方面)的要求外,CDIO 教学大纲也详列举了个人、人际能力以及产品、过程和系统建造能力的要求。个人能力(第二方面)的要求侧重于学生个人的认知和情感发展,例如工程推理和解决问题的能力、实验和知识探索能力、系统思维、创新思维、批判思维和职业道德。人际交往能力(第三方面)的要求则侧重于个人和群体的互动,如团队工作、领导能力及沟通。产品、过程和系统的建造能力(第四方面)则考察在企业、商业和社会环境下的关于产品、过程和工程系统的构思、设计、实现与运行。

为了使专业培养目标同工程实践保持一致,学习效果要通过对工科毕业生有关联的利益相关者和组织审查和认定。另外,利益相关者也帮助确定每一项学习效果所应达到的熟练程度或标准。

理由:设置具体的学习效果有助于确保学生获得未来发展的基础。工程职业社团和有代表性的企业已经列出了新工程师在技术上和职业操守上的所需具备的重要素质。此外,许多工程教育认证机构也期待一个专业能够确定本科专业的学习效果,也就是学生经过培养后所获得的知识、能力和态度。

证据:

- 专业的学习效果中列出其毕业生所需获得的知识、能力和态度
- 学习效果的内容和熟练程度是通过主要利益相关者的认可而确立的,主要利益相关者包括教师、学生、校友和工业界代表等。

标准 3——一体化课程计划*
是一个由相互支持的专业课程和明确集成个人、人际交往能力,产品、过程和系统建造能力为一体的方案所设计出的课程计划

描述:一体化课程计划要给学生提供一种学习经验,这些学习经验不仅让学生学到相互支持的各种学科知识,而且有明确的计划能让学生在学习过程中同时获取个人、人际交往能力以及产品、过程和系统的建造能力(标准 2)。当各学科的内容和学习效果之间有明确的关联时就可以认为学科间是相互支持的。而明确的计划是指整合这些能力和多学科知识的方法,例如将某一具体能力的培养落实到组成教学大纲的某些课程和课外活动中。

理由:个人、人际交往能力以及产品、过程和系统建造能力的培养不应被视为专业课程计划之外的内容,而应该看作整个课程计划不可分割的一部分。为了达到预定的

学科知识和能力的目标,教学大纲和学习经验必须充分利用已有时间。教师在一体化课程计划的设计上要发挥积极作用,在各自的学科领域内建立本学科同其他学科的联系并给学生创造获取具体能力的机会。

证据:

- 一个书面计划明确阐明各学科知识的联系,以及个人、人际交往和产品、过程。系统的建造能力
- 课程和课外活动中包括具体能力的培养
- 教师和学生意识到在教学大纲中的这些能力

标准 4——工程导论
是一门工程导论课程,它提供产品、过程和系统建造中工程实践所需的框架,并且引出必要的个人和人际交往能力

描述:导论课程通常是最早的一门必修课程,它为学生提供一个工程实践的框架。这个框架大致勾勒出一个工程师的任务和职责以及如何应用学科知识来完成这些任务。学生通过解决简单的问题和设计练习以独立或团队的形式参与工程实践。这个课程还应包括个人和人际交往能力、知识和态度的训练,这些能力对于学生进行今后更高级的产品、过程和系统建造项目至关重要。例如,学生可以参加小团队的练习,为以后加入较大的开发团队做好准备。

理由:导论课程的目的是通过相关核心工程学科的应用来激发学生的兴趣,明确学习动机。学生们选读工程专业通常是因为他们想要建造一些东西,导论课程正可以利用学生的这一心理提高他们的兴趣。此外,导论课程还为学生 CDIO 教学大纲所要求的主要能力的发展提供了一个较早的起步。

证据:

- 介绍个人、人际交往能力以及产品、过程和系统建造能力等综合的学习经验
- 学生获取了标准 2 中要求的能力
- 激发了学生对他们所从事专业的较高的兴趣,可以从问卷调查或今后课程的选修上来反映

标准 5——设计—实现的经验*
在课程计划中包括两个或更多的设计—实现的经验,其中一个为初级的,一个为高级的

描述:设计—实现经验指以新产品和系统的开发为中心的一系列工程活动。包括了在标准 1 中设计阶段和实现阶段所描述的全部活动,以及在构思阶段的某些概念设计。学生在一体化的教学大纲的设计—实现经验中获取工程知识和产品、过程以及系统的建造能力。设计—实现的经验按其规模、复杂度和培养中的顺序分为初级或高级。例如,初期的项目用较简单的产品和系统,而较复杂的设计—实现经验则出现在后来的课程设计中,这将有助于学生把前述的课程和学习活动中所学到知识和能力整合到一起。产品、过程和系统的构思、设计、实现以及运行的机会也可以包含在课外活动中,如本科研究项目和实习。

理由:为了帮助学生在初期工程实践活动中成功,设计—实现经验的结构和顺序是经过精心设计的。复杂度逐步加深的一系列设计—实现经验能够强化学生对产品、过程和系统开发的了解;同时也能让学生更深入地理解学科知识。强调在实际环境中制造产品和实现设计能让学生有机会把所学到的理论知识和他们的职业兴趣联系起来。

证据:
- 课程计划中有两个或两个以上的设计—实现课程(如一个导论课程和一个高级课程的部分内容)
- 要求有设计—实现经验的课外活动机会(如研究实验或实习)
- 具体的、能为以后的学科学习打下基础的动手学习经验

标准 6——工程实践场所
工程实践场所和实验室能支持和鼓励学生通过动手学习产品、过程和系统的建造能力,学习学科知识和社会学习

描述:学习环境包括传统的学习空间,例如,教室、演讲厅、研讨室以及实践场所和实验室。实践场所和实验室在辅助学科知识学习的同时辅助产品、过程和系统建造能力的培养。实践场所和实验室内强调动手学习,在这里学生不仅从事自己的学习,并且还有社会学习的机会,换句话说实践场所和实验室就是一个可以让学生相互学习并且可以进行团队互动的场所。新的实践场所的创建或现有实验室的改造的规模取决于专业规模和学校的资源。

理由:实践场所和其他支持动手学习的学习环境是学习设计、实现以及运行产品、过程和系统所必须具备的基本资源。当学生使用现代工程的工具、软件和实验室时,他们就有机会通过实践来发展他们的知识、能力和团队精神,提高产品、过程和系统建造的能力。学生的这些能力在以学生为中心的、直接和互动的实践场所内能得到最

好的发展。

证据:

- 配备现代工程工具的实践场所
- 实践场所以学生为中心,方便学生使用、操作和互动
- 教师、员工和学生对实践场所的满意度高

标准 7——一体化学习经验*
一体化学习经验带动学科知识与个人和人际交往能力,产品、过程和系统建造能力的获取

描述:一体化学习经验是一种教学方法,旨在培养学科知识的同时培养个人、人际交往能力以及产品、过程和系统建造的能力。这种经验是把工程实践问题和学科问题相结合,例如,学生可以将考虑产品的分析、产品的设计以及产品设计者的社会责任融入同一练习中进行。工业合作伙伴、校友及其他利益相关者往往可以提供这类练习的例子。

理由:前面标准 2 和标准 3 分别描述了课程计划和学习效果,这些必须要有一套充分利用学生学习时间的教学方法才能实现。此外,学生要以教师作为职业工程师的榜样,指导他们对学科知识,个人和人际交往能力,以及产品、过程和系统建造能力的学习。有了一体化的学习经验,教师可以更有效地帮助学生把学科知识应用到工程实践中,并且能让学生们做好更充分的准备,以达到职业工程师的要求。

证据:

- 在学习活动和学习经验中整合了学科知识和个人、人际交往能力,以及产品、过程和系统建造能力
- 有工程经历的教师直接参与一体化教学实践
- 工业合作伙伴和其他利益相关者参与筹划一体化学习经验

标准 8——主动学习
基于主动经验学习方法的教与学

描述:主动学习方法让学生致力于对问题的思考和解决。该方法不将重点放在被动的信息传递上,而是放在让学生更多地从事操作、运用、分析和判断概念上。在一些

以讲授为主的课程里，主动学习可包括如合作和小组讨论、讲解、辩论、概念提问，以及从学生那里得到他们对学习的反馈。当学生模仿工程实践进行如设计—实现项目、仿真、案例研究时，即可以看作是经验学习。

理由：当学生被要求对概念、尤其是新概念进行思考时，他们必须作出明确的回答，这样，学生不仅能学到更多的知识，而且能更好地认识到该学什么以及该如何学。这个元认知的过程有助于提升学生的学习动力以获得计划的学习效果，并养成终身学习的习惯。用主动学习方法，教师可以帮助学生理解一些重要概念的关联，并能灵活地将这个知识应用到其他条件下。

证据：

- 通过考察或自我报告记录下来的主动学习方法的成功实施
- 多数教师采用主动学习方法
- 学生的学习效果好
- 学生对学习方法高度满意

标准 9——提高教师的工程实践能力*
采取行动，提高教师的个人、人际交往能力以及产品、过程和系统建造的能力

描述：一个 CDIO 专业为改善教师本身的能力提供了支持，包括标准 2 所描述的个人和人际交往能力以及产品、过程和系统建造的能力。他们最好是在工程实践的背景下提高这些能力。教师提高的性质和范围取决于专业要求、学校的目的和学校的资源。提高教师能力的例子包括：学校留职而到公司工作，同工业合作伙伴开展研究和教育合作项目，将具备工程经验作为聘用和晋升的要求，以及在校内的相关专业发展经验。

理由：如果期望让教师教授综合学科知识和标准 3、4、5、7 所列出的能力，包括个人和人际交往能力，产品、过程和系统建造能力，那么教师本身就应该具有这些能力。许多教授只在他们各自学科的基础知识和研究领域称得上是专家，但只有有限的工程实践和工商环境下的应用经验。此外，技术创新的快速发展，需要不断地更新工程能力。教师需要提升他们的工程知识和能力，才能够为学生提供相关的例子，并为学生做好当代工程师的榜样。

证据：

- 通过考察或自我报告证明多数教师具备个人和人际交往能力以及产品、过程和系统建造的能力

- 一个高数量的、具有工程实践经验的教师队伍
- 学校有以这些职业能力的发展来评估和聘用教师的政策和措施
- 对教师发展这些能力的资源承诺

标准 10——提高教师的教学能力
采取行动,提高教师在提供一体化学习,使用主动经验学习方法和考核学生学习等方面的能力

描述:一个 CDIO 专业应支持教师自身能力的提高,包括综合学习性经验(标准 7),主动和经验学习(标准 8)以及学生学习考核(标准 11)。教师发展的性质和范围取决于专业和学校的要求。支持提高教师教学能力的例子包括:支持教师参与校内外师资交流的计划,教师间交流实践经验和想法的平台,强调效果评估和引进有效的教学方法。

理由:如果教师期望采用标准 7、8、11 所描述的新方法来教学和考核,那么他们需要有机会去发展和提高这些能力。许多大学有教师进修计划和服务,这些部门也许很希望能与参与 CDIO 培养的教师合作。并且,既然 CDIO 专业强调教学、学习和考核的重要性,它也必须承诺提供足够的资源使教师在这些方面得到发展。

证据:
- 通过考察或自我报告记录证明大多数教师具有教学、学习和制定考核方法的能力
- 大学有政策和方法来考察有效教学并以此作为对大学教师评估和聘用的一个依据
- 对教师发展这些能力作出资源承诺

标准 11——学习考核*
考核学生在个人、人际交往能力,产品、过程和系统建造能力以及学科知识等方面的学习

描述:学生学习考核是对每个学生取得的具体学习成果的度量。老师通常在各自的课程中进行这些考核。有效的考核方法要采用不同的方式以配合相应的学习效果,学习效果包括标准 2 所列出的学科知识,个人、人际交往能力,产品、过程和系统建造能力等。考核方法包括笔试和口试、观察学生的表现、评定量表,学生的回顾总结、日

记、作业卷案、互评和自评等。

理由:如果我们重视个人、人际交往能力,产品、过程和系统建造等能力,并把他们纳入课程内容和学习经验,那么我们必须拥有有效的考核过程来衡量它们。不同类别的学习效果需要不同考核方法。例如,与学科知识相关的学习效果可以通过口试或笔试来进行,而那些与设计—实现相关的能力则最好通过实际观察记录来考察。采用多种考核方法以适于更广泛的学习风格,并可增加考核数据的可靠性和有效性,结果,对学生学习效果的判定就具有更高的可信度。

证据:

- 具有与所有学习效果相适应的各种考核方法
- 考核方法的成功实施
- 多数教师采用适当的考核方法
- 学生成绩的确定建立在可靠、有效的数据基础之上

标准 12——专业评估
是一个对照 12 条标准评估专业,并以继续改进为目的,向学生、教师和其他利益相关者提供反馈的系统

描述:专业评估是对 CDIO 的实施进展和是否达到既定目标的一个总体判断。一个 CDIO 专业的实施要通过这 12 条标准来进行评估。专业总体评估的依据包括收集课程评估、教师总结、新生和毕业生的访谈、外部评审报告以及对毕业生和雇主的跟踪研究等。这些结果可定期向教师、同学、校友及其他利益相关者通报。这种反馈是更新和不断完善 CDIO 的实施和计划的基础。

理由:专业评估的一个关键作用是确定实施的效果和达到预期目标的效率,在评估的过程中收集到的证据同时又是持续改善计划的基础。例如,如果在外部调查中大多数学生报告说他们无法取得某些学习效果,那么就应该制定一个计划,找出根源并实施改进方案。此外,许多外部评估和认证机构也要求有定期和一致性的专业评估。

证据:

- 用多种评估方法采集学生、教师、专业负责人、校友及其他利益相关者的反馈
- 明文规定的基于专业评估结果的持续改善机制
- 作为持续改善机制的一部分的量化证据

郑重声明

图字:01 -2008 -2679 号

Translation from the English language edition:
Rethinking Engineering Education by Edward F. Crawley, Johan Malmqvist, Sören Östlund and Doris R. Brodeur

图书在版编目(CIP)数据

重新认识工程教育：国际 CDIO 培养模式与方法/（美）克劳雷（Crawley,E.）等；顾佩华，沈民奋，陆小华译．—北京：高等教育出版社，2009. 4（2018. 9重印）
书名原文：Rethinking Engineering Education: The CDIO Approach
ISBN 978-7-04-026546-0
Ⅰ. 重… Ⅱ. ①克…②顾…③沈…④陆… Ⅲ. 高等教育－工科（教育）－教学研究 Ⅳ. G642. 0
中国版本图书馆 CIP 数据核字（2009）第 036460 号

策划编辑	刘占伟	责任编辑	刘占伟	封面设计	刘晓翔
版式设计	王　莹	责任校对	杨凤玲	责任印制	尤　静

出版发行	高等教育出版社	咨询电话	400-810-0598
社　　址	北京市西城区德外大街 4 号	网　　址	http://www.hep.edu.cn
邮政编码	100120		http://www.hep.com.cn
印　　刷	涿州市星河印刷有限公司	网上订购	http://www.landraco.com
开　　本	787 × 1092　1/16		http://www.landraco.com.cn
印　　张	17.25	版　　次	2009 年 4 月第 1 版
字　　数	320 000	印　　次	2018 年 9 月第 5 次印刷
购书热线	010-58581118	定　　价	55.00 元

本书如有缺页、倒页、脱页等质量问题，请到所购图书销售部门联系调换

物 料 号　26546-B0